国家社会科学基金项目（10BJL036）

经济全球化和经济虚拟化背景下的资本主义经济周期理论研究

陈漓高　邹玉娟　赵晓晨
齐俊妍　张　丽　编著

南開大學出版社
天　津

图书在版编目(CIP)数据

经济全球化和经济虚拟化背景下的资本主义经济周期理论研究 / 陈漓高等编著. —天津:南开大学出版社,2019.1
ISBN 978-7-310-05692-7

Ⅰ. ①经… Ⅱ. ①陈… Ⅲ. ①资本主义经济—经济周期理论—研究 Ⅳ. ①F03

中国版本图书馆 CIP 数据核字(2018)第 281876 号

南开大学出版社出版发行
出版人:刘运峰
地址:天津市南开区卫津路 94 号　邮政编码:300071
营销部电话:(022)23508339　23500755
营销部传真:(022)23508542　邮购部电话:(022)23502200
*
北京建宏印刷有限公司印刷
全国各地新华书店经销
*
2019 年 1 月第 1 版　2019 年 1 月第 1 次印刷
230×160 毫米　16 开本　14 印张　1 插页　200 千字
定价:43.00 元

如遇图书印装质量问题,请与本社营销部联系调换,电话:(022)23507125

前言

本书是国家社会科学基金项目“经济全球化和经济虚拟化背景下的资本主义经济周期理论研究”的研究成果。

多年来，以实体经济为基础和背景，学界对资本主义经济周期有大量、系统、深入的研究，并产生了大量的研究成果。但是对在经济全球化和经济虚拟化背景下的资本主义经济周期的理论研究则显得比较零散，至今还未有系统的、全面的、专门的论著。因此，以经济全球化和经济虚拟化为基础和背景，对资本主义经济周期进行系统的、全面的、专门的研究，丰富和发展资本主义经济周期理论，就显得特别重要和迫切。

20 世纪 80 年代以来，世界经济发生了巨大变化。以贸易全球化、生产全球化和金融全球化为内容的经济全球化加速发展。一方面，金融监管的放松、金融创新的不断深化以及混业经营模式的流行，使得世界经济虚拟化程度不断提高。在此背景下，主要资本主义国家经济周期的同步性和非同步的内容和表现形式更为复杂。另一方面，随着中国经济日益融入世界经济，中国经济与世界其他国家，特别是主要资本主义国家经济的互动日益增强。在此情况下，理解和跟踪在世界经济中居于重要地位的资本主义世界经济周期的新变化，研究其未来发展的新趋势，并探索其背后的规则，对于中国在 21 世纪抓住机遇加快产业结构的升级改造、提高宏观调控的水平，进而保证国民经济又好又快的发展具有重大的现实意义。

与此同时，近 20 年来，世界经济周期发展出现了一些新的变化，引发了国内外理论界关于资本主义经济周期的激烈讨论。为什么会出现经济周期“消失论”？世界经济周期的发展变化有什么新特点？其深层的原因是什么？2000年后，为什么主要资本主义国家的经济周期同步性大大增强？开始于20世纪90年代初的第五轮世界经济长波对资本主义国家经济周期的影响是什么？在经济周期的背景下，如何理解货币政策、财政政策以及其他结构性政策（如产业政策、汇率政策等）对于宏观经济稳定发展的作用？与此同时，经济虚拟化的不断深化，使得金融业对一国乃至世界经济周期的影响日益加剧。虽已有学者尝试将金融因素纳入经济周期理论，但研究仍然不够，如何在一个更宏观的框架中考虑金融市场的信息不对称、技术创新、制度改革、外部冲击等因素对经济周期的影响？因此，本书的研究具有重大的理论意义。

虚拟经济的发展由初级到高级，经历了不同的发展阶段。迄今为止，国内外学者对虚拟经济发展历史的阶段划分还没有定论。有的学者只是在内容上进行了大概划分。本书明确提出虚拟经济发展历史三阶段的具体起始年代，这在国内外应属首创。本书提出，虚拟经济发展可分为三个阶段：第一阶段——以股票和债券为主的阶段（1553—1865年），即虚拟经济的初级阶段；第二阶段——以股票、债券、金融衍生工具为主的阶段（1865—1992年），即虚拟经济的发展阶段；第三阶段——以股票、债券、金融衍生工具、房地产、收藏业、彩票业为主的阶段（1992年至今），即虚拟经济的成熟阶段。

传统的经济理论假设，金融和信贷市场的结构与变化不影响实际经济活动。由于忽视了金融市场和虚拟经济在经济波动中的作用，因此，对当前世界经济波动的解释存在局限性。

本书用金融加速器理论分析了20世纪以来美国三次金融危机引发经济危机的原因；明确指出一国金融危机向国际传导的渠道，包括虚拟经济的渠道和实体经济的渠道；突出分析了跨国银行在危机跨国传导中的作用，就像跨国公司是国际贸易的主体一样，跨国银行在国际金融中起到主导作用（详见第四章）。

本书系统分析了虚拟经济对资本主义经济周期（包括中周期和长周期）波动的影响，认为虚拟经济波动是引起实体经济周期性波动的重要因素之一。以往的研究成果大多是从实体经济及其变化的角度探索经济周期的原因，本书则从虚拟经济与实体经济关系的角度，对第二次世界大战后至今的6次世界性经济危机（中周期）进行了系统的梳理，对虚拟经济在危机以及各阶段周期波动中的表现进行了认真的考察和剖析，探讨和总结出一般性规律：虽然几次危机爆发的起因不同、波及程度不同、破坏力各异，但虚拟经济都不同程度地发挥了作用，显示出虚拟经济对实体经济周期性波动的深刻影响。在此基础上，笔者进一步对虚拟经济在世界经济长周期中的表现进行观察和分析，并得出如下结论：经济周期第三轮长波的萧条期（1929—1937年）是由证券市场的崩溃开始的；而 2007 年由美国次贷危机引发的金融危机，更是集中体现了虚拟经济背离实体经济和过度发展的危害，直接导致了全球性的经济衰退，并最终结束了20世纪90年代以来以美国为主导的信息技术革命推动的第五轮经济长波近20年的繁荣期，加速了长波下降期到来的进程，成为第五轮经济长波进入衰退期的突破口和直接诱因。

无论是1929—1933年资本主义历史上影响最深远的那次大危机，还是第二次世界大战后频繁爆发的经济危机，都可以看到虚拟经济的影子。但由于所处年代不同、金融自由化程度不同以及经济发展环境变化等因素，虚拟经济在危机中的表现、角色以及对危机的影响程度也不尽相同。如果说1929年的经济危机中虚拟经济处于从属地位，那么第二次世界大战后经济危机中的虚拟经济则充当了重要角色；如果说1929年的经济危机中虚拟经济尚是暗流，那么第二次世界大战后的经济危机中，虚拟经济则由幕后走到了前台，且成为危机形成和深化的助推器。从总的趋势上看，虚拟经济在经济发展中的作用不断提升，其对世界经济周期波动的作用从最初的附属地位演变成提供动力的助推器，成为周期不同阶段相互交替的转折点，成为经济危机的导火索，甚至直接诱因（详见第五章）。

本书重新思考资本主义经济周期与虚拟经济周期的关系。首先运用数据描述资本主义经济周期虚拟化的特征，以及资本主义经济周期虚拟化波动的具体表现。在此基础上，分别从宏观、中观和微观层面分析了经济周期虚拟化的动因，并主要基于金融视角概括了资本主义经济周期虚拟化波动的传导机制，明确了虚拟经济的内部联系及系统波动性。本书概括了资本主义经济周期虚拟化的发展趋势，分析了资本主义经济周期中实体经济与虚拟经济的相互影响。本书指出，随着信息技术的进一步发展，虚拟经济会得到更迅速的发展，各国的经济联系会变得越来越紧密。各国政府要把握好机遇，慎重选择宏观经济政策，完善对金融机构的监管与预防机制，正确引导行业发展方向与消费者行为，协调实体经济与虚拟经济的发展，避免出现两者严重背离的情况（详见第七章）。

由于国内外对虚拟经济的研究尚处于初创时期，缺乏虚拟经济长期、连续、全面和完整的历史数据，特别是欠缺各个时期虚拟经济可比性的数据，因此，对虚拟经济的发展历史等的研究还有许多不足之处，敬请读者批评指正。

目　录

第一章　虚拟经济的形成与发展……1
第一节　虚拟经济的概念和形成原因……1
第二节　虚拟经济的发展历史……18
第二章　虚拟经济的发展与实体经济的关系……36
第一节　当代虚拟经济的内容和规模……37
第二节　虚拟经济与实体经济的关系……48
第三节　经济虚拟化对实体经济发展的影响……61
第三章　经济全球化条件下虚拟经济波动的特点……72
第一节　经济全球化的发展与金融全球化的现状……72
第二节　经济全球化与虚拟经济波动的关系……81
第三节　虚拟经济运行的特点……86
第四章　虚拟经济条件下世界经济周期波动的传导机制……94
第一节　金融加速器传导机制……94
第二节　金融加速器理论的现实解释
——美国的三次经济危机……102
第三节　虚拟经济全球化对经济周期的跨国传导……113
第四节　全球金融危机的传导主体——跨国银行……124
第五节　货币政策传递机制……128
第五章　虚拟经济对世界经济周期波动的影响……135
第一节　虚拟经济波动与实体经济波动的关系……134
第二节　虚拟经济影响资本主义再生产周期波动的
表现及其原因……140

第三节　虚拟经济对世界经济长周期的影响…………………154
第六章　虚拟经济条件下世界经济周期波动的特点…………………160
第一节　虚拟经济条件下世界经济长波的特点及原因…………160
第二节　虚拟经济条件下资本主义再生产周期的特点…………171
第七章　资本主义经济周期虚拟化的趋势及影响…………………190
第一节　资本主义经济周期虚拟化的特征及表现……………190
第二节　资本主义经济周期虚拟化的动因及传导机制…………201
第三节　资本主义经济周期虚拟化的发展趋势………………205
第四节　资本主义经济周期中实体经济与虚拟经济的
相互影响……………………………………………………209
后　记…………………………………………………………216

第一章　虚拟经济的形成与发展

第一节　虚拟经济的概念和形成原因

一、虚拟经济的概念

国际上，在20世纪五六十年代逐渐提出虚拟经济的概念，其在国际上有三种定义，国内都译作“虚拟经济”。

第一种是Virtual Economy，是指以信息技术为工具所进行的经济活动，包括以计算机网络为依托进行的经济活动，比如电子商务。

第二种是Visual Economy，是指用计算机来模拟经济活动，是一种“可视化经济”。比如一个经济政策在推出前，预估它会有什么正影响和负影响，可用计算机来模拟它的结果。

第三种Fictitious Economy，是指证券、期货、期权等虚拟资本的交易活动，是通过金融平台为主要依托的各种活动。

现在通常所指的虚拟经济（Fictitious Economy）是第三种，即证券、期货、期权等虚拟资本的交易活动，是通过金融平台为主要依托的各种活动。

一般来讲，在经济运行中，“实体经济”是用于描述物质资料生产、销售以及直接为此提供劳务所形成的经济活动的概念。它主要包括农业、工业、交通运输业、商业、建筑业、邮电业等产业部门。“虚拟经济”则是用于描述以票券方式持有权益并交易权益所形成的经济活动的概念。

因此，虚拟经济是指产生于实体经济运行基础之上的以抽象的虚拟的财富形式为运动主体的经济运行模式，它是相对独立于实体经济的虚拟资本的经济活动。虚拟经济（Fictitious Economy）是相对于实体经济而言的，是经济虚拟化的必然产物。

（一）对“虚拟资本”的研究

对虚拟经济的研究始于“虚拟资本”。早在 1840 年，威・里瑟姆就在其《关于通货问题的通信》（1840 年伦敦增订第二版）中使用过虚拟资本（Fictitious Capital）一词，其主要指银行开出的空头汇票，并讨论了其虚拟性[①]。里瑟姆提出，空头汇票是人们在一张流通汇票尚未到期时，就开出另一张汇票来代替前一张汇票，这样虚拟资本仅通过流通手段就被创造出来，而我们几乎无法判断哪些汇票是以实际营业为基础，哪些是人为制造的空头汇票，只能通过防止货币过剩来对汇票加以控制。

里瑟姆提出了虚拟资本的概念，而马克思则首先对虚拟资本进行了深入、系统的研究。马克思在《资本论》中对虚拟资本的产生背景、本质特征、基本属性、具体形式及其与实体经济的关系都做了论述[②]。马克思认为，虚拟资本产生的基础是银行的信用制度和存在借贷资本，这使得同一债权能够以不同形式为不同人所持有，造成了资本的扩张，而这种扩张是虚拟的。虚拟资本包括股票、债券等，可以作为商品买卖，也可以作为资本增值，但本身并不具有价值，它代表的实际资本已经投入生产领域或消费过程，而其自身却作为可以买卖的资产滞留在市场上。虚拟经济就是从具有信用关系的虚拟资本中衍生出来的，并随着信用经济的高度发展而发展。马克思还指出，虚拟资本的价格波动存在独立性，可能与实际经济产生背离。

---

① [英]威・里瑟姆．关于通货问题的通信[M]．伦敦增订第二版，1840：43、44．
② 《资本论》第三卷第 531 页。

马克思分了商品的两重性，即价值和使用价值。虚拟资本也有双重性，即资本的所有权和使用权。如果一个人把资本给了另外一个人用，那么这个人实际上就失去了对这个资本的使用权，保留了对资本的所有权，那么使用他资本的人会给他一个所有权证，像股票、债券就是所有权证。虚拟资本的产生就是从资本的使用权和所有权分离中产生的。

在马克思主义理论中，虚拟资本是指在资本的所有权与经营权分离的基础上，资本的所有者以股权（或股票）形式所持有的资本。马克思将虚拟资本定义为“能够带来收益的，以有价证券形式存在的资本”。他将商品—货币资本—生息资本—虚拟资本的演化过程逐步深入，分析了货币和资本的虚拟性，指出资本必须具备两个特性：①本身具有价值；②能够产生剩余价值。虚拟资本具备第二个特性，但是不具备第一个特性，不能通过直接交换购买生产要素，因此是一种虚拟的资本。根据马克思的定义，可以按照一定的利息率获取收益的商业票据（汇票）、公共有价证券（国债券、国库券、各种股票）以及不动产抵押单等都是虚拟资本。

卢森贝在《〈资本论〉注释》中将马克思对于虚拟资本的定义扩展为狭义和广义概念，前者包括公债、股票和企业债券；后者包括狭义虚拟资本、银行券和银行票据。

德国学者希法亭在著作《金融资本》（1910）中，从马克思主义政治经济学角度出发，分析了以股票为代表的虚拟资本的本质和流动特征。他指出，股票是对未来生产的债权证书，而股票价格的资本化特征决定了其虚拟性质。股票的货币价值分为两部分，一部分是创业利润，为银行获得，另一部分作为生产资本投入产业资本循环，但是，股票一旦被创造出来，其价值就脱离所代表的产业资本的实际循环[①]。

英国经济学家凯恩斯在《货币论》（1930）中论及金融发展时，提出了“工业流通”和“金融流通”。他认为后者是“一群金融家、投机者和投资者将某些并非由他们生产或消费而只是由他们买卖的财产，

① [德]希法亭．金融资本[M]．北京：商务印书馆，1999：113．

或者由他们相互转让的权益进行交易。在这些交易中，它们的速度和本期生产率没有固定的关系。这种交易量受多方面和无法预计的变动的影响，很容易在某一个时期比另一个时期增加一倍，决定的因素是投机情绪的状况等。生产活跃虽然可能使它受到刺激，生产不活跃也可能使它受到抑制，但它变动的程度却和生产完全不同。此外，像这样交换的资本品的价格水准可能和消费品发生完全不同的变化”[①]。凯恩斯还把有价证券等虚拟资本在投机市场上的交易比喻为“叫停”“传物”或“占座”博弈，在博弈中那些在恰当时机叫停的人，在结束前把东西传给别人的人，或在音乐停止前占有座位的人将获胜。博弈游戏的场面也许热烈，但音乐终了时总有人不能占到座位。这正如国债、股票等有价证券在投资者手中传递，最终总有人被套住。

哈耶克（Hayer, 1939）认为虚拟资本是导致资本市场扭曲的银行信用增加的产物。他认为当投资和广义的储蓄相一致时，资本市场就能保持稳定；当刺激企业投资的银行信用增加，而储蓄并没有相应增加时，就会导致危机。因此，他所说的虚拟资本含有贬义。

当代学者古特曼（Guttmann，1994）对马克思的虚拟资本概念进行了总结与发展，将虚拟资本定义为实行资本化定价的金融资本，以及不代表真实工业资本的资本。除此以外，信用货币也应归结为一种虚拟资本。

美国学者洛仁·戈尔德纳在《虚拟资本与资本主义终结》一文中指出，虚拟资本的价值由当前重新生产它们的社会必要劳动时间决定，虚拟资本不仅包括股票、债券、土地和不动产租金等超过全部剩余价值的纸质所有权凭证，而且包括超过其自身价值的全部能够产生收入的资产的资本化现值。

在《新帕尔格雷夫经济学大辞典》中指出，“虚拟资本是指通过信用手段为生产性活动融通资金”（第二卷，第340页）。按照《新帕尔格雷夫经济学大辞典》的说法，虚拟经济不仅包括证券业、资本市场和货币市场，而且包括银行业、外汇市场等，是一个涵盖金融业的

① [英]凯恩斯. 货币论[M]. 北京：商务印书馆，1997：43.

概念。

我国国内对虚拟资本和虚拟经济的讨论是近些年才开始的。自1997年亚洲金融危机后，中国学者开始了对虚拟资本和虚拟经济的研究和讨论，并提出了不少建设性的观点。

成思危（2009）指出，虚拟资本是“既不具有实物形式，又不具有货币形式的，价值不确定的，但可以产生利润的，建立在信任关系基础上的资源”。虚拟资本的具体形式有信用资本、知识资本和社会资本。其中，虚拟资本的载体——所有权证本身并没有价值，应称为次生虚拟资本，而信用资本、知识资本和社会资本应称为原生虚拟资本。信用虽然是一种无形的资本，但是这种无形资本可以吸收人们实际的资本。知识资本包括技术、秘密、专利、品牌、标准等。随着知识社会的临近，知识经济的发展，知识资本也越来越重要。社会资本是社会学提出的一个概念，指人们在社会交往中所形成的一种互相信赖和合作的关系。信用资本、知识资本和社会资本都是无形的虚拟资本。

刘骏民（1998）认为，所谓虚拟资本，是指其具有资本的形式，却没有资本的内容，即虚拟资本的运动会产生所得利得与资本利得两部分收益，但它与实际资本有本质的区别，它们是虚拟的，本身不具有价值。

包亚钧（2010）认为，虚拟资本指的是资本所有者拥有的、在创造和实现价值增值过程中，按约定依法拥有价值增值索取权而能够分享价值增值的资本所有权凭证。虚拟资本最初采取的形式是汇票、期票和各种有价证券。虚拟资本以虚拟程度为标准，可以分为两类：一类是传统虚拟资本，另一类是衍生虚拟资本。传统虚拟资本和衍生虚拟资本又有初级和高级之分。初级传统虚拟资本包括债权虚拟资本（投资类现钞、存款、商业票据、银行贷款、企业债券、政府债券等）、股权虚拟资本（普通股、优先股等）和其他产权虚拟资本（土地产权证、房地产权证以及彩票、博彩权证等）。高级传统虚拟资本包括资产证券和普通共同基金证券（优化指数基金、普通投资基金、债券基金等）。初级衍生虚拟资本包括商品期货或期权、货币期货或期权、债券期货或期权、股票期货或期权，以及相应的远期合约、互换、互换期权。

高级衍生虚拟资本包括利息率期货或期权、股票价格指数期货或期权、物价指数期货或期权，以及其他组合式综合价格指数期货或期权等衍生产品[①]。

在综合前人论述的基础上，虚拟资本可以定义为：虚拟资本是与实际资本相对应，建立在现代信用制度基础上，本身价值不确定却为其持有者带来利润的各种资本凭证等资源。

（二）对“虚拟经济”的研究

国外学者对虚拟资本研究较多，而对虚拟经济的研究较少。

卢卡斯·门克霍夫（2004）通过对德国金融资产比率分析，认为以金融部门为代表的虚拟经济部门已经与实体经济分离，并辨别了三种分离假说，对金融市场与实体经济分离现象构建了典型的“背离假说”论证模式。“背离假说”认为，过去实体经济处于经济发展的中心地位，虚拟经济部门扮演辅助实体经济发展的角色，但现在这种支配地位发生了颠倒，金融市场依据自身的逻辑和规律运行，实体经济不得不适应虚拟经济发展的运行规律[②]。

美国经济学家迈克尔·赫德森（2009）分析了美国经济的虚拟化现状，主要表现为金融、保险、房地产等部门的迅速扩张，金融部门日益攫取全世界工人和产业资本的收入，并使之背上沉重的债务负担。他提出，新自由主义没有区分生产性收益和非生产性收益，是为了掩盖金融垄断资本主义的不劳而获，金融垄断资本造成的全球工人的沉重债务和失业才是真正的通往奴役之路[③]。

国内学者对虚拟经济的研究有以下几种主要观点：

第一种观点，虚拟经济研究的领军人物、南开大学“虚拟经济与管理研究中心”名誉主任成思危主张与马克思提出的“虚拟资本”概念相对应而采用“虚拟经济”的提法，他从虚拟经济与实体经济的关

① 包亚钧．实体经济是虚拟经济可持续发展的基础和保证[J]．贵州财经学院学报，2010（4）：17.

② 邓任菲．基于实体经济和虚拟经济范畴的文献综述[J]．武汉金融，2012（3）：44.

③ 嵇飞．虚拟经济论：金融资本与通往奴役之——迈克尔·赫德森访谈[J]．国外理论动态，2009（1）：19.

系角度对前者进行了定义。成思危（2003）在《成思危：关于“虚拟经济”》一文中对这两个词条进行了定义，“马克思论述的资本循环过程，是首先用货币资本通过交换去雇用工人，购买原料、机器，建厂房，然后通过生产变成产品，产品通过流通变成商品，商品经过交换才能再变成货币。这一过程就是实体经济……虚拟经济是指与虚拟资本以金融系统为主要依托的循环运动有关的经济活动。这使货币资本不经过实体经济循环就可以获得盈利。简单地说，虚拟经济就是直接以钱生钱。”成思危（2009）又进一步阐述，“虚拟经济是与实体经济相对应的一种经济活动模式，是与虚拟资本以金融平台为主要依托所进行的循环运动有关的经济活动，以及其中所产生的各种关系的综合。在实体经济活动中，资本必须经过‘交换—生产—流通—交换’这一循环才可能产生利润。但是在虚拟经济活动中，资本不需要通过这一循环就可能产生利润。”[①] 成思危主张用系统、科学的办法来研究虚拟经济，总的来说就是要把虚拟经济看成一种新的经济活动模式，而且用系统工程的观点来分析它的特性和发展。

这个定义的要点有三个：一是用“虚拟资本”做定义项；二是“直接”以钱生钱的活动；三是“在金融市场上”实现。

第二种观点，刘骏民（2004）认为，虚拟经济是以资本化定价行为为基础而形成的一套特定的价值关系，经济财富的本质不是物质属性而是社会性质。刘骏民（2008）还从马克思倡导的价值与剩余价值创造的角度对虚拟经济进行界定。他认为，经济的本质是一个价值体系，财富的虚拟性决定了经济的虚拟性，如果货币财富增加了，但实际上人们能得到的效用和物质内容并没增加，这种增加的财富就是虚拟的财富。从价格体系来看，与成本定价的实体经济不同，虚拟经济是一个以资本化定价为基础，通过资本运作实现价值增值的价格体系。虚拟经济的主要领域包括有价证券、期货、房地产、收藏品市场等经济系统中容易发生资本化定价的经济领域。刘骏民主张虚拟经济是一个虚拟的价值系统，经济的本质是一套价值系统，包括物质价格系统

① 成思危．虚拟经济的基本理论及研究方法[J]．管理评论，2009（1）：3．

和资产价格系统。与由成本和技术支撑定价的物质价格系统不同，资产价格系统是以资本化定价方式为基础的一套特定的价格体系，这也就是虚拟经济。

第三种观点，虚拟经济与金融的关系。有学者认为，可以用金融方面的概念来研究虚拟经济。谢平（2000）认为，虚拟经济就是金融，虚拟经济理论就是金融理论。樊纲、李扬（1999）和钟伟（2001）认为，虚拟资本的概念在西方经济理论中早已不再使用，应当用金融资本代替虚拟资本概念。一部分学者认为，在现代经济中，虚拟经济主要指金融业。虚拟经济不仅包括证券业、资本市场和货币市场，而且包括银行业、外汇市场等，是一个涵盖金融业的概念。也有学者认为虚拟经济的提法有待商榷。还有人认为，将虚拟经济等同于金融有失偏颇。金融中许多活动的价值增值过程直接参与了实体经济的运作，其增值过程并不是“虚拟”的，例如金融中介提供的支付、结算以及其他服务功能就属于实体经济运作的范畴，这些活动的价值增值是源于各种服务的提供，对物质财富（商品和劳务）的增长起到了直接的贡献作用。吴力波（2000）认为，虚拟经济是金融领域中以牟取价差为目的的金融投机活动，主要包括以金融业为基础的房地产及文物珍品等的投机活动，而为实体经济提供融资和风险分担等服务的金融服务则不属于虚拟经济范畴。易纲（2003）则认为，金融业本质上是服务业，金融已经成为现代经济的核心，泡沫经济与金融不存在必然联系，他不赞同“虚拟经济”与“实体经济”的划分，认为金融与整个经济是一个无法分割的有机体，而不是虚拟经济，否则虚拟经济就成了现代经济的核心，在逻辑上产生悖论。

刘树成（2005）所编《现代经济词典》中这样阐述：“虚拟经济”是指“由虚拟资本的产生、交易和流通所形成的经济系统，虚拟资本主要指货币、股票、债券和金融衍生工具等”，而实体经济是“以商品和服务的生产、交换、分配和消费的运动过程所形成的经济系统”。以金融市场高度发达为核心的虚拟经济产生于实体经济，又反作用于实体经济。

第四种观点认为对于虚拟经济的内涵应该综合考虑。鲁品越、徐先金（2009）总结了目前国内对虚拟经济的各种定义，并建议在虚拟经济的生成过程中理解其实质。他们指出虚拟经济的生成有三个基本要素：一是资产的证券化产生了虚拟资本及虚拟价值；二是旨在把虚拟资本的虚拟价值兑现为货币价值的投机活动；三是大众资本的兴起提供了虚拟经济的社会载体。虚拟经济的发展依赖于实体经济，实体经济为虚拟经济提供物质基础，并且制约虚拟经济的规模。虚拟经济是实体经济的资金库，能够提高资本运行效率，促进优化资源配置和产业结构升级，然而与此同时，虚拟经济的投机性增加了实体经济的不确定性，其过度发展会与实体经济争夺发展资本。

黄纯纯、任若恩、郑海涛（2011）认为，根据数据可得的难易程度，可以尝试将广义虚拟经济划分为多个层次来进行测算，比如按照下面的四个层次进行划分。第一个层次，狭义的虚拟经济，即仅统计第三产业中的金融业。第二个层次，进一步扩展的虚拟经济，即在第一个层次的基础上，进一步将第三产业中的其他产业也考虑进来。第三个层次，再进一步扩展的虚拟经济，即在第二个层次的基础上，加入第一、第二产业的最终消费品中能够给消费者提供带来精神愉悦的商品。第四个层次，广义虚拟经济，即在第三个层次的基础上，把 GDP 遗漏的、能够给人们带来情感愉悦的非商品事物加进来，比如因特网带来的便捷、家庭劳动、社会网络价值、环境、资源等。

另外，还有国内一些其他经济学家的观点为：李晓西（2000）认为，虚拟经济是对虚拟资本的持有和交易行为，虚拟经济与实体经济相对独立。王爱俭（2008）认为，虚拟经济是通过对未来价格的预期对资源进行配置的价格体系，因此预期和风险是虚拟经济的重要因素。黄穗光、黄敦文（2010）认为，虚拟经济是指借助金融平台，以价差厚利为诱饵，以产权为内容，以股票、债券、借据、协约为载体，以货币互相变换为形式，模拟式独立的资本交易活动。其特点是并不会增创社会物质财富，但通过资本交易能使财富增加。

可见学界对虚拟经济内涵的认识存在一定的共性，但同时也有一些分歧。

综合以上观点，我们可以认为，虚拟经济是一个相对概念，与实体经济相对应，是虚拟资本进入以现代信用制度为基础的金融系统进行循环运动而形成的经济交易活动的总称，或是虚拟资本以金融平台为主要依托所进行的循环运动有关的经济活动，以及其中所产生的各种关系的综合。

同时，对于虚拟经济所包含的行业或形态的划分，也有不同的意见和观点。

如刘骏民不主张从行业区分的角度来为虚拟经济下定义，认为这样会误导虚拟经济研究的特殊性。他认为虚拟经济是以资本化定价行为为基础的价格系统，其运行的基本特征是具有内在的波动性。由于资本化定价，人们的心理因素将对市场有重要影响作用。他认为，如果从广义上来为虚拟经济定义，那么虚拟经济是观念支撑的价格体系，而不是成本和技术支撑的价格体系。实体经济领域内的货币收入是通过实物产品及其服务的生产和流通实现的，实物产品成本的稳定性决定了实物产品的价格相对稳定；虚拟经济领域内的货币收入是通过虚拟资产的衍生和交易实现的。虚拟资产采用了资本化定价的方式，即以资产的未来收入流与货币收益进行比较得出资产的现值。由于资产未来收益的不确定性判断，资本化定价可以使资产的价格远离成本。虚拟经济与实体经济两个子系统不仅彼此独立运行而又统一在一起。这种观点的优点在于易于从动态角度把握这一对概念，但缺点是不便于监测和管理①。

另有一些研究者认为，金融业、房地产业等是虚拟经济范畴，而农业和工业是实体经济范畴。这种看法的优点在于虚拟经济和实体经济的总量易于监测，但是这两种经济形态是随经济发展而不断变化的。比如原来房产购置、新建和销售一般属于实体经济范畴，而现在绝大多数学者将建筑业（属于制造业）之外的房地产看作是虚拟经济。

本书认为，把金融业、房地产业等行业归为虚拟经济范畴有利于虚拟经济的划分、研究和测算。目前，一般来讲可测算的虚拟经济大致分为四类：第一类为股票类，第二类为债券类，第三类为房地产类

① 邓任菲．基于实体经济和虚拟经济范畴的文献综述[J]．武汉金融，2012（3）：44．

和 ABS（包括住房抵押贷款、汽车抵押贷款和信用卡贷款等），第四类为金融衍生品（外汇期货、利率期货、股指期货、物价指数期货等）。

二、虚拟经济的形成原因

在经济运行中，实体经济是用于描述物质资料生产、销售以及直接为此提供劳务所形成的经济活动的概念。它主要包括农业、工业、交通运输业、商业、建筑业、邮电业等产业部门。虚拟经济产生于实体经济发展的内在需要，并以推进实体经济的发展为基本目的。而金融衍生品产生的主要原因在于分散和防范金融风险，并通过促进资金流动（包括国际流动）来促进经济资源的有效配置。

（一）促使纸币保值增值

马克思认为，虚拟资本是在借贷资本和银行信用制度的基础上产生的，包括股票、债券等。虚拟资本可以作为商品买卖，也可以作为资本增值，但本身并不具有价值；它代表的实际资本已经投入生产领域或消费过程，而其自身却作为可以买卖的资产滞留在市场上。虚拟经济就是从具有信用关系的虚拟资本衍生出来的，并随着信用经济的高度发展而发展。①

按照马克思的观点，虚拟资本自身没有价值，是实体资本的“纸制复制品”。为了能让纸币保值增值，所以人们在实体经济之外，开辟了第二次世界大战场——虚拟经济。简单来说，虚拟经济就是钱钱交换，或者说以钱生钱。其特征是钱的流动并不相应带动实物商品的流动和有实际效用服务的发生。而钱与物、钱与劳务相交换，钱的流动能够带动实物商品的流动和有实际效用服务的发生，是实体经济。

人们到银行存款以获取利息，购买股票和债券以求生息，买卖股票和国债，购买保险以及各种金融衍生品，企业与金融机构之间、金融机构之间、中央银行与国家财政及金融机构之间、上市公司与股市

① 刘骏民．从虚拟资本到虚拟经济[M]．济南：山东人民出版社，1998．

之间发生的资金往来，这些行为本身都是虚拟经济行为。

（二）实体经济发展的内在需求

实体经济是虚拟经济存在和发展的基础，没有实体经济，就没有虚拟经济。因此，虚拟经济的规模、价格以及走势最终要由实体经济决定，实体经济构成了虚拟经济运行的基础和界限。虚拟经济的产生源于实体经济发展的内在需求，是市场经济高度发达的产物，以服务于实体经济为最终目的。

从虚拟经济的形成及发展过程来看，虚拟经济是实体经济发展到一定阶段的产物，它的形成及运行离不开实体经济的支持，同时虚拟经济的发展也要受到实体经济的制约。主要表现为：第一，虚拟经济的发展需要实体经济为其提供物质基础。股票、债券等都是应实体经济的发展要求，为降低交易成本、提高运行效率而产生的，可以说没有实体经济，就不会产生虚拟经济，虚拟经济的产生和发展都离不开实体经济为其提供物质条件。第二，实体经济的发展状况制约着虚拟经济的发展。虚拟经济是现代市场经济发展的产物，其载体是股票、债券等有价证券，而这些有价证券的发行规模是由实体经济的发展状况决定的，因此，基于股票、债券等有价证券而发展起来的虚拟经济其规模也要受到实体经济发展状况的制约。

第二次世界大战后，虚拟经济迅猛发展，其规模已超过实体经济，成为与实体经济相对独立的经济范畴，现已在西方国家占有重要的经济地位，一些经济学家称“世界资本主义进入虚拟经济时代”。

20 世纪 80 年代以来，随着信息技术的迅猛发展以及经济金融化程度的提高，金融成为现代经济的核心，资本市场成为现代金融的核心。虚拟资本的形式越来越多样化，资本的虚拟化程度也越来越高，产生了各种金融衍生品。在现代电子交易条件下，股票、债券、期货、期权等金融产品表现为一种抽象化的产品。虚拟的价值形式，使现实的物质财富变成一串串的符号，越来越脱离实体资产而独立存在和运动，同时，房地产业、收藏业、彩票业等日显虚拟的特征。

（三）金融衍生品创新促进了虚拟经济的发展

20 世纪 70 年代中期，产业资本通过发展物质生产谋取利润的空间日益缩小，国际竞争也不断加剧。欧洲、日本开始与美国进行产业竞争，引起了资本主义经济体系内一系列新的、本质性的变化。各国相继出现了以向发展中国家转移产业为内容的大规模国际产业资本运动，导致了本国经济的“空心化”和贸易逆差不断增加，这使传统资本主义从“生产过剩”转向“生产不足”。为了寻找新的利润增长点，美国开始凭借金融系统的优势，专注于创新金融衍生品并通过交易获利，国内对物质产品的需求转由其他国家提供。在对外贸易中经常项下持续扩大的贸易逆差，可以靠资本项下输出虚拟产品所获取的外汇来平衡，这种现象被称为“虚拟经济生存状态”[①]。

近 50 年来，尤其是 20 世纪 80 年代以来，虚拟经济发展中一个令人瞩目的现象，是金融衍生品快速发展。金融衍生品的主要功能在于分散和防范金融风险，并通过促进资金流动（包括国际流动）来促进经济资源的有效配置。

金融工具的推出以及金融市场的建立开始加速，推动虚拟经济进入了快速发展阶段。世界经济开始进入虚拟经济时代。与传统经济时代相比，虚拟经济时代产业的转化和分异较快，从重化工业转型出来的第三产业异军突起。国际资本的加速流动和资本的高效益回报催生了金融资本和交易市场，金融格局的主导地位逐渐凸显出来。

进入虚拟经济时代后，由于资本运动的主体已经转向虚拟产品生产，由物质产品生产和流通所产生的货币交换比重越来越少。本币的强与弱以及本币资产价格的涨与跌主要取决于国际资本的流动，已经越来越与本国的生产增长状况和国际贸易状况相分离。如果国际资本是对本国净流入，则不论本国的物质生产增长是快是慢，贸易是否出现逆差，本币都会坚挺，本国的资本市场都会繁荣，反之，即使物质生产增长状况良好，并且拥有大量贸易盈余，本币还是要贬值[②]。基

① 任建兰，田磊磊．虚拟经济时代世界经济格局的新变化[J]．地理科学，2011（3）：329．
② 王建．虚拟资本主义世界大变局[M]．北京：新华出版社，2008．

于这个规律，许多国家积极扶持国内金融业，目的是提升本国货币地位，夺取金融优势。

三、虚拟经济的特点与主要功能

（一）虚拟经济的特点

1. 经济性

所谓虚拟经济的经济性，就是指价值符号及它们的交换也是以劳动价值为基础的，没有价值及价值交换就与经济沾不上边，也就谈不上它的经济性；价值符号还可以还原为价值实体，即从虚拟走向现实。无论是纸币，还是股票、电子货币以及其他各种有价票证，它们的发行和流通基础就是价值和信誉，它们代表的是实体价值，并且还可以为实体经济服务。

2. 虚拟性

所谓虚拟性，是指它的交换物在形态上是虚拟的而非实物的，它只是以价值符号为交易对象，而不以实物为交易对象。虚拟经济领域交易的只是价值符号而不是有形的实物。纸币不是价值实体，而只是一种价值符号；这种符号又脱离了价值实体，成了实体价值的影子。当价值符号脱离价值实体较长时间，并且在这个时间内完成了投机性交易，使得这种脱离成了价值的另一种存在方式，即价值的游离存在方式，这就是虚拟现实。例如纸币的价值是不能不承认的，它是一个国家的信誉及价值尺度符号，也是一个国家政治实力、文化实力等综合国力的体现。只有国家包括经济实力、科技实力、军事实力、政治实力、文化实力等综合实力充分强大，国家的货币才是一个强势货币。

3. 高流动性

实体经济活动的实现需要一定的时间和空间，即使在信息技术高度发达的今天，其从生产到实现需求均需要耗费一定的时间。但虚拟经济是虚拟资本的持有与交易活动，只是价值符号的转移，相对于实体经济而言，其流动性很高；随着信息技术的快速发展，股票、有价证券等虚拟资本无纸化、电子化，其交易过程在瞬间即可完成。正是虚拟经济的高度流动性，提高了社会资源配置和再配置的效率，使其成为现代市场经济不可或缺的组成部分。

4. 不稳定性

虚拟经济相对于实体经济而言具有较强的不稳定性，这是由虚拟经济自身所决定的。虚拟经济自身具有的虚拟性，使得在市场买卖过程中，各种虚拟资本价格的决定并非像实体经济价格决定过程一样遵循价值规律，而是更多地取决于虚拟资本持有者和参与交易者对未来虚拟资本所代表权益的主观预期，而这种主观预期又取决于宏观经济环境、行业前景、政治及周边环境等许多非经济因素，增加了虚拟经济的不稳定性。

5. 高风险性

股票、债券所投资的企业的未来收益是不确定的，同时，国际和国内宏观环境的影响也不确定。由于影响虚拟资本价格的因素众多，这些因素自身变化频繁，且虚拟经济的交易规模和交易品种也在不断扩大，使虚拟经济的存在和发展变得更为复杂，虚拟资本投资成为一项风险较高的投资领域，尤其是随着各种风险投资基金、对冲基金等大量投机性资金的介入，加剧了虚拟经济的高风险性。

6. 周期性

虚拟经济系统具有周期性。虚拟经济系统的演化大体上呈现出周期性特征，一般包括实体经济加速增长、经济泡沫开始形成、货币与信用逐步膨胀、各种资产价格普遍上扬、乐观情绪四处洋溢、股价与房地产价格不断上升、外部扰动造成经济泡沫破灭，紧接着形势逆转，各种金融指标急剧下降、人们纷纷抛售实际资产及金融资产、实体经济进入减速或负增长等阶段。但是从长期来看，它是波浪式前进、螺旋式上升的。

7. 双重性

虚拟经济往往同时又是一把“双刃剑”。例如，既优化资源配置，又扭曲资源配置；既促进资本形成，又易于投机，阻碍资本形成；既规避风险，又积累风险、引发风险；既发现价格，又引起泡沫。这种对立和矛盾是由虚拟经济的双重性引起的，虚拟经济同时具有趋向正负两个极端的可能性，其中原因在于，各种虚拟经济范畴形成的初衷与它们可能形成的机制之间的矛盾。例如，股票的二级市场形成的目的是为了股票投资者变现股票、抽回股票本金，在现实中却成为投机的场所；期货、期权的形成的初始目的是规避风险，在现实操作中却成为风险最大的投机产品。也就是说，虚拟经济既可以体现出正面的作用，也能造成负面的影响，这取决于它在经济金融领域中的地位和发展程度。

8. 独立性

虚拟经济的独立性是指虚拟经济的运行在很大程度上脱离了实物产品的生产过程，甚至根本就不需要与实体经济联系起来。

虚拟经济的独立性主要表现在：第一，虚拟经济具有和实体经济不同的运行规律。虚拟经济基于实体经济的发展而产生，经过长时期的不断发展，已经形成了一套自己的运行规律，其膨胀和收缩的速度都快于实体经济。此外，其在资源的调动、风险管理、支付结算及信息披露方面也都显示出明显不同于实体经济的特征。第二，虚拟经济具有不同于实体经济的定价系统。虚拟经济的定价标准是资本化定价方式，它不同于实体经济的成本定价方式，其运行是由观念支撑而不是由成本支撑的，它也不会受市场价值规律的限制，而是呈现波动性。第三，虚拟经济具有异于实体经济的交易对象。实体经济经营的是实物，是物质化的，而虚拟经济所交易对象则是股票、债券等权益凭证，这些权益凭证只是一些价值符号。

例如，按照传统的国际经济学理论，外汇交易主要是为国际贸易中的实际商品贸易服务的，商品和服务贸易决定了国际资本的流动和外汇汇率，而后者又反过来服务于前者。然而，随着经济虚拟化的发展，一国的资本流动和外汇汇率波动跟实际商品的贸易似乎可以没有任何关系。当前全球最大的资本交易品种是外汇交易，根据国际清算银行（BIS）2011 年发布的全球外汇和金融衍生品交易情况报告显示，截止到 2010 年末，全球日均外汇交易额已达 3.98 万亿美元。其中，外汇现货交易为 1.49 万亿，其余为远期交易和互换交易。假如说每天有高达1万亿美元以上的外汇现货交易已经不再仅仅简单地服务于实际商品交易和投资，那么数额更大的远期交易和互换交易与实际经济活动就更是无任何联系，变成“钱生钱”游戏的道具，成为赚取差价的投机行为[①]。

再如，美国1975年的跨国证券交易量只占其国内生产总值的4%，到20世纪90年代该交易量已经超过了国内生产总值，到2000年则上升到国内生产总值的245%。在国际经济交往中，虚拟经济的独立性表现为经济活动的主体正在从以实际资产为主体的跨国公司，转向以虚拟资产为主体的跨国银行、各种基金和金融机构，同时，许多制造业企业的主要利润正在转向公司中的金融部门或金融业务，正如彼得·鲁得克（Drucker, P）指出的，“90%以上跨国经济的金融交易不是服务于经济学家所说的经济功能”。

（二）虚拟经济的主要功能

虚拟经济所具有的功能可以归纳为以下五点[②]：

1. 对国民经济的扩张功能

是否具有充足的资金是能否保证企业乃至整个国民经济得到持续发展的重要因素，而资金的来源主要有两种方式：一个是向银行等金融机构间接融资，另一个则是通过发行各类有价证券直接融资。调查表明，企业通过各类有价证券直接筹措到的资金，大部分或绝大部分都是用于扩大其生产经营规模方面。企业生产经营规模扩张了，从而使整个国民经济规模得到了扩张。而且随着市场经济的深度发展，虚拟经济的这一功能将越来越明显。

2. 加速资金循环流通功能

虚拟经济的存在离不开金融系统的循环运动，也就是说，虚拟经济是靠以钱生钱的方式来获得收益的经济活动。虚拟经济最本质的特点就是循环流通。据统计，当前全世界虚拟资本日平均流动量高达1.5万亿美元以上，大约是世界日平均实际贸易额的50倍。

---

① 许平祥．经济虚拟化与传统金融危机理论的困境[J]．东岳论丛，2011（7）：138．

② 郭勇．虚拟经济与实体经济之关系浅析[J]．广义虚拟经济研究，2010（1）：34．

3. 对资金流动有良好的引导功能

虚拟经济的最初存在形态是生息资本，社会化了的生息资本可以引导资金从不能发挥或暂时不能发挥效用的实体经济活动中转移到能发挥效用的实体经济活动中。市场化了的有价证券更是提高了资金向预期收益较好的产业流动的速度，从而引导资金流动，使其发挥最大的效能。

4. 对资金的聚集功能

虚拟经济主要是借助以银行为主体的各类金融机构将分散在个人和单位手中的资金通过各种存款凭证和有价证券等虚拟资本形式聚集起来，以便进行规模较大、收益较高的实体经济活动。截至 2000 年底，各国虚拟经济总量达到 160 万亿美元，其中股票市值和债券余额约为 65 万亿美元，金融衍生工具柜台交易额约为 95 万亿美元，而当年各国国民生产总值的总和只有约 30 万亿美元，即虚拟经济的规模已达实体经济的 5 倍。

5. 使价值在流通中增值的功能

虚拟经济使价值增值的功能可以通过如下的方式来实现，某甲计划从事一项实体经营活动，却没有足够的资金，而某乙正好有一笔闲置资金，于是某甲便向某乙借一定数量的钱，并许诺在一定时期内还本付息。这时，某乙手中的借据便是虚拟资本的一种雏形，它通过借款与还款的循环活动而得到了增值。事实上，某乙并未从事实际的经济活动，而只是通过一种虚拟的经济活动来赚钱，而某甲将借来的钱投资经营后，他也获得了比原来投资多出来若干数量的收益。虽然某甲从事的是实体经济活动，但其仍离不开虚拟经济的作用。

第二节　虚拟经济的发展历史

虚拟经济的产生和发展是历史的产物，大量理论和实证研究都显示，虚拟经济的产生依赖于实体经济的发展，但是同时虚拟经济的发展具有独立的运行特征，并对实体经济产生重要影响。

一、虚拟经济的运行特征

虚拟经济的运行特征有别于实体经济。在实体经济活动中，资本产生利润的循环是：交换—生产流通—交换，其结果将创造新的产品或服务。而虚拟经济条件下，虚拟资本的升值循环是：交换—再交换，其结果不会带来社会财富的增加，只是对实体经济所创造的财富进行再分配。例如股票、债券等虚拟资本都是将实际资本的使用权转让，换取所有权凭证，之后所有权凭证被再次交换，并可能产生利润。虚拟资本不通过实体经济的循环就能产生利润，这是因为虚拟经济的定价方式有别于实体经济。实体经济的定价基础是成本与技术，而虚拟经济的价格形成则由虚拟资本未来收入流的资本化决定，这依赖于人们对未来的心理预期。

“虚拟经济是指与虚拟资本以金融系统为主要依托的循环运动有关的经济活动，简单来说就是以钱生钱的活动。”针对概念中提到的循环运动，成思危这样总结，“虚拟经济的循环就是在金融市场上，通过交换，把钱换成借据、股票、债券；然后在适当的时候，再通过交换把借据、股票、债券再变回钱，直接以钱生钱”①。

二、虚拟经济的演化路径

经济的虚拟化是以货币的虚拟化为起点的，是指虚拟经济的不断扩张和深化，表现为各国呈现出虚拟资产数量和交易额不断迅速增长的状况。而货币虚拟化是指货币逐步摆脱了自身具有的价值，向完全作为虚拟化了的价值符号的发展过程。货币虚拟化的过程中，货币的各种社会职能逐渐被分解开来。货币的基本职能，计价单位和流通手段主要由现金和可开支票账户存款来承担。而执行货币价值储藏职能的形式大大丰富了，货币与不断衍生出来的各种金融资产一起，形成

---

① 成思危．虚拟经济与金融危机[J]．管理科学学报，1999（1）：1.

了具有独立化意义的财富存在形式。人们在衡量和储藏财富时，货币本身和各类债券以及其他各类金融资产相比，不仅无法保值而且还要承担持有的机会成本。而那些金融资产之所以能够被设计和创造出来，是源于货币虚拟化过程中它们所代表的价值能被社会所认可，它们不但能保值还能获得一定的收益。

随着信用制度的高度发展，世界各国金融化自由进程推动了资产证券化和金融衍生工具的大规模创新，引起虚拟资产的高速扩张。因此实际经济运行中出现了越来越多的银行票据、债券、股票等不同形式的资产，而这些资产自身完全没有实物资产所对应，或脱离了所对应的实物资产。完全被信用化和资本化了的有价证券以及期货、期权等金融衍生工具等虚拟资产与实际资源的联系不断减弱，甚至已完全脱离于实体经济活动之上①。

综合成思危等经济学者对虚拟经济的发展历程进行的研究，从历史和逻辑的角度来考察，虚拟经济是市场经济和信用制度发展到一定阶段的产物，其产生和发展经历了如下六个层级演变：

1. 闲置货币资本化

闲置货币成为生息资本，这是虚拟经济的最初阶段。虚拟经济最早的起源可以追溯到私人间的商务借贷行为，例如，某甲急需购买某种原料或货物，但他本人并没有足够的资金，而某乙手头正好有一笔钱闲置未用，于是某甲便向某乙借一定数额的钱，许诺在一定时期内还本付息。通过这一活动某甲取得了对这笔钱的使用权，可以用其作为支付手段的功能通过实体经济活动取得盈利，而某乙则以借据为凭证保持了对这笔钱的所有权，以及到期可向某甲讨还本息的权利。这时某乙手中的借据就是虚拟资本的一种雏形，它通过借款与还款的循环运动而取得增值。这时某乙并未从事实际的经济活动，只是通过一种虚拟的经济活动来赚钱。由此可见，虚拟经济发展的第一个阶段是闲置货币的资本化，即人们手中的闲置货币变成了可以产生利息的资本。

① 汪辉煌．经济虚拟化与金融脆弱性[J]．江西教育学院学报，2012（6）：137.

2. 生息资本社会化

生息资本社会化即由银行作为中介机构将人们手中闲置的货币借入，再转贷出去生息。人们还可用手中的闲置货币购买各种有价证券来生息，这时人们手中的存款凭证和有价证券也就是虚拟资本。生息资本的社会化可以引导资金从不能用于生产、流通等实体经济活动的人们手中转移到能将其用于实体经济活动的人们手中，并可以将分散在个人手中的资金集中起来进行较大规模的、收益较高的经济活动，从而可提高资金的使用效率。这一阶段的标志是银行的产生。此时，货币资金借贷的主要方式不再是个人之间的直接借贷，而是以银行为中介的间接借贷。银行作为中介机构将人们手中闲置的货币借入，将闲散资金集中起来，再转贷给需要资本且有盈利能力的资本家。对广大存款人而言，其持有的能够获得利息的存款凭证就是虚拟资本。借贷行为的中介化实际上意味着虚拟经济活动的社会化，这种社会化由于能扩大社会的资金借贷规模，提高社会范围内资金的配置和使用效率，因而对促进实体经济的发展具有重要意义①。

3. 证券交易市场化

随着股票、债券等有价证券的大量发行，人们需要将手中有价证券迅速变现，客观上要求形成便于有价证券流动的机制或场所，于是进行虚拟资本交易的金融市场（例如股票市场、债券市场、货币市场等）应运而生。有价证券的市场化能使人们手中的有价证券随时变现，这大大提高了虚拟资本的流动性，标志着虚拟经济的规模化。有价证券市场化以后就可以根据其预期的收益而自由买卖。企业通过银行借款进行间接融资，要付出较高的成本。如果直接融资，不仅融资成本较银行的贷款利率低，而且投资者也可获得比银行存款利率高的收益。同样，企业可以发行股票进行融资，而个体则可用手中的闲置货币购买股票、债券等证券生息。虚拟资本交易的市场化可以引导资金向预期收益较好的产业流动，从而有利于优化社会资金的配置结构，提高社会资金的使用效率。1898 年还出现了农产品的期货交易方式，以后

---

① 孙建军，张季安．虚拟经济及其发展历程诠释[J]．中小企业管理与科技（下旬刊），2009（4）：45．

逐渐扩及有色金属、石油等工业原材料，这是虚拟资本的一种新形式。

4. 虚拟资本国际化

虚拟资本国际化，即虚拟资本可以跨国进行交易。这一过程虽可以追溯到19世纪中叶美国等债务国政府和铁路公司在英国、法国和德国的金融市场上发行固定利率的债券，但仅从20世纪20年代开始才有比较大规模的跨国证券投资，而20世纪30年代的世界经济萧条和第二次世界大战的爆发使金融市场国际化的进程陷于停滞。直到第二次世界大战之后，在《布雷顿森林协议》及《关税和贸易总协定》的推动下，才逐渐形成了规模巨大的国际金融市场。便利了虚拟资本的跨国交易，从而使虚拟资本交易日益呈现为一种国际性的经济活动。金融市场的国际化能在国际范围内引导资金向收益较好的产业流动，从而可以大大提高资金的利用效率，同时还形成了一种新的金融市场——外汇市场。期货交易也日益虚拟化，即将购买期货作为一种投机的手段。20世纪60年代以来，股票、债券、外汇等金融商品的交易陆续出现了期货交易方式，1973年还出现了期权交易。虚拟经济活动的国际化促进了资本在世界范围内的优化配置，并使资本的使用效率进一步提高。

5. 虚拟经济全球化

20世纪80年代以来，经济全球化的推进、浮动汇率制的形成、信息技术的进步等因素都加速了金融自由化的深入发展和金融创新的增强，同时加速了虚拟资本在全球的流动，促进了虚拟经济对整个世界经济的渗透。国际性的货币市场、资本市场、外汇市场规模日益扩大，使各国国内金融市场与国际金融市场之间的联系更加紧密；各种金融工具的创新层出不穷，使虚拟资本的交易规模空前巨大，虚拟经济的发展已经进入全球化阶段，并日益呈现出不同于实体经济的特有运行规律。

6. 金融工具创新化

20世纪60年代以后，虚拟经济进一步发展。一方面，国际性的货币市场、资本市场、外汇市场等规模进一步扩大；另一方面，包括各种金融期货、期权等在内的金融创新工具层出不穷。随着信息技术的迅速进步、金融自由化程度的提高，以及经济全球化的发展，虚拟资本的流动速度越来越快，流量越来越大，从而使得虚拟经济的规模不断增大。近年来随着电子商务而诞生的各种网上金融产品，使金融创新的浪潮方兴未艾，为金融市场的发展注入了活力，使资本的流动有了新的载体。金融工具的创新化使得虚拟资本的交易规模达到前所未有的程度，并使虚拟经济越来越背离实体经济而日益呈现为一个相对独立的经济活动领域。

我们考察这六个发展阶段都可以看出实体经济决定“虚拟经济”，每一个发展阶段都是由当时的经济水平决定的，反过来又促进经济的发展。虚拟经济与实体经济之间具有紧密相关、相互渗透、相互依存的关系。

同时，一般来看，虚拟经济发展的阶段不同，对实体经济发展的影响也就不同，亦即虚拟经济发展的高一级阶段对实体经济发展程度的影响，总比虚拟经济发展的低一级阶段对实体经济发展程度的影响要大一些；反之，则会小一些。

虚拟经济的发展就是虚拟资本不断扩张的过程。虚拟资本是基础，虚拟经济是结果，二者的共同作用，一方面可以促进经济以前所未有的速度超常发展，但同时也会刺激市场经济中的泡沫成分无限制扩大，加速金融危机与经济危机的爆发。

三、虚拟经济的发展历程

（一）虚拟经济的形成轨迹

虚拟经济是与虚拟资本密不可分的，虚拟资本的形成与货币的产生又密不可分。

在早期的商品经济阶段，货币只是固定地充当一般等价物，其功能主要是价值尺度、流通手段和支付手段。在发达的商品经济社会中，货币经历了信用化和资本化的过程，其功能和属性发生了质的变化，不仅形式上从金属货币转变为完全没有价值的货币符号，而且功能上具有了资本的性质。资金需求者愿意向资金供给者支付利息，货币本身产生了“收益”，货币也就转化成了借贷资本。借贷资本的大规模发展产生了银行信用，于是股票和债券等有价证券应运而生。

继股票、债券之后，又出现了证券化资产和金融衍生产品。

资产证券化就是银行将住房抵押贷款、汽车抵押贷款、信用贷款等各种信贷资产经过重新包装后实行证券化，或者在一些低信用等级的证券中加入较高信用等级的证券，并用其作为抵押发行新的证券，从而提高资产的流动性。这就等于是在本身就是虚拟资本的信贷资产及初级证券的基础上，又产生了虚拟资本。新发行的证券是虚拟资本的虚拟资本，它们与原有的证券一起代表同一笔货币资金，使一笔资产有了三重存在：一是实际资产；二是被捆成一组的证券；三是以这组证券为抵押发行的新证券。金融衍生产品主要表现为两种形式：一种是初级衍生品，如股票、债券等金融资产的期货、期权合同，它们还保持着个别金融资产交易的形式；另一种是高级衍生品，如各类指数期货、期权合同，它们割断了与任何个别实际资产的联系，其买卖并不真的拥有合同中规定数额的证券或货币，也不必再清算交割，实际上是就指数的涨落打赌，交易本身已无关紧要。这种金融衍生品不仅是虚拟资本的虚拟资本，而且是“无中生有”的虚拟资本，是虚拟化程度最高的虚拟资本形式①。

（二）虚拟经济的发展阶段

纵观虚拟经济的历史发展，可将其划分为以下三个阶段或形态：

1. 第一阶段——以股票和债券为主的阶段（1553—1865 年）

资本主义发展过程中出现银行资本、股票资本运动的虚拟经济初级阶段。希法亭（Hiferding R, 1910）从揭示股票资本的运动规律出发，对虚拟经济活动进行了详细分析。他提出，在股票交易所里，资本家的财产以生产之外的纯粹形式出现了。此时，虚拟资本具有双重迷信色彩，仍有某些实际根据，即作为资本主义生产方式职能表示的货币

① 孙建军，张季安. 虚拟经济及其发展历程诠释[J]. 中小企业管理与科技（下旬刊），2009（4）：45.

资本。

股票是商品经济及生产力发展的产物，其本身的历史和发展过程又可分为三个部分。

首先，股票在16世纪作为筹集资金、分散风险的一种手段而进入远航贸易领域。

在15世纪，意大利的航海家哥伦布发现了南美洲新大陆，随后葡萄牙的航海家麦哲伦又完成了第一次环球航行。这些地理上的大发现开通了东西方之间的航线，使海外贸易和殖民地掠夺成为暴富的捷径。而要组织远航贸易就必须具备两大条件，其一是组建船队需要巨额的资金；其二是因为远航经常会遭到海洋飓风和土著居民的袭击，要冒很大的风险。而在当时，没有一个投资者能拥有如此庞大的资金，且也没有谁甘愿冒这么大的风险。为了筹集远航的资本和分散经营风险，就出现了以股份集资的方法，即在每次出航之前，招募股金，航行结束后将资本退给出资人并将所获利润按股金的比例进行分配。

为保护这种股份制经济组织，英国、荷兰等国政府不但给予它们各种特许权和免税优惠政策，而且还制订了相关的法律，从而为股票的产生创造了法律条件和社会环境。

1553 年，英国以股份集资的方式成立了莫斯科尔公司，在 1581 年又成立了凡特利公司，其采取的方式就是公开招买股票，购买了股票就获得了公司成员的资格。这些公司开始运作时是在每次航行回来就返还股东的投资和分取利润，其后又改为将资本留在公司内长期使用，从而产生了普通股份制度，相应地形成了普通股股票。

由于在贸易航行中获取的利润十分丰厚，这类公司就迅速膨胀，股票也得到相应发展。在1660年之前，股东若要转让所持股票，就要在本公司内找到相应的人员来接受，或设法依公司章程规定将本公司以外的承购者变为公司的成员，股票的转让相当不便。但从1661年开始，股票开始可以任意转让，购买了公司股票的人就具有了公司的股东资格，享有股东权。到1680年，此类公司在英国已达49家，这就要求用法律形式确认其独立的、固定的组织形式。在17世纪上半叶，英国就确认了公司作为独立法人的观点，从而使股份有限公司成为稳定的组织形式，股金成为股东们的长期投资。股东凭借公司制作的股票就享有股东权，领取股息。与此同时，证券交易也在欧洲的原始资本积累过程中出现。17 世纪初，为了促进包括股票流通在内的筹集资本活动的顺利开展，在里昂、安特卫普等地出现了证券交易场所。1608 年，荷兰建立了世界上最早的证券交易所，即阿姆斯特丹证券交易所[①]。

其次，17 世纪以后，随着资产阶级革命的爆发，股票逐渐进入金融和工业领域。

从 17 世纪末到 19 世纪中叶，英国、法国先后爆发了资产阶级革命，大机器工业生产代替手工生产的产业革命迅猛崛起，导致了商品经济的极大发展。股份有限公司因适应了大工业的要求而迅速发展起来，股票也相应得到发展。由于生产需要扩大资金来源，以及进行远距离运输以扩大市场的需要，银行、运输业急需大量筹集资金，而通过发行股票来筹集资金、建立股份有限公司就成为当时的一种普遍方式。1694 年成立的第一家资本主义国家银行——英格兰银行，以及美国在 1790 年成立的第一家银行——合众美国银行，都是以发行股票为基础成立的股份有限公司。由于股份制银行既可发行银行券，又能吸收社会资金来发放贷款，其盈利非常可观。而相对于远航贸易来说，银行股票是金融业股票，不但股息多，且风险小，所以股票和股份制在金融业得到了迅速的发展。

在 18 世纪，蒸汽机的发明和推广应用导致了工业革命。此时，资本主义的主要工业部门从手工业逐渐过渡到机器大工业生产。机器大车间不仅出现在纺织业，且推广到轮船和机车生产中，改变了整个工业的交通状况，大大地促进了生产力的发展。这时的生产规模已经远远不是单个资本家的小规模投资所能适应，它不但需要专业化生产和分工协作，还要求在交通能源、原材料、基础设施等方面进行巨大的投资，而这些投资却不是少数资本家或当时政府的财力所能承担的。而股份有限公司和股票正好提供了一条用资本社会化来集中资金的出路。

---

① 本部分以及后面一些介绍性文字来自于智库百科等网络上关于股票和证券市场起源的基础性资料。

在18世纪70年代到19世纪中期，英国利用股票集资这种形式共修建了长达3540千米的运河系统和8046千米的铁路。美国在18世纪初的50年里建成了约4828千米的运河及4506千米的铁路。到了19世纪60年代以后，由于资本主义大工业生产要求扩大企业规模、改进生产技术和提高资本的有机构成，独资或合伙办企业就难以发展。这时资本主义政府就采取各种优惠措施来鼓励私人集资兴建企业。股份有限公司开始在工业系统确立统治地位。于是，股票的自由转让，特别是利用股票价格进行投机，刺激了人们向工业企业进行股票投资的兴趣。股份有限公司在各个工业领域都迅猛发展，成为主要的企业组织形式，且通过股票筹措的资本额越来越大。如1799年杜邦创立的杜邦火药公司就是用每股2000美元的股票筹措了15股资本创办的，而1902年成立的美国钢铁公司则用股票筹措了多达14亿美元的股金资本，成为第一个超过10亿美元的股份有限公司。

最后，随着证券交易的发展，其相应的法规及手段日益完善。

随着股份有限公司的发展和股票发行数量的日益增多，证券交易所也在逐步发展。1773年，股票商在伦敦的新乔纳咖啡馆正式成立了英国第一家证券交易所（现伦敦证券交易所的前身），并在1802年获得英国政府的正式批准和承认。它最初经营政府债券，其后是公司债券和矿山、运河股票。到19世纪中叶，一些非正式的地方性证券市场也在英国兴起。

18世纪上半叶，由于产业革命取得成功，英国成为世界上最早的“世界工厂”。为了促进工业品的输出，英国一边对海外进行资本输出，一边在国内发展纺织等行业，进而在19世纪三四十年代发展重工业。在这一过程中，为了加强产业基础而进行的国家公共事业投资以及银行、保险等公司的数量开始急剧增加。首先以股份公司形式登场的是运河公司的股票，虽然在股票市场进行培育的进展并不大，但其后铁道公司的股票在全国形成了投机热潮，引发了在全国各地开设证券交易所进行股票交易的热潮。至1914年第一次世界大战前，英国共有22家地方证券交易所。

进入20世纪50年代，伦敦证券市场再次向海外投资急速倾斜。

由于被称为“商人银行”（Merchant Bank）的英国式证券商的活跃，广泛地把美国的铁道债券、印度或澳大利亚的证券等加入了交易对象，为确立伦敦作为世界金融中心的地位而迈进了关键性的一步。在伦敦交易所上市的证券中有80%是海外证券。因此，伦敦与其说是因为国内产业资本而成长壮大起来的，不如说是作为海外资本的市场不断扩充而逐渐扩大起来的。

表 1.1　英国股票发展的阶段历史

时间	事件
1553 年	英国以股份集资的方式成立了莫斯科尔公司
1581 年	英国成立凡特利公司，其采取的方式就是公开招买股票，购买了股票就获得了公司成员的资格
1661 年	股票开始可以任意转让
17 世纪上半叶	确认了公司可以作为独立法人，股份有限公司成为稳定的组织形式
1694 年	成立第一家资本主义国家银行——英格兰银行
1773 年	股票商在伦敦的新乔纳咖啡馆正式成立了英国第一家证券交易所（现伦敦证券交易所的前身），并在 1802 年获得英国政府的正式批准和承认。
18 世纪 70 年代到 19 世纪中期	英国利用股票集资共修建了长达 3540 千米的运河系统和 8046 千米的铁路
19 世纪中叶	地方性证券市场在英国兴起
1914 年前	英国共有 22 家地方证券交易所
20 世纪 50 年代	伦敦证券市场向海外投资倾斜

资料来源：作者根据资料整理。

美国证券市场首先是通过运河、铁道等国内基础产业而坚实地发展起来的。美国的证券市场从费城、纽约、芝加哥和波士顿等大城市开始出现，逐步形成全国范围的证券交易局面。这些证券市场一开始经营政府债券，继而是各种公司股票。1790 年，美国第一个证券交易所——费城证券交易所诞生，1792 年纽约的 24 名经纪人在华尔街 11 号共同组织了“纽约证券交易会”，这就是后来闻名于世的“纽约证券交易所”。

19 世纪 20 年代到 19 世纪 30 年代，美国的工业化浪潮为证券业带来了新的发展机遇。这一时期，发展水陆运输成为美国经济发展的中心环节。为了筹集兴建道路、桥梁、运河等土木事业的资金，美国发行了联邦债券、州政府债券、民间事业债券和股票等，使证券市场的交易量大幅上升，当时市场上最热门的股票就是伊利运河公司的股票。紧跟在“运河”热之后的交易热点是“铁道股票”热。

在 1842—1853 年期间，美国证券市场所交易的证券从以铁道股票为中心，逐步扩大到了包含银行股票、保险股票、运河股票等，股票数量与交易量都明显增加，证券交易中介商人也急剧增加。1865 年，随着美国南北战争的结束，中断了的铁道建设再度开始，经济也开始出现了前所未有的发展。

2. 第二阶段——以股票、债券、金融衍生工具为主的阶段（1865—1992 年）

本阶段是价格剧烈变化条件下出现金融衍生工具的虚拟经济发展阶段。虚拟经济不仅独立于实体经济活动，而且呈现虚拟经济活动的双重虚拟性，即新的金融工具可以是对某种虚拟资本（如股票）所有权的收益进行再分配，如期货、期权、期货的期权等工具。金融衍生工具的出现，使得虚拟经济进入了发展阶段。在此期间，金融工具的推出以及金融市场的建立有了较快发展。

1865 年，芝加哥谷物交易所推出了一种被称为“期货合约”的标准化协议，取代 1851 年以来沿用的远期合同，成为人类历史上最早开发出来的金融衍生品。期货市场早期的参与者主要是以对冲远期风险为目的的套期保值者。事实上，目前以期货、期权、远期、互换等为代表的金融衍生品已经成为能够有效管理和降低市场参与者风险的工具。

在金融衍生品 150 年的发展历程中，美国一直是“领头羊”，有最广泛的市场和较为尖端的技术。

随着股票交易的发展，在 1884 年，美国的道和琼斯发明了反映股票行情变化的股票价格指数雏形——道琼斯股票价格平均数。

1920年开始，美国经济的高速发展刺激股票市场走强，美国进入“飞扬的二十年代”。1921年8月到1929年9月，道琼斯指数上升了468%。那时人们可以进行保证金交易，即可以用10%的保证金融资购买股票，而股市的繁荣极大地刺激了保证金交易的数量，到1929年10月初，经纪人贷款总额激增至68亿美元的顶峰，比1928年1月的38亿美元高出约80%。

1929年7月，美联储将贴现利率从5%提高到6%。与此同时，美国经济在8月到达顶峰后疲态初露，商品批发价格出现了下降，个人收入和工业产值开始停止增长。但市场对此视而不见，终于在经历了长达十多年的牛市后美国股市从9月3日的386.1点开始掉头向下，到1929年10月29日，美国历史上最大的股灾爆发了，单日下跌达18.5%，美国股市由此进入漫长的熊市。1932年6月30日，道琼斯指数跌至41点。与股灾前相比，美国钢铁公司的股价由每股262美元跌至21美元，通用汽车公司从92美元跌至7美元。

在这场股灾中，数以千计的人跳楼自杀。20世纪前期美国最负盛名的大经济学家费雪几天之中损失了几百万美元，顷刻间倾家荡产，从此负债累累，直到1947年在穷困潦倒中去世。这次股灾彻底打击了投资者的信心。人们闻股色变，投资心态长期不能恢复。股市暴跌后，投资者损失惨重，消费欲望大减，商品积压更为严重。同时，股市和银行出现危机，企业找不到融资渠道，生产不景气，反过来又加重了股市和银行的危机，国民经济雪上加霜。由于美国在世界经济中占据着重要地位，其经济危机又引发了遍及整个资本主义世界的大萧条：5000万人失业，无数人流离失所，上千亿美元财富付诸东流，生产停滞，百业凋零。

纽约股市崩溃发生之后，美国参议院即对股市进行了调查，发现有严重的操纵、欺诈和内幕交易行为，1932年银行倒闭风潮又暴露出金融界的诸多问题。在痛定思痛、总结教训的基础上，从1933年开始，罗斯福政府对证券监管体制进行了根本性的改革，建立了一套行之有效的以法律为基础的监管构架。以1929年大股灾为契机，一个现代化的、科学的和有效监管的金融体系在美国宣告诞生。经历了大混乱与大崩溃之后，美国股市终于开始迈向理性、公正和透明。

美国根据 1929 年经济危机的经验，于 1933 年颁布了《证券法》，主要规定了股票发行制度。1934 年又颁布了《证券交易法》，用于解决股票交易问题，并依该法成立了证券委员会作为股票市场的主管机关。1970 年，为了保护投资者的利益、减少投资风险，颁布了《证券投资者保护法》。证券（股票）法律的公布和股票价格指数的产生，促进了股份有限公司和股票制度的发展。

表 1.2　美国虚拟经济的阶段历史

时间	事件
1865 年	美国芝加哥谷物交易所推出了一种被称为“期货合约”的标准化协议，取代 1851 年以来沿用的远期合同，成为人类历史上最早开发出来的金融衍生品
1884 年	美国发明了反映股票行情变化的股票价格指数雏形——道琼斯股票价格平均数
1920 年	美国经济的高速发展刺激股票市场走强，美国进入“飞扬的二十年代”
1921 年 8 月至 1929 年 9 月	道琼斯指数上升了 468%
1929 年 10 月	美国的股灾爆发
1932 年	银行倒闭风潮出现
1933 年	颁布《证券法》，规定了股票发行制度
1934 年	颁布《证券交易法》
1970 年	颁布《证券投资者保护法》

资料来源：作者根据资料整理。

20 世纪 70 年代以后，随着世界经济全球化的迅速发展，虚拟经济也开始在全球范围内加快发展，呈现自由化和全球化的发展态势，各类风险也日益凸现。为了防范风险，同时获取竞争收益，金融期货、期权、互换等金融衍生工具大规模涌现。

表 1.3　世界主要金融衍生品及其产生年代

年份	金融衍生品
1972	外汇期货
1973	外汇远期、股指期货
1975	抵押贷款期货、国库券期货
1977	长期政府债券期货
1979	场外货币期权
1980	货币互换
1981	股指期货、中期政府债券期货、银行存款单期货、欧洲美元期货、利率互换、长期政府债券期货期权
1983	利率上限和下限期权、中期政府债券期货期权、货币期货期权、股指期货期权
1985	欧洲美元期权、互换期权、美元及市政债券指数期货
1987	平均期权、商品互换、复合期权、长期债券期货和期权
1989	利率互换期货
1990	股指互换
1991	证券组合互换
1992	特种互换

资料来源：田超. 金融衍生品：发展现状与制度安排[D]. 上海：复旦大学，2005.

3. 第三阶段——以股票、债券、金融衍生工具、房地产、收藏业和彩票业为主的阶段（1992 年至今）

网络技术的进步，产生了大量网络服务的工具和场所，使虚拟经济进入了成熟阶段。虚拟经济在其活动的时间和空间方面有了很大发展。因特网的迅速发展，使得网上银行、网上股市和网上交易十分普及，交易和清算大部分都可通过互联网络进行。虚拟的价值形式，使现实的物质财富变成一串串的虚拟符号，越来越脱离实体资产而独立存在和运动。房地产业、收藏业和彩票业也日益成为虚拟经济的重要组成部分。

在市场经济中，房地产有三个基本功能：为消费者提供居住和工作场所；为个人和企业提供投资或投机机会；为整个信用制度提供最基本的抵押资产。前者是房地产的自然属性，后两者则是房地产在市场经济运行中的基本功能。房地产在现代经济运行中具有虚拟经济的运行特征，从虚拟经济的角度看房地产经济有两个基本特点：第一是房地产的投资和投机功能，因此可以将股市、债市、大宗商品期货市场等看作一个整体来考察房地产，考察资金在这些领域中转移流动的规律及其影响；第二是房地产作为资产的虚拟性质和可能由此引发泡沫经济的风险。

以美国为例，早在1969年，由于越南战争、阿拉伯国家大幅提高油价以及禁运石油，美国爆发了第二次世界大战以后第5次经济危机，导致住房抵押贷款利率从7%上涨至8%～11%，房产市场价格下跌，于是，“第一次房地产危机”开始了。而“坏景不长”，1972年房价触底反弹，之后很快回到经济危机之前的水平，并且开始了数年的大幅上涨。

直到1981年，20世纪80年代世界第一次经济危机爆发，世界各国发生严重的滞胀，美国失业率大增，“第二次房地产危机”爆发了。住房抵押贷款利率高达18%，一级借贷利率高达22%。人们对市场充满了消极的态度，认为近10年房价都难以回升，于是，房产交易量大幅缩水。但事实上，仅过去两年房价便又回到了上升的轨道。

时隔十年，由于全国性的商业房产投资过剩，美国房地产市场于1991年又爆发了一次小规模的房产市场波动，也就是“第三次房地产危机”。但其影响力相对较小，对于住宅市场，仅加利福尼亚州等地受到影响。

自1993年起，美国房地产市场开始了十几年的繁荣期。2001年以来，在美联储逐步降低基准利率的宽松货币政策作用下，在房地产信贷机构不断放宽住房贷款条件情况下，美国房地产市场飞速发展，2005年成屋销售量和销售价格分别突破700万套和20万美元/套，均创有史以来最高纪录。在2006年左右美国房价达到高峰。

在房地产市场空前繁荣的背后，美国房地产信贷风险和价格泡沫却在不断积聚和增加。2004年后，受美联储连续17次快速上调基准利率因素影响，房地产购买者借贷成本大幅度增加，贷款违约率快速上升，市场需求明显萎缩。2006年下半年，房屋销售量持续递减，库存量大幅攀升。2006年后美国房屋在销售量递减、库存量增加的同时，销售价格在持续了一段上冲惯性后也明显回落。美国标准普尔公司发布的 Case-Shiller 房屋价格指数（简称标普指数）显示，2006 年美国房地产市场发展出现了下降转折。

2008 年次贷危机爆发，越来越多的人无法再负担房屋的贷款，只好低价将房屋出售，或是被银行收回后以很低的价格抛售。2008 年，美国整体房价下跌近 20%，部分地区达 40%～50%。这一场美国房地产市场的崩溃持续了近 4 年，直至 2009 年 5 月开始，美国总体房价开始回升。

房地产在美国经济中占有重要地位，不仅是因为房地产占美国 GDP 的比重在 10%以上，更是由于美国居民消费增长的 70%以上要依靠房地产增值所形成的财富效应来带动，而消费对美国 GDP 增长贡献了三分之二以上的份额。

每次地产危机后无一例外会迎来新一轮的房产增长，但突破自然增长比率的短期繁荣最终会在长期内回归理性。

近年来，全球虚拟经济每年的倍增速度远超实体经济。虚拟经济与实体经济的规模比重不断增加，虚拟经济与实体经济的不均衡趋势正日益明显。

主要参考文献

[1]凯恩斯．货币论[M]．北京：商务印书馆，1997：43．

[2][德]希法亭．金融资本[M]．北京：商务印书馆，1999：113．

[3]威・里瑟姆．关于通货问题的通信[M]．1840：43．

[4]《资本论》第三卷第 531 页．

[5]成思危．虚拟经济与金融危机[J]．管理科学学报，1999（1）：1．

[6]成思危．虚拟经济的基本理论及研究方法[J]．管理评论，2009（1）：3．

[7]包亚钧．实体经济是虚拟经济可持续发展的基础和保证[J]．贵州财经学院学报，2010（4）：17．

[8]郭勇．虚拟经济与实体经济之关系浅析[J]．广义虚拟经济研

究，2010（1）：34.

[9]嵇飞．虚拟经济论：金融资本与通往奴役之路——迈克尔·赫德森访谈[J]．国外理论动态，2009（1）：13.

[10]任建兰，田磊磊．虚拟经济时代世界经济格局的新变化[J]．地理科学，2011（3）：329.

[11]邓任菲．基于实体经济和虚拟经济范畴的文献综述[J]．武汉金融，2012（3）：44.

[12]许平祥．经济虚拟化与传统金融危机理论的困境[J]．东岳论丛，2011（7）：138.

[13]王建．虚拟资本主义世界大变局[M]．北京：新华出版社，2008.

[14]汪辉煌．经济虚拟化与金融脆弱性[J]．江西教育学院学报，2012（6）：137.

[15]孙建军，张季安．虚拟经济及其发展历程诠释[J]．中小企业管理与科技（下旬刊），2009（4）：45.

第二章　虚拟经济的发展与实体经济的关系

实体经济是指物质的、精神的产品和服务的生产、流通等经济活动，包括农业、工业、交通通信业、商业服务业、建筑业等物质生产和服务部门，也包括教育、文化、知识、信息、艺术、体育等精神产品的生产和服务部门。

虚拟经济是与实体经济相对而言的经济运行方式，是一个相对概念，与实体经济相对应，是虚拟资本进入以现代信用制度为基础的金融系统进行循环运动而形成的经济交易活动的总称，或是虚拟资本以金融平台为主要依托所进行的与循环运动有关的经济活动，以及其中所产生的各种关系的综合。虚拟经济就是直接用钱来生钱。虚拟经济不通过实体经济的循环、交换，是一种虚拟的循环运动，以交换、再交换这种循环运动来达到盈利的目的。

总之，实体经济和虚拟经济是两种不同的经济活动模式。

20 世纪 80 年代以来虚拟经济得到迅猛发展，并由此推动了整个世界经济的增长和进步。当今世界财富体系的“倒金字塔”结构清楚地表明了这一点。“倒金字塔”经济结构是德国经济学家乔纳森·特南鲍姆（Jonathan Tenenbaum）最早提出的一个重要概念。特南鲍姆认为，在现代市场经济条件下，任何一个国家或地区全部经济金融化的价值都可以构成倒置的金字塔结构，该结构分成四个层面。第一层为金字塔底部，是以实物形态存在的物质产品；第二层是商品真实的服务贸易；第三层是股票、债券和商品期货等；第四层是完全虚拟的金融衍生品。

特南鲍姆的倒金字塔经济结构，一方面说明了当今经济发展过程中虚拟资产呈现越来越丰富的趋势，由虚拟资本形成的虚拟经济在整个经济价值体系中占有越来越大的经济份额；另一方面，又给出了虚拟经济与实体经济的基本划分。同时也可以看出，传统形成的实体经济是虚拟经济发展的基础，实体经济与虚拟经济共同构成了现代经济。①

实体经济始终是人类社会赖以生存和发展的基础，它是经济增长的物质基础。虚拟经济是市场经济高度发达的产物，但其最终目的仍然是服务于实体经济。虚拟经济与实体经济是既相互独立又相互联系的经济范畴，即虚拟经济因实体经济的需要而产生，以实体经济为基础；反过来，虚拟经济又影响着实体经济的运行，对实体经济有着巨大的作用。若虚拟经济过度背离实体经济，将产生经济泡沫，最终导致虚拟经济系统的崩溃，传导至实体经济，引起实体经济衰退。

国内学者成思危（2003）认为，实体经济就好比经济体中的硬件，虚拟经济是经济体中的软件，两者间存在着相互依存的关系。②刘骏民（2004）认为，虚实经济体的差别，即实体经济中由成本支撑的价格与虚拟经济中由心理因素支撑的价格间存在差异③，并用实证方法说明两种价格体系之间的不同。

第一节　当代虚拟经济的内容和规模

虚拟经济是虚拟资本进入虚拟经济部门循环运动而发生的经济交易活动，任何以货币衡量的财富都可能进入虚拟经济的运行领域，通过交换发生价值增值，因此，对虚拟经济规模的测量具有一定的难度。但是，股票、债券、金融衍生品、房地产和收藏品市场都采用资产化

① 董俊华．虚拟经济与实体经济关系实证研究[J]．中南民族大学学报，2011（3）：141．
② 成思危．虚拟经济与货币市场[J]．管理评论，2003（2）：15．
③ 刘骏民．虚拟经济的研究及其理论意义[J]．东南学术，2004（1）：7．

定价方式，交易品价格都具有较大的运作空间，是虚拟经济的主要组成部分。

一、全球虚拟经济总体规模

（一）全球虚拟经济总量

根据在虚拟经济中的重要程度和活跃度，本书选取全球股票市场、债券市场和金融衍生品市场的市场价值数据作为衡量虚拟经济整体规模的静态指标。由于国内生产总值（GDP）主要计算的是农业、工业和第三产业的产值，涵盖了实体经济的主要范畴，因此我们以虚拟经济规模与GDP的比值作为经济虚拟度指标，来反映虚拟经济对实体经济而言的相对规模①。

据国际清算银行（BIS）统计，全球场外衍生产品名义额从2001年的111万亿美元扩大到2008年的683万亿美元，相当于2008年全球60万亿美元GDP的11倍之多②。

表2.1显示了全球虚拟经济目前的整体规模。截至2010年底，全球虚拟经济整体规模已经突破2000万亿美元，达到2145万亿美元。其中，占绝大部分的是全球金融衍生品市场的名义价值，达到1993万亿美元，全球债券市场规模超过股票市场，为95万亿美元，全球股票市场价值为56万亿美元。从相对规模来看，虚拟经济对实体经济的相对规模已经达到惊人的34倍之巨，其中，最庞大的份额为金融衍生品市场，规模达到GDP的31倍多，并且以期货为主，全球债券市场是世界GDP的1.5倍，国内债券占大部分，股票市场的规模则略小于GDP，占GDP的90%。从增长速度和活跃程度来看，全球虚拟经济仍在高速扩张，与2009年相比，增长率为21%，其中，金融衍生品市场最为活跃，增长率为22%，其次是股票市场，增长率为15%，债券市场相对平稳，增长率为4.6%。

---

① 张丽．虚拟经济全球化及其对中国的影响[J]．北方经济，2013（4）：50.

② http://km.focus.cn/news/2010-12-08/1125531.html.

表 2.1　全球虚拟经济规模

虚拟资产类型	数据来源	2009 年 12 月		2010 年 12 月		增长率%
		金额（十亿美元）	/GDP 比率%	金额（十亿美元）	/GDP 比率%	
1. 股票市场	WDI	48732.63	85.39	56172.63	90.42	15.27
2. 股票交易额	WDI	81333.77	142.72	63974.71	104.55	-21.34
3. 债券市场（4+5）	BIS	90996.93	156.68	95205.45	151.01	4.62
4. 国际债券	BIS	26998.60	46.49	27691.02	43.92	2.56
5. 国内债券	BIS	63998.32	110.19	67514.43	107.09	5.49
6. 证券市场（1+3）		139729.56	242.07	151378.08	241.43	8.34
7. 金融衍生品市场（8+9）	WFE	1630576.53	2807.54	1993639.29	3162.29	22.27
8. 期货	WFE	1108058.45	1907.87	1388599.52	2202.59	25.32
9. 期权	WFE	522518.08	899.68	605039.76	959.71	15.79
10. 整体规模（1+3+7）		1770306.08	3049.61	2145017.37	3403.73	21.17

资料来源：世界银行 WDI，国际清算银行（BIS），世界证券交易所联盟（WFE）。

（二）虚拟经济发展的区域分析

图 2.1 分别总结了亚洲区域①、美国和欧盟的虚拟经济发展及其波动状况。亚洲区域的虚拟经济规模虽然总量最小，但增长十分迅猛。1989 年，亚洲区域发展中国家的 GDP 总量为 6250 亿美元，到 2010 年增长了 10 倍多，达到 7.6 万亿美元；同一时期，亚太证券市场规模从 2.9 万亿美元增长到 27.2 万亿美元，并且呈现频繁的周期波动，分别在 1997 年、2001 年、2005 年和 2008 年出现下挫。亚洲区域实体经济增长明显受到虚拟经济波动的影响，并具有滞后性，而且虚拟经济的大幅下挫影响时间较长，1997 年的金融危机造成 1998 年实体经济衰退，并一直在低谷徘徊，直到 2005 年才走出衰退的影响。值得注意的是，实体经济在这次危机之前波动幅度超过虚拟经济，1994 年虚拟经济的膨胀促成了 1995 年实体经济更大程度的扩张，但在危机之后虚拟经济的上升只带动实体经济较小幅度的正向波动，表明亚太经济在金融危机后显得更加谨慎。

① 包括世界银行统计的东亚和太平洋地区发展中国家。

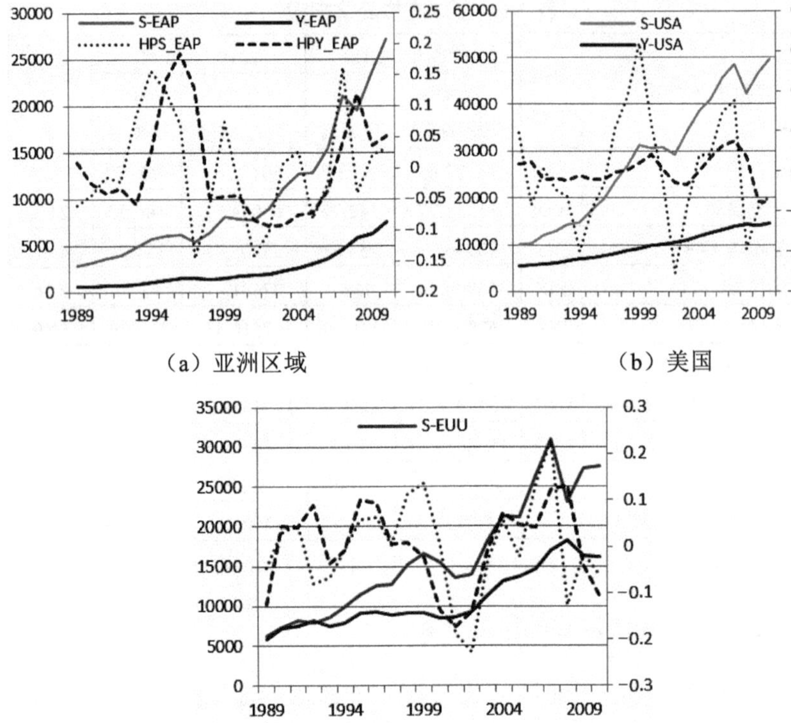

（a）亚洲区域　　（b）美国

（c）欧盟

图 2.1　全球虚拟经济发展（按区域）（单位：十亿美元）

资料来源：根据 WDI、BIS 数据库整理计算。S 表示证券市场规模，是代表虚拟经济的变量；Y 为当年美元价格计算的 GDP 总量，代表实体经济；HP 表示对时间序列变量取对数，并用 H-P 滤波方法去除趋势项；EAP 表示亚洲区域，USA 代表美国，EUU 为欧盟。

1989—2010 年，美国实体经济规模从 5.4 万亿美元增长到 14.6 万亿美元，同一时期虚拟经济规模由 10.3 万亿美元扩大到 49.6 万亿美元，增长速度明显高于实体经济，经济虚拟化程度远高于亚太和欧盟。美国虚拟经济发展在此期间经历了四次下挫，分别在 1990 年、1994 年、2002 年和 2008 年，比较显示，美国虚拟经济增长时间较长，并且增长强劲。美国虚拟经济的周期波动显著影响了下一期的实体经济波动方向，整体来看，美国实体经济发展非常平稳，特别是整个 20 世纪 90 年代波幅极小，然而 2001 年以来，受到虚拟经济剧烈波动的影响，美国实体经济的波动性明显增强。

欧盟的经济虚拟化程度最低，1989—1992 年，虚拟经济一直与实体经济规模相当，到 2010 年底，欧盟的 GDP 总额为 16.3 万亿美元，证券市场规模为 27.7 万亿美元，不足实体经济的两倍，经济虚拟化程度明显低于亚洲区域和美国。2002 年和 2008 年，欧盟证券市场出现大幅下挫，1992 年、1995 年和 2007 年都有小幅波动，与亚太和美国类似，欧盟虚拟经济的波动将带动下一期实体经济的同向变化，但不同的是，1994—2001 年欧盟实体经济与虚拟经济出现了同步变化。欧盟虚拟经济影响实体经济的模式也不同于其他地区：亚洲区域的虚拟经济波动会导致实体经济更剧烈的波幅，美国实体经济仅受到虚拟经济波动方向的影响，波动幅度所受影响有限，而欧盟实体经济与虚拟经济的波动幅度几乎一致。这表明美国虚拟经济发展对实体经济波动的影响受到了较好的控制，亚洲区域虚拟经济波动对实体经济的影响有放大作用，欧盟虚拟经济对实体经济周期波动的影响力介于两者之间。

二、全球股票市场

（一）全球股票市场规模

全球股票市场发展历史悠久，金融监管制度相对完善，是发展相对成熟的重要的虚拟资本交易场所。图 2.2（a）、（b）分别显示了按照经济发展程度和地理分布划分的世界股票市场发展状况，并以上市公司市场价值总值（柱形图）和占 GDP 的比率（折线图）反映了各国家组的股票市场绝对价值和相对规模。整体来看，世界股票市场价值在波动中增长：1989—1999 年，全球股市保持了较长时间的增长势头，2000—2002 年全球股市规模收缩，经历 2003—2007 年的缓慢回升后，2008 年由于全球金融风暴的影响全球股票市场价值急剧下降，2009 年和 2010 年又有所回升。高收入国家的股票市场价值与全球曲线几乎平行，说明发达国家构成全球股票市场的主导，发展中国家对世界股票市场的影响极其有限。从地区来看，美国股票市场价值占 GDP 比重超过世界平均水平，欧盟则略低于世界平均水平，亚洲区域长期低于世界平均水平，但在 2007 年出现大幅度增长，超过世界平均水平，甚至超过美国，目前与世界平均水平基本持平。

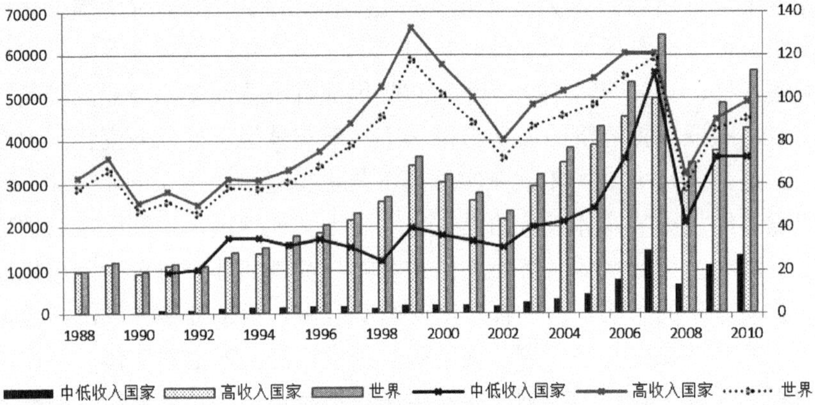

（a）按经济发展程度划分

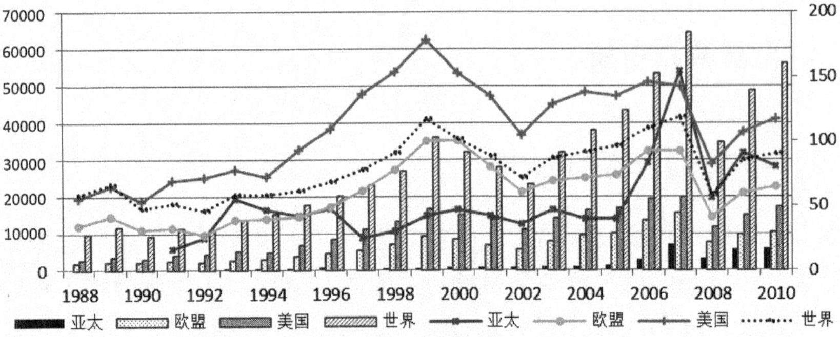

（b）按地理分布划分

图 2.2　世界股票市场规模（单位：十亿美元）

资料来源：根据世界银行 WDI 数据库整理计算。

（二）全球股票市场活跃度

图 2.3 显示了全球股票市场的活跃度。20 世纪 90 年代以来，全球股票市场迅速发展，股票交易额占 GDP 比重不断上升，从 1990 年的 53%逐步攀升到 2009 年的 195%，增长了近 3 倍，2010 年受经济

衰退影响，全球股市交易额所占比重下降。与此同时，全球股票交易率也在波动中上升，从 1989 年的不到 50%上升到 2007 年的 180%，此后开始回落。从地区来看，美国的金融市场重要性最强，达到 GDP 的 348%，亚洲发展中国家在 1997 之前发展较快，股票交易额占 GDP 比重和股票交易率都超过了欧元区的相应指标，1997 年受金融危机影响，亚洲金融市场发展受挫，1998—2006 年亚洲股票市场增长缓慢，同一时期欧元区的金融市场则表现活跃，2007 年亚洲股票市场强劲反弹，活跃程度再次超过欧洲。

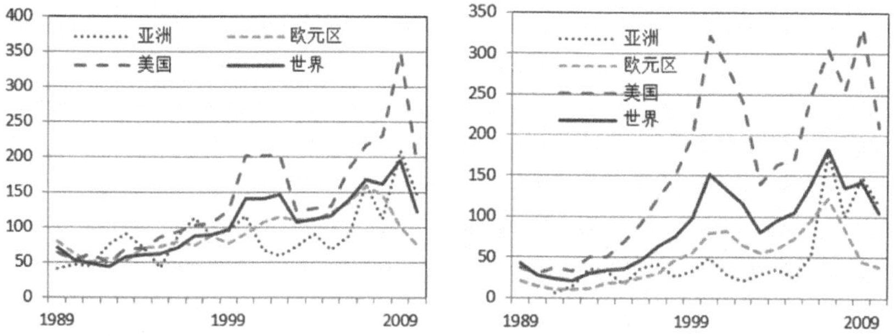

（a）股票交易金额占 GDP 比重（%）　　（b）股票交易率（%）

图 2.3　全球股票市场活跃度

资料来源：根据 WDI（世界银行数据库）数据计算整理。

三、全球债券市场

全球债券市场在整个证券市场中居于主导地位，对于分析全球虚拟经济的发展有重要意义。本书根据国际清算银行数据库的全球国内、国际债券未偿付金额（1989—2010 年季度数据）对全球债券市场进行了统计分析（见图 2.4）。全球债券市场名义价值从 1989 年持续上升，2002 年后增幅加速，但是在 2008 年底和 2010 年第二季度都出现了明显下降。美国债券市场长期居于主导地位，占世界债券市场份额的 40%左右，近期出现下降趋势。1998 年以前，欧洲债券市场比亚洲区域占比约高出 10%，但 1998—1999 年亚洲债券市场价值增幅加快，1999—2009年欧洲与亚太在世界债券市场中的份额基本持平，约为20%，2009年以来，亚太债券市场所占比重终于超过欧洲，目前为22%，欧洲为19%。

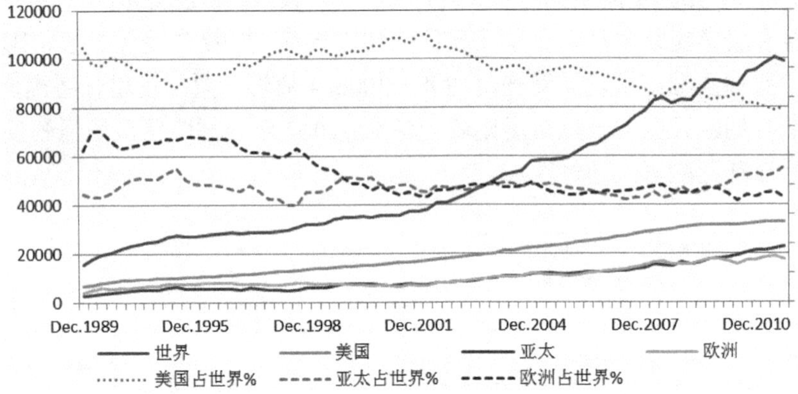

图2.4 全球债券市场规模（单位：十亿美元）

资料来源：根据BIS数据库整理计算。

从全球债券市场结构来看（见表2.2），全球国内未偿付债券金额仍占全部未偿付债券金额的70%，居于主导。国际债券的比重约为30%，在全球债券市场中有相当的重要性，但仍以国内债券为主。欧盟和亚洲的国际债券未偿付金额比重很低，不足2%，而美国的这一比重高达24%，说明美国是国际债券市场的主要债务人，显示了各国对美元资产的偏好。

表2.2 全球债券市场结构（按地区）

地区	统计时间	国内未偿付债券		国际债券未偿还金额		总计	
		金额（十亿美元）	占世界%	金额（十亿美元）	占世界%	金额（十亿美元）	占世界%
欧洲	2010.9	17074.7	25.6	271.2	1.0	17345.9	18.4
	2011.9	17362.4	24.8	297.2	1.0	17659.7	17.9
美国	2010.9	25681.4	38.5	6409.8	23.2	32091.1	34.0
	2011.9	26176.2	37.4	6820.9	23.8	32997.2	33.4

续表

地区	统计时间	国内未偿付债券		国际债券未偿还金额		总计	
		金额（十亿美元）	占世界%	金额（十亿美元）	占世界%	金额（十亿美元）	占世界%
亚太	2010.9	20183.2	30.3	301.5	1.1	20484.7	21.7
	2011.9	22468.5	32.1	347.5	1.2	22816.0	23.1
所有国家	2010.9	66620.3	100	27632.1	100	94252.3	100
	2011.9	69938.2	100	28715.0	100	98653.2	100

资料来源：根据 BIS 数据库整理计算。

国内债券方面（见表 2.3），全球政府发行债券占比约为 60%，美国和欧洲的政府债券份额较低，亚洲区域则高于世界平均值，接近 75%。全球金融机构发行的债券由 2010 年的 37%下降到 2011 的 33%，美国和欧洲的比重都在 40%左右，亚洲区域的份额则不足 20%。全球企业债券的比重很小，2011 年仅为 5%，美国更低于世界平均值，仅为 3.3%，欧洲与世界持平，亚太略高于世界平均值，为 6.5%。数据显示，美国和欧洲金融机构的融资作用极为重要，而亚洲区域的金融机构发展尚未成熟。

表 2.3　全球国内债券市场（按地区和发行部门）

（单位：十亿美元、%）

发行部门	统计时间	美国		欧洲		亚太		所有国家	
		金额	比重	金额	比重	金额	比重	金额	比重
政府	2010 年 9 月	2536.3	51.0	2069.9	48.3	4257.3	74.2	9619.1	58.4
	2011 年 9 月	2622.6	53.8	2173.7	54.5	4682.1	75.0	10249.9	61.6
金融机构	2010 年 9 月	2312.2	46.5	2023.2	47.2	1143.3	19.9	6146.5	37.3
	2011 年 9 月	2096.9	43.0	1587.6	39.8	1153.2	18.5	5540.6	33.3
企业	2010 年 9 月	127.4	2.6	186.5	4.4	340.5	5.9	708.1	4.3
	2011 年 9 月	158.6	3.3	217.7	5.5	403.8	6.5	839.0	5.0
所有部门	2010 年 9 月	4975.9	100	4283.5	100	5741.1	100	16473.8	100
	2011 年 9 月	4878.2	100	3987.5	100	6239.0	100	16629.5	100

资料来源：根据 BIS 数据库整理计算。

四、全球金融衍生品市场

（一）全球金融衍生品市场结构

金融衍生品市场由两部分组成：交易所市场（ETD）和场外交易市场（OTC），两者都是虚拟资本创造和交易的重要场所，但两者在运作模式上存在重要差别（见表 2.4）。在统计中，OTC 市场的平仓操作被计为新的交易，而 ETD 市场的相似操作将被冲销，因此难以把两个市场的价值规模进行比较，更不宜简单相加来计算整体金融衍生品的市场规模。

表 2.4　ETD 与 OTC 市场运作模式比较

	ETD 市场	OTC 市场
交易场所	固定的交易场所	分散的无形市场
组织方式	经纪人制度	做市商制度
交易方式	公开竞价	议价方式
合约形式	标准化合约	非标准化合约
监管方式	政府监管为主	行业自律为主
主要交易品质	期货、期权	远期、互换

资料来源：巴曙松等．2010 年全球金融衍生品市场发展报告[M]．北京：北京大学出版社，2010：4．

金融衍生品的种类纷繁复杂，除了按照交易市场可划分为场内交易和场外交易，还可以按照标的资产和产品类别进行划分。按照标的资产划分，金融衍生品可分为利率类、外汇类、权益类和信用类；按照产品类别划分，金融衍生品有远期、期货、期权和互换等四种。

（二）ETD 市场

2010 年，全球场内金融衍生品交易量高达 224 亿份合约，名义价值约 2000 万亿美元（见表 2.5），其中期货类衍生品占主要份额，其名义价值是期权类的两倍多。从标的资产构成来看（见图 2.5），股指类（45%）和股票类（35%）等权益类衍生品是期权交易的主要部分，ETF 也占有一定的份额（11%），其余类别的衍生品比重很小。期货交易则比较分散，股指类（20%）、货币类（21%）和商品类（25%）共占三分之二，股票类（11%）、长期利率类（11%）和短期利率类（12%）占三分之一。

表 2.5 全球场内金融衍生品交易量

	交易量（百万份合约）		名义价值（十亿美元）		交易数量（百万笔）		期权溢价（十亿美元）	
年份	2010	2009	2010	2009	2010	2009	2010	2009
期权	11127.94	9548.81	605039.76	522518.08	389.08	631.31	3073.51	2566.60
期货	11263.61	8272.66	1388599.52	1108058.45	4034.99	3738.43	—	—
总计	22391.55	17821.47	1993639.29	1630576.53	4424.07	4369.74	3073.51	2566.60

资料来源：根据世界证券交易所联盟（WFE）数据整理。

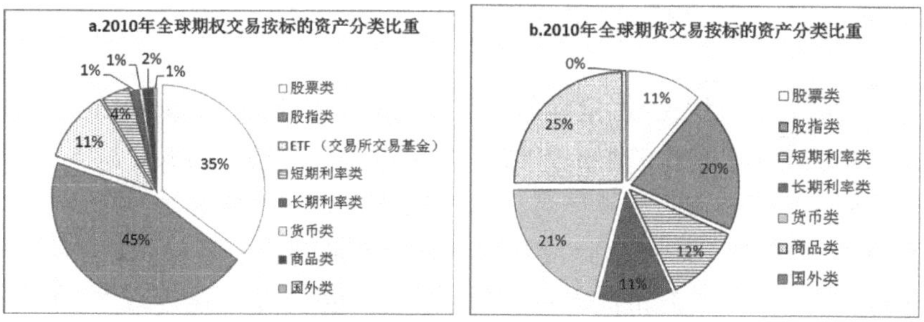

图 2.5 全球金融衍生品市场结构（期货、期权）

资料来源：根据世界证券交易所联盟（WFE）数据整理。

（三）OTC 市场

OTC 市场的监管要比 ETD 市场宽松，主要依靠行业自律，存在一定的违约风险，但也是金融衍生品市场中最活跃的部分。1998 年 6 月，OTC 市场的名义价值为 2.6 万亿美元，2011 年 6 月达到 20 万亿美元，而同一时期总合约金额从 72 万亿美元上升到 708 万亿美元（见图 2.6），尽管在 2008—2010 年受金融危机影响增长停滞，但合约金额从市场价值的 27 倍增长到 35 倍，说明 OTC 市场交易异常活跃。

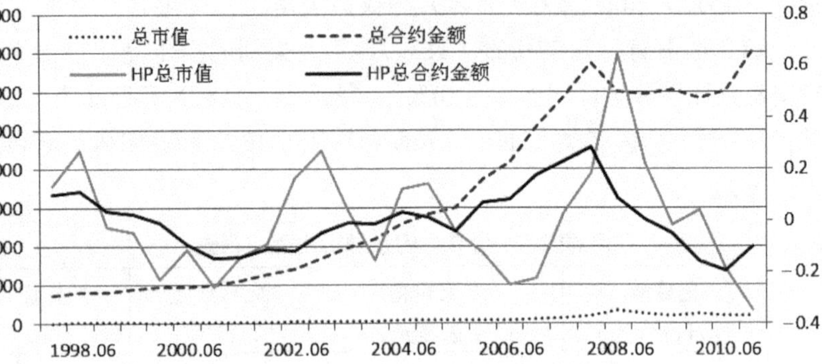

图 2.6　全球 OTC 市场（规模及 HP 滤波分析）（单位：十亿美元）

资料来源：BIS 半年数据。HP 为对增长率滤波的结果。

第二节　虚拟经济与实体经济的关系

2007 年，世界外汇资本和金融衍生品交易量为 3259 万亿美元，是当年世界 GDP 的 67 倍；2009 年，全球外汇市场日均成交量 4.2 万亿美元，是商品和服务量日交易量的 90 倍；金融衍生品场内交易日成交量 10 万亿美元，达到产品和服务日交易量的 200 多倍。2010 年全球经济增长 4%，股市值增长达到 14.8%。2010 年全球货币交易额超过 1000 万亿美元，其中与物质生产有关的仅占 1%，货币存量比 GDP 高 16 倍①。

实体经济发展是人们物质文化生活水平提高的源泉，也是虚拟经济发展的前提。虚拟经济建立在实体经济基础上，是适应实体经济发展的需要而产生和发展的。有实体经济的发展，才能有虚拟经济的发展。虚拟经济的根本任务是为发展实体经济服务，如果虚拟经济脱离实体经济的需求自行无限度发展，必定造成泡沫，成为生产力发展的障碍。

① 宗寒．从虚拟经济看西方金融危机[J]．河北经贸大学学报，2012（5）：5．

一、美国虚拟经济的发展及其与实体经济的关系

（一）美国虚拟经济的演变

从20世纪50年代至今，引领美国经济增长的核心经济已经发生了根本性的转变。美国的GDP不再主要是由制造业为代表的实体经济创造，而主要是由金融和房地产服务业为代表的虚拟经济创造。

20世纪50年代至60年代，美国是世界工厂，美国传统实体经济（制造业、交通运输业、建筑业、农业、采矿业、公用事业、信息业）创造的GDP占全部GDP的比例为40%～50%，其中，制造业创造的GDP占比为25%～27%，金融与房地产服务业创造的GDP只占11%～14%。虚拟经济（金融、保险与房地产服务业、职业服务业）创造的GDP占比不过为14%～19%。20世纪70年代以后，以制造业为代表的传统实体经济份额逐步下降，虚拟经济的份额逐步上升，美国开始了经济虚拟化和去工业化的过程①。

自20世纪80年代开始，美国经济结构就在逐步调整，经济重心由钢铁、汽车、建筑业等传统工业向金融与保险服务、房地产行业等虚拟经济部门转移，经济结构走向虚拟化。与此同时，股票和债券市场以及房地产市场日益膨胀，股票、债权、金融衍生工具等各类虚拟资本的交易规模逐步背离实体经济的增长趋势，呈现迅猛增长的态势。

美国政府为了解决20世纪70年代的经济滞胀问题而推出“FIRE（Finance，Insurance，Real Estate）”产业，即银行业、保险业和房地产一组产业的合成，进入20世纪90年代，“FIRE”产业迎来发展高峰，银行、保险和房地产递进发展并相互影响，而与此同时，美国也进行了大规模的产业结构调整，把大量的实体制造业转移到拉美地区和东南亚地区，而把美国本土打造成为全球的贸易、航运和金融等服务业中心。20世纪90年代，美国原本可以借助信息技术实现生产力

① 刘骏民．经济增长、货币中性与资源配置理论的困惑——虚拟经济研究的基础理论框架[J]．政治经济学评论，2011（10）：43．

的飞跃，但由于美国本土缺少实体制造经济，所以信息科学技术并没能与生产劳动紧密结合，而是成为虚拟资本投机的工具。正是虚拟经济的急剧膨胀，导致美国国内商业银行的信贷业务、投资银行的证券业务和保险公司的保险业务均以前所未有的速度扩张，最终到2007年，该行业的发展遭遇重大挫折，全球性金融危机爆发。金融危机正是美国经济过度虚拟化的集中反映，也是“FIRE”产业非理性发展的必然后果①。

到2009年，美国传统实体经济创造的GDP占全部GDP的比例已经下降到28.87%，其中，制造业GDP占比已经一路下降到11.22%。金融与房地产服务业的GDP占比则上升到21.53%。美国虚拟经济在2009年创造的GDP已经超过全部GDP的1/3（33.58%）。美国经济不再依靠以制造业为核心的实体经济来支撑了，而是靠金融、房地产为核心的虚拟经济来支撑。20世纪70年代以前，美国的三大支柱产业汽车、钢铁、建筑已经让位于新的三大支柱产业——金融（和保险）、房地产和职业服务业（高端服务业）。与制造业不同，它们不是由自然资源和技术进步来支撑的行业，而是靠流入的货币资金量、创造金融资产的过程以及“金融创新”技术支撑的行业。这就是美国经济运行方式和GDP增长方式的根本性变化。②

（二）经济结构虚拟化

第二次世界大战后至今，美国产业结构发生了重要变化（见表2.6），整体而言，美国实体经济创造的GDP占全部GDP的比重在下降，而其虚拟经济创造的GDP比重在不断上升。实体经济中最典型的制造业产值占GDP的比重从1950年的27%下降到2007年的11.7%。同时，其他代表美国实体经济的农业、采矿业和交通运输业的产值比重也显著下降，批发和零售业的产值比重则有小幅下降，体现了美国经济去工业化的过程。这一时期，体现美国虚拟经济运行状况的产业，如金融、保险、房地产服务业及职业服务与商业服务业等占GDP的比

① 陈凯．试析美国经济从“虚拟”到“实体”的调整与协同发展[J]．财经问题研究，2011（8）：35.

② 刘骏民．经济增长、货币中性与资源配置理论的困惑[J]．政治经济学评论，2011（10）：43.

重显著上升，金融、保险、房地产服务业占比从11.4%上升到20.66%，职业服务与商业服务业则从 3.91%上升到 12.16%，这表明美国经济正在虚拟化，金融、保险与房地产行业代替汽车、钢铁和建筑业成为新的支柱产业。

表2.6 1950—2007年美国各产业产值占GDP比重 （单位：%）

	1950	1970	1990	2000	2004	2007
农林牧副渔	6.77	2.63	1.67	1.00	1.22	1.17
采矿业	2.59	1.43	1.46	1.24	1.47	1.99
公用事业	1.60	2.02	2.46	1.93	2.06	2.14
建筑业	4.39	4.83	4.28	4.44	4.61	4.06
制造业	27.03	22.67	16.33	14.53	12.22	11.67
批发业	6.33	6.55	5.99	6.03	5.88	5.77
零售业	8.78	7.97	6.87	6.75	6.65	6.40
交通运输与仓储业	5.89	3.86	2.92	3.07	2.95	2.91
信息产业	2.72	3.37	3.88	4.67	4.54	4.66
金融、保险、房地产与租赁业	11.40	14.63	17.96	19.67	20.36	20.66
职业服务与商业服务	3.91	5.41	9.82	11.62	11.45	12.16
教育、医疗保健与社会救助	2.04	3.94	6.66	6.91	7.84	7.88
艺术、娱乐、休闲、住宿与餐饮	2.96	2.83	3.36	3.57	3.66	3.65
除政府以外的其他服务	2.83	2.60	2.46	2.33	2.34	2.29
政府服务	10.76	15.25	13.88	12.25	12.76	12.58

资料来源：张云，刘骏民．经济虚拟化与金融危机、美元危机[J]．世界经济研究，2009（3）：34.

即使是美国的传统行业，其利润来源也越来越依赖于虚拟资本运作的相关业务，而非来自实际商品和服务的提供。福特汽车公司是美国最大的汽车公司之一，曾经是美国强大制造业的象征，其财务报表显示：2007年，福特汽车全年税前利润为58亿美元，其中50亿美元为公司经营信贷和租赁等金融业务所得，出售汽车创造的利润仅为 8亿美元。企业的实体业务创造的货币利润远远低于其从事金融和房地产“副业”获得的收益。这一现象正在蔓延：飞机制造商盈利低于其飞机融资租赁子公司的盈利；汽车制造商汽车销售利润低于其汽车贷款子公司；消费零售企业的盈利低于其刺激消费的信用卡子公司。从宏观和微观层面来看，美国经济虚拟化的特征都已明朗。

美国金融衍生品总量 1998 年为 72 万亿美元，2008 年增长到 672 万亿美元，10 年中增长了 9 倍，而 GDP 只增长了 1 倍。金融衍生品高于 GDP 的倍数，由 1998 年的 2.9 倍，上升到 2009 年的 10.4 倍，其中债券和资产券达 GDP 的 6.8 倍。而美国实体经济不断下降，美国制造业的产值占 GDP 的比重由 1960 年的 29.7%下降为 1980 年的 23.5%、1987 年的 20%、2007 年的不到 12%，虚拟经济和服务业的产值占 GDP 的比重则从 1950 年的 11%上升为 88%，而金融、房地产服务业的利润占到总利润的 70%。①

（三）美国证券市场发展

表 2.7 显示了第二次世界大战后美国股票存量的变化。1973—1990 年，即布雷顿森林体系解体到新的国际经济秩序形成之前，美国股票存量比率缓慢增长。1991—1995 年为美国“新经济”的起步阶段，股票存量开始增速，到 1999 年互联网经济达到繁荣高峰时美国股票市值也达到历史最高位，占 GDP 的 211%。2000 年至今，互联网泡沫破灭，“新布雷顿森林”体系形成，股票存量保持在稳定高位。从主要股票增长指数来看，1982 年初，道琼斯工业指数平均为 875，纳斯达克指数为 196，到 2000 年初，在美国历史上持续时间最长的牛市中，道琼斯指数上涨了 13 倍，达到 11497 点，纳斯达克指数则上涨 21 倍，为 4069，此时美国 GDP 仅增长了 1 倍②。

表 2.7　战后美国股票存量比率变动　　（单位：%）

	1948—1957 年	1958—1972 年	1973—1990 年	1991—1994 年	1995 年	1999 年	2000—2005 年
股票市值/GDP	40～70	80～110	40～70	80～90	115	211	110～180
股票市值/实体资产存量	190～320	380～540	200～360	470～540	616	1021	620～860

资料来源：张智峰．虚拟经济与实体经济非协调发展研究[D]．天津：天津财经大学，2007：112．

① 宗寒．从虚拟经济看西方金融危机[J]．河北经贸大学学报，2012（5）：5．
② 宋玉华．美国经济本轮周期调整的性质[J]．国际经济评论，2001（9）：50．

从债券市场来看（见表 2.8），1990 年以前，债券市值增长缓慢，一直没有超过 GDP 的经济规模，20 世纪 90 年代美国经济结构调整后，债券市值开始加速上升。1991—2000 年，债券市值与 GDP 的比值上升至 100%～130%，到 2001 至 2005 年间则进一步上升，达到 140%～160%，大大超过 GDP 总量。

表 2.8　战后美国债券存量比率变化　　（单位：%）

	1948—1950 年	1951—1961 年	1962—1981 年	1982—1985 年	1986—1990 年	1991—2000 年	2001—2005 年
债券市值/GDP	90～100	60～80	50～60	60～70	80～100	100～130	140～160
债券市值/实体资产存量	410～550	310～380	230～300	300～350	410～520	610～650	710～840

资料来源：张智峰．虚拟经济与实体经济非协调发展研究[D]．天津：天津财经大学，2007：112.

美国股票和债券存量比率的变化表明，其股票和债券市场从 20 世纪 90 年代中后期进入高速发展阶段，但其膨胀速度还远不及金融衍生工具的爆发式增长。较之股票、债券等初级金融工具而言，衍生金融产品的发展更加凸显了虚拟经济脱离实体经济的发展趋势。1970—1988 年，美国金融衍生品价值与 GDP 的比值为 90%～100%，1991 年其规模超过 GDP，2000 年，金融衍生产品价值已达到美国 GDP 的 8 倍[①]。美国证券市场和金融衍生产品价值的空前高涨，表明美国经济的虚拟化方兴未艾，虚拟经济的膨胀已经高度背离实体经济的发展。

（四）美国房地产市场状况

2000 年以来，美国的房价一直处于高速增长状态。根据美国房地产同业公会（National Association of Realtors，NAR）的统计，现房中位价格（Median Prices of Existing Homes, MPEH）从 2000 年的 13.9 万美元上升到 2004 年的 18.5 万美元，5 年内提高了 33%，年均增长

① 刘霞．对美国虚拟经济与实体经济的分析与思考[J]．兰州学刊，2010（1）：64.

率达到6.7%。2005年第3季度现房的中位房价为21.5万美元，比2004年同期增长14%。联邦房地产业监测办公室（Office of Federal Housing Enterprise Over-sight，OFHEO）发布的房价指数（House Price Index，HPI）也显示了房地产业的繁荣景象：全美平均房价比2001—2005年增长了55.32%，仅在2005年就增长了12.02个百分点①。

通过以上分析我们看到，在美国，股市、债市以及房地产市场的价值增长已经越来越背离GDP和实际资本的存量。这是由于金融创新将收入流最大程度资本化，将金融杠杆推向所有可以用杠杆创造货币收入的领域，造成了美国虚拟资本的膨胀和经济的虚拟化②，这一方面促进了美国经济的持续繁荣，但另一方面导致各种金融杠杆关系在美国经济中错综交织，将金融业的高风险和脆弱性渗透到整个美国经济。

二、欧盟虚拟经济的发展及其与实体经济的关系

发达国家在实体经济规模不断缩小的同时，对虚拟经济的依赖度越来越高，欧元区金融资产与GDP的比值从1995年的180%上升至2005年的505%③。由此可见，欧洲国家虚拟经济不断扩张，投机需求不断增大，高收益率使得资本不断从实体经济部门向股市、房市转移，高成本使得资本不断从本国实体经济部门向新兴国家转移，导致了实体经济规模缩小，虚拟经济过度膨胀，引起货币购买力提高，汇率被高估，形成泡沫经济，同时增加了实体经济的融资成本，如果价格上涨预期逆转，就会导致泡沫经济破裂，引发严重的债务问题和经济衰退，最终爆发主权债务危机。可以说，虚拟经济的过度膨胀是引发近年来欧债危机的一个重要原因。

快速膨胀的虚拟经济使全社会的“虚拟财富”极度膨胀，直接引发了过度消费和借贷消费。资本信贷过度，形成了虚假需求，房地产、

① 宋玉华，高莉．美国房地产业的繁荣、风险及其对美国经济的影响[J]．美国研究，2006（3）：66．

② 张云，刘骏民．经济虚拟化与金融危机、美元危机[J]．世界经济研究，2009（3）：35．

③ 王西民．债务危机：困境、根源机器解决机制——发展中国家与发达国家的比较分析[J]．财经科学，2012（2）：50．

汽车市场消费透支过度。例如欧洲的房价持续攀升，贷款条件持续放宽，激起房地产投资热。2006年，欧盟国家的房贷总额高达57136亿欧元，人均房贷按揭债务1.16万欧元。住宅贷款总额高达GDP的46%，其中丹麦高达100.8%，荷兰高达98.4%，英国高达83.1%，爱尔兰高达70.1%。2000年以来，欧盟家庭贷款额增幅超过了人均GDP增幅。2007年，家庭负债总额达到当年GDP的64.44%。[①]

（一）欧盟证券市场

证券市场主要包括债券市场和股票市场两部分，其一体化水平都可以通过价格指标和数量指标来分析。

1. 债券市场

衡量国债市场一体化水平的价格指标即一国发行的国债与完全一体化地区的收益率差异。在欧盟各国中，德国的十年期国债市场与国际市场高度一体化，因此可用其收益率代表完全一体化地区的收益率。表2.9显示了1993—2002年期间，欧元区其他国家十年期债券收益率与之相比的差异。数据显示，至2002年，欧元区各国国债收益率与德国相比差异保持在10～30个基点以内（希腊为32.3），总体上呈下降趋势，特别是希腊、意大利、葡萄牙等国，在加入欧元区前后骤然缩小了与德国国债收益率的差异，然而，这也为后来的主权债务危机留下了隐患。由于欧元的引入消除了汇率风险，各国货币政策趋同减小了各国通胀预期差异，《稳定与成长公约》制约了各国政府预算约束等一系列因素都促进了欧盟债券市场的联动发展。

表2.9 欧元区各国十年期债券收益率（1993—2002年）（单位：基点）

年份＼国家	奥地利	比利时	芬兰	法国	希腊	爱尔兰	意大利	荷兰	葡萄牙	西班牙
1993	18.4	70.6	230.1	25.5	1685.7	119.9	467.2	-16.2	468.1	369.9
1994	16.6	88.8	217.5	35.3	1402.7	122.9	365.8	0.2	361.2	313.3
1995	28.4	63.1	194.0	68.6	1042.6	160.2	535.7	4.9	462.1	442.7

① http://km.focus.cn/news/2010-12-08/1125531.html.

续表

国家 年份	奥地利	比利时	芬兰	法国	希腊	爱尔兰	意大利	荷兰	葡萄牙	西班牙
1996	11.3	27.8	88.3	11.6	842.0	115.0	313.1	-5.9	235.5	252.2
1997	3.3	10.1	76.5	-7.1	454.4	65.1	118.0	-7.3	71.8	73.9
1998	16.3	19.1	24.6	8.5	393.3	24.5	33.7	7.0	28.6	27.8
1999	20.3	26.2	22.6	11.8	190.8	21.6	25.1	14.1	31.2	24.2
2000	29.9	33.3	20.3	13.9	82.2	25.2	33.3	15.2	35.1	27.0
2001	27.4	32.0	22.8	13.3	48.9	19.3	37.5	14.9	35.8	28.8
2002	16.8	19.8	18.2	8.4	32.3	21.6	24.2	11.1	22.6	15.2

资料来源：欧洲中央银行网站数据，ECB/Monetary Policy/Euro Bond Market Study, 2004, www.ecb.int/mopo。

在数量指标方面，表 2.10 显示了 1997—2001 年，欧元区本国居民和非本国居民持有国债占 GDP 的百分比。从表中看出，欧元区国债占 GDP 的百分比有所下降，但非本国居民持有的债券比率却逐年上升。考虑到同一时期欧元区之外的非本国居民持有欧元区国家债券的数量并没有明显变化（德腾（Dekten），2000），表中数据的变化反映了欧元区各国居民持有其他欧元区国家债券数量的增加。各国对市场上其他国家的国债日益青睐，但同时仍然保持了对本国债券的高度偏好，至 2001 年，本国居民持有的本国债券占 GDP 的比重仍高达 45%。

表 2.10　欧元区持有国债状况（1997—2001 年）　　（单位：%）

	1997	1998	1999	2000	2001
本国居民持有国债/GDP	56.9	53.3	49.7	46.0	45.0
非本国居民持有国债/GDP	17.9	19.8	22.3	23.6	24.1
总计	74.9	73.1	72.0	69.5	69.1

资料来源：欧洲中央银行网站数据，ECB/Monetary Policy/Euro Bond Market Study, 2004, www.ecb.int/mopo。

在公司债方面，如何用价格指标分析公司债券的一体化程度是一个难题，巴埃莱（Baele，2003）的研究把公司债券收益率划分为系统性风险和非系统性风险对应的两部分，较好地解决了这一问题。他们通过扣除系统性风险收益修正公司债券的收益率，然后对非系统性风险收益的影响因素进行分析，结论表明，虽然国家因素在收益率中始终存在，但影响微小。亚当（Adam，2002）的研究显示，欧洲范围的投资于债券市场基金的资产份额增长迅速，由 1998 年的 17%增长到 2002 年的 60%，并且其投资策略为面向整个欧洲而非局限于本国。

2. 股票市场

在欧元区股票市场上，投资者的本土化偏向也显著降低，其投资策略更多着眼于在整个欧洲范围内实现最优投资组合。欧元区股票收益率日益受到整个区域内各种因素的影响，而不局限于本国政治、经济局势。许多相关研究都表明，在欧洲货币联盟成立后，欧元区的股票价格和收益的相关性越来越强，股票收益更多地取决于区域内的公共事件，本国具体事件对于股票收益的影响逐渐减小，欧洲范围的因素已超越国内因素成为影响股价变动的主要原因（哈杜维利斯（Hardouvelis），2002；巴埃莱（Baele），2004）。

（二）欧盟银行业

欧元的问世消除了货币兑换的障碍。《第二银行指令》和《金融服务行动计划》的颁布大大削弱了管制障碍。其中，《第二银行指令》强调单一银行许可和本国监管原则；而单一银行许可是指被一个欧盟国家授权的信贷机构，可以在其他的欧盟国家建立分支机构或从事跨国的银行业务，而不需其他欧盟国家的进一步授权。两者都极大地便利了欧元区银行跨国开展业务。

政策壁垒消除的直接后果是加剧了金融服务业的竞争，促进了银行间的合并，表 2.11 列出了 1997—2003 年间欧元区信贷机构数量的变化，反映了银行业竞争加剧所导致的结果。

表 2.11 欧元区信贷机构数量变化（1997—2003 年）

	1997	1998	1999	2000	2001	2002	2003	变化率（%）
欧元区 12 国	8637	8361	7954	7521	7218	6906	6593	-23.67
奥地利	928	898	875	848	836	823	814	-12.28
德国	3420	3238	2992	2742	2526	2363	2225	-34.94

续表

	1997	1998	1999	2000	2001	2002	2003	变化率（%）
法国	1258	1226	1158	1099	1050	989	939	-25.36
意大利	909	934	890	861	843	821	801	-11.88
荷兰	648	634	616	586	561	539	481	-25.77

资料来源：欧洲中央银行，ECB and National Authorities, Eurostat/Industry, Trade and Services/SBS/ Credstat。

根据国际清算银行 BIS 数据，欧盟主要成员国法国、德国、意大利和英国等国银行在欧盟成员国持有的银行资产在金额上增长迅速，特别是在 2007 年以后急剧上升，所占百分比也稳中有升。同时，英国的表现与其他国家差别明显，其在美国持有的总债权远远高于其他欧盟成员国。至 2010 年 6 月，法、德、意等国银行持有的欧洲境外总债权占全部境外总债券比例均高于 60%，而美国占比不足 20%，存在明显的欧洲倾向，但是英国的两项占比都在 30%左右[①]，差异很小，说明英国银行业与美国的联系更加紧密。

此外，在具体银行业的经营方面，按照价格指标衡量，无论是批发业务还是零售业务，欧洲各国银行的利率差距都在缩小（卡柏瑞（Cabral），2002）；在数量指标方面，无论是对银行提供贷款还是对非银行业提供贷款，欧元区的跨国信贷都呈现上升趋势（赫曼（Hartmann），2003）。

（三）欧盟虚拟经济对实体经济的负面影响

近年来，欧盟虚拟经济一体化程度的加深趋势使得各国在危机发生时难以独善其身，特别是在单一货币情况下，又由于虚拟经济运行具有独立性，因此一国虚拟经济波动也可能拖累整个区域的实体经济复苏，希腊主权债务危机的发生有利于我们认清这一问题。

2009 年底，外界对希腊偿付能力质疑日增，希腊融资能力下降、成本剧增，随后希腊政府公布 2009 年财政赤字达 GDP 的 12.7%，公共债务高达 GDP 的 113%，严重超出《马斯特里赫特条约》对欧盟货币成员国规定的 3%和 60%的标准，全球三大评级机构相继下调希腊

① 国际清算银行 BIS 数据。

的主权信用评级，希腊主权债务危机爆发①。危机发生的直接原因是国际投行采取“货币掉期交易”方式的欺骗手段，掩盖了希腊高达 10 亿欧元的公共债务，使其在账面上符合加入欧元区的标准。事实上，希腊的经济产出远远无法满足其高福利制度的需要，财政支出难以控制。对此，欧元区虽然有统一的货币政策，但是财政政策制定大权仍掌握在各国手中，货币政策与财政政策不协调成为危机发生和扩散的根本原因。

由于欧元区的单一货币政策，希腊债务危机对欧盟的直接影响是对欧元造成重创。自 1999 年欧元问世以来，走势平稳强劲，带动欧盟经济稳步前进，成为美元世界货币地位的有力竞争对手。然而，希腊主权债务危机的爆发使欧元持续下跌。2010 年 3 月欧元兑美元为 1.3330，2010 年 6 月为 1.2362，仅三个月时间，下跌了 7.26%。欧元吸引力下降，作为国际储备货币的地位受挫。

不仅如此，希腊主权债务危机的蔓延还拖累了欧元区以及整个欧盟经济的复苏。希腊危机爆发后，人们开始关注欧洲其他国家的赤字与债务问题，图 2.7 显示了欧盟主要成员国的财政赤字及外债占 GDP 的比重，绝大部分都没有达到《马斯特里赫特条约》-3%和 60%的标准（图中粗线），为欧元乃至整个欧洲经济复苏的前景都蒙上了阴影。

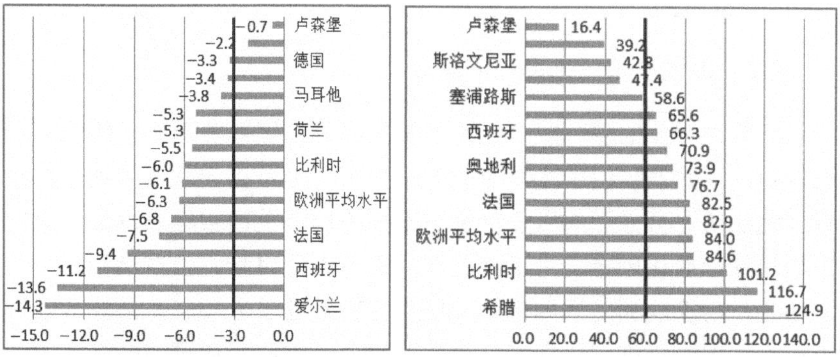

（a）2009 年欧洲各国财政赤字占 GDP 比重　　（b）2010 年欧洲各国外债占 GDP 比重

图 2.7　欧洲各国财政赤字及外债占 GDP 的比重

资料来源：东方财富网．http://topic.eastmoney.com/europedebt/。

① 闫屹，王莉．希腊债务危机对欧盟一体化的影响及启示[J]．国际金融，2010（9）：73.

从实体经济的宏观指标来看，情况也不乐观。表 2.12 显示了 2010 年 3 月和 2010 年 4 月欧元区和欧盟主要宏观经济指标。2010 年 4 月，整个欧盟失业率达 9.7%，为十年来最高，欧元区更高达 10%。欧元区零售额指数与建筑业生产指数同比出现负增长，消费者价格指数和生产者价格指数同比增长较低，说明经济复苏乏力。总体来看，欧元区的各项指数都比整个欧盟的平均表现更糟糕，说明希腊危机对欧元区的影响最为显著。

表 2.12　2010 年 3 月和 2010 年 4 月欧元区和欧盟主要经济指标

经济指标	时间	欧元区		欧盟	
		数值%	同比%	数值%	同比%
失业率	2010.4	10	—	9.7	—
消费者价格指数	2010.4	109.9	1.5	111.7	2.0
生产者价格指数	2010.3	101.1	0.9	114.0	1.7
零售额指数	2010.3	100.7	−0.1	104.3	0.3
工业订单指数	2010.3	92.2	19.8	102.6	20.7
工业生产指数	2010.3	96.0	6.9	96.3	6.0
建筑业生产指数	2010.3	87.9	−5.2	92.2	−2.4

资料来源：欧盟统计局．http://epp.eurostat.ec.europa.eu/portal/page/portal/eurostat/home。

（四）欧盟虚拟经济面临的挑战

欧盟银行业的盈利能力逊色于美国同行，国际货币基金组织的研究表明，这并非是由于竞争造成的，而很可能是由于欧盟的银行在经营高附加值业务方面的专业化水平不如美国。美国银行通过证券化向市场转移标准化风险，对于高盈利的非标准化风险则由自己管理；与之相比，由于欧洲的资本市场发展不完善且处于分裂状态，导致欧洲银行将大部分资产留在它们自己的账户上。因此，通过消除资本市场的发展的阻碍，将大大改善欧盟的银行与资本市场的合作关系，促进以零售为主导的银行业市场的一体化。

欧盟金融监管体系的形成始于欧共体理事会于 1977 年通过的《第一银行指令》，此后，《第二银行指令》和《金融服务行动计划》等法律文件的通过逐步建立起了“单一的批发金融市场、开放和安全的零售金融服务市场、最新的谨慎规则与监管体系”。在此基础上，产生了《国际财务报告标准》《市场违规指令》《招股说明书指令》《透明度指令》和《金融工具市场指令》等一系列重要文件。尽管如此，欧洲中央银行体系仍然受制于各国政府和其他欧盟机构。金融监管的职责实际上掌握在各国政府手中，而在欧盟层次更多的只是进行各国间的政策协调。这种制度安排的弊端在希腊主权债务危机中暴露无遗。

尽管早在 2001 年，朗法吕西（Lamfalussy）报告就已经明确了欧盟金融领域未来的立法结构，从欧盟层面提出了监管与规制的框架设计，然而直到希腊主权债务危机发生，才促使欧盟意识到弥补自身监管体制缺陷的紧迫性，迅速建立了一个新的机构——欧盟系统性风险委员会（Europen Systemic Risk Board，ESRB）。该机构负责分析宏观经济形势，识别和评估经济中出现的风险和所有金融部门宏观审慎的全部信息的责任。ESRB 加上之后成立的分别监管银行业、保险业和金融市场交易活动的欧盟三大监管机构，共同构成欧盟计划的泛欧金融监管新体制，成为欧盟加强金融市场监管、规避新的大规模金融危机爆发的重要工具。如何进一步清除剩余的各种法律障碍，使金融监管协调机制真正在欧盟层面上更加有效地发挥作用，将成为欧盟虚拟经济发展的下一个挑战。

第三节 经济虚拟化对实体经济发展的影响

全球化背景下，伴随着金融创新的飞速发展，虚拟经济与实体经济呈现出一种失衡的趋势。主要表现在：第一，在过去三十年间，全球货币、股票、债券等金融基础资产规模得到了迅速扩张，其增长速度远远超过了实体经济；第二，与金融基础资产相比，金融创新导致的衍生品市场在过去的三十多年间得到了更为迅猛的发展，并成为推动经济快速虚拟化的重要力量；第三，机构主导下的全球金融一体化程度不断加深，表现在全球金融的扩张速度远快于全球生产的增长速度。金融资金的运行越来越脱离实体经济。

虚拟经济在一定形式上是对实体经济的反映，它的发展总体上对实体经济的发展有积极的促进作用，实体经济的正常运行，已离不开虚拟经济，但如果发展过度也会产生消极的负面影响。

一、经济虚拟化对实体经济发展的积极推动作用

虚拟经济是市场经济发展的必然产物，对实体经济的发展具有巨大的促进作用。主要表现在如下几个方面。

（一）储蓄转向直接投资

随着实体经济的发展，储蓄额在攀升，过高的储蓄率又会限制生产投资的增长，许多生产过程因缺乏投资被困在没有经济效益的规模上。但动员分散储户的储蓄具有较高的成本，虚拟经济以其高流动性和高获利性吸引着大量暂时闲置和零散的资本投入到股票、债券和金融衍生品等虚拟资本上。股票、债券等证券市场的发展，拓宽了企业的融资渠道，为企业的规模扩张提供了重要的资金支持；股权置换、控股收购等产权交易方式的创新，为企业低成本规模扩张提供了便利渠道，有助于社会规模经济的发展。全社会的沉淀资本也就由此投入了实体经济中，满足实体经济发展过程中的资金需要。

（二）提高社会资本的整合配置效率

当虚拟经济与实体经济发展较为协调均衡时，虚拟经济通过其资本价格发现功能引导社会资源的流向，通过市场价格与供求机制促进实体资本向生产效率更高、经济效益更好的实体经济行业与领域流动，进一步提高相关行业经济效益的增长，并通过产业链带动上下游产业的发展，实现整个产业的结构优化调整，以此提高社会资源的整体配置效率。

虚拟经济通过发行和交易相关票券，使企业的财务信息及其他有关信息更加透明，引导资金流动，促进和调整经济资源在各实体经济

部门和企业间的配置，提高经济效益。同时，虚拟经济促进了企业组织制度的完善，比如，股权分散和股票交易促进了现代股份公司及其内部治理结构的完善。

由于金融市场的基本功能是实现资本在不同实体经济部门之间的优化配置，通过发行并交易虚拟资本，使发行主体如企业等能及时并充足地获得发展所需资金，促进优良企业的快速发展，同时获得社会资金的企业有义务提高其经营透明度，由广大虚拟资本投资者予以监督和审查，通过市场的力量，自动调节资金流向，促进社会资本流向前景好、发展潜力大、经营效益好、管理规范的行业和企业，使没有前途的企业由于资金匮乏而自生自灭。同时，金融市场还为存量资本优化配置提供了有效途径，通过资产重组等产权交易，可以实现存量资本在不同实体经济部门之间的再次优化配置，盘活因投资决策失误或市场需求结构转变而闲置的存量资本，提高社会资本的利用效率。比如美国经济实力与技术进步、劳动力市场结构的变化和经济结构的成功转换有关，但风险资本市场提供的巨大支持也起到了同样重要的作用，风险资本市场为美国的网络经济等新兴高新技术产业提供了充足的发展资本，使其在短期内能够迅速发展，并成为美国经济的重要推动力量。

（三）分散经营风险

虚拟资本的市场运作一方面具高风险性，但是另一方面运用其风险机制的功能可以分散金融风险。其一，资本市场的发展和企业制度的创新，使企业的投资主体多元化、社会化，同时也使企业产权的所有权、经营权和收益权相对分离，企业所有权的转让与处置对企业的经营活动影响弱化，企业经营的稳定性增强。其二，虚拟资本可以使很多有风险的实物资产转换为可更安全保有的金融资产，而虚拟资产的多样性、可转换性和高流动性，又使企业能以较低的风险成本实现资本存量的积累。虚拟经济通过各种金融工具，促使实体经济部门的运作风险分散。资产证券化、资产担保证券（ABS）和期权交易等金融创新层出不穷，对企业资金安排、投资选择和规避经营风险等具有重要影响，如通过期货市场套期保值和外汇掉期业务，可使企业有效规避市场价格波动和汇率变动带来的经营风险，降低企业生产成本等。其三，期货市场的价格发现功能反映了现货市场供求关系的未来转变，有助于企业及时调整经营战略，选择正确的经营方向；股票市场的价格发现反映了经济发展的总体趋势，也有助于企业及时调整发展战略，规避投资风险。

（四）便利资本流动和产权复合

实体经济中资产的产业转移和重组存在两方面的障碍，一是不同产业部门因其产品不同，生产技术、生产工艺及相应的生产装备也不同，这使专业性实物资产难以实现产业转移；二是资产在不同产业或企业间转移会面临进入障碍。虚拟经济使产权商品化、价值化和证券化，不仅在技术上解决了实物资产转让的各种困难，而且可以打破所有制、地区和行政隶属关系的界限，按照社会发展的需要和资本增值最大化的本性，通过产权的分割、裂变、转让、组合和控制等复合手段来实现资产价值资本的流动，开辟新的经营领域，提高运营效率。

（五）传递投资信息

评价实体经济的效果依赖于可靠的信息，而搜集和整理企业、经营者及经济运行的信息需付出高信息成本，这可能妨碍资本流向最有效率的项目。而虚拟经济活动可以迅速传递经济信息，改进资源配置的效率。如利率变动反映社会资金的供求状况，股票、债券价格的变化与企业经营密切相关，产权交易提供了资产重组的信息等。虚拟经济在一定程度上是实体经济状况的“晴雨表”。

虚拟经济规模的扩张，在增强 GDP 规模的同时，也提供了大量的就业机会。在虚拟经济日益发挥出对实体经济巨大的促进作用的同时，虚拟经济自身也取得了突飞猛进的发展。

二、过度的虚拟经济产生一定的负面作用

虚拟经济必须以实体经济作为基础，为实体经济服务，并以有利于促进实体经济的发展为原则。

虚拟经济是一把“双刃剑”，它可以适应实体经济的需要，促进实体经济的发展；也可能会对实体经济带来较大的负面影响，甚至是损害。

2008 年美国金融危机爆发以前，世界虚拟经济的发展及其作用已经被提高到与实体经济同等重要的地位。2008 年国际金融危机爆发以来，金融部门的脆弱性不仅导致了实体经济的巨大损失，也促使人们开始广泛而深入地研究虚拟经济对实体经济的影响途径和反馈机制。

根据虚拟经济市场的不完全数据，虚拟资本与 GDP 的比值不能超过 6.18，此为金融风险的高发值域。然而，一般性的经验表明，美国 GDP 与金融性虚拟资本的比例大体是 1∶36，可见，21 世纪的美国金融风险非一朝一夕的累积[①]。

据估计，在 2008 年因金融风险而爆发的金融危机中，美国金融虚拟资本造成的虚假财富达 600 万亿美元，相当于其 GDP 的 50 倍之多，包括国家债务 8 万亿美元，其中仅财政赤字就上万亿美元，金融衍生产品的面值达 300 万～400 万亿美元（杨承训，2009）。

虚拟经济和实体经济过度失衡会带来一定的负面影响。

（一）虚拟经济对实体经济的严重背离是经济危机爆发的因素之一

虚拟经济对实体经济的严重背离是历次经济危机爆发的一个重要因素，这种背离在经济危机爆发时扮演了重要角色。以 1920 年为界，经济危机发生时虚拟经济与实体经济的这种背离比以前有扩大趋势。在 1920 年以前，经济危机由生产的相对过剩引发，进而由实体经济波及虚拟经济，最后虚拟经济在经济危机中崩溃；但在这之后，随着金

---

① 李超．21 世纪美国金融风险动态演进研究[J]．求索，2012（2）：29．

融资本的发展，虚拟经济在国民经济中占据了重要地位，由于虚拟财富的过度膨胀，使得经济危机在一定程度上是由于虚拟经济出现问题而引发的。

西方发达国家自20世纪80年代以来已相继实现金融自由化，金融市场化程度不断提高，金融资产总量迅速膨胀，目前均已大幅度超过本国的GDP，但在金融资产规模迅速扩张的同时，GDP并没有随之快速增长，其增长速度反而有所下降。

20世纪90年代以来，美国经济的最大特点是虚拟经济成分较高，即高度依赖虚拟资本的循环来创造利润，采用的是用金融资产换取实物产品的发展模式。据统计，次贷危机爆发时，美国的股市、债券加贷款达80万亿美元，衍生金融产品400万亿美元，两者相加总数接近500 万亿美元。而此时美国的物质产业早已大量外移了，制造业只占全部GDP 的13%，其中还有7个百分点是军工①。

杨玲（2011）采用中美两国2000年1月至2009年4月月度数据，通过实证研究发现，美国两大经济体间已经呈现出明显的不平衡和相互独立的发展态势。在发达的实体经济基础上建立起来的虚拟经济并没有与实体经济实现良好的相互融合、相互关系，相反却呈现出越来越微弱的联系。②

日本在20世纪90年代产生了严重的泡沫经济现象。许多发展中国家如泰国、马来西亚等在20世纪80年代中后期推行金融自由化之后，虚拟经济膨胀速度很快，虚拟经济与实体经济背离过大，二者结构过度失衡，经济的泡沫化现象日益严重，并引发了一系列的金融危机。随着全球经济一体化和金融一体化程度不断加强，这些金融危机的发生不仅对本国实体经济产生了巨大损害，还通过国际贸易、汇率变动以及资本流动等渠道对周边国家甚至整个世界经济产生巨大冲击，形成区域性或世界性金融危机。

例如，2007年世界银行发展报告的统计资料显示，2007年末，全

① 包亚钧．实体经济是虚拟经济可持续发展的基础和保证[J]．贵州财经学院学报，2010（4）：17.

② 杨玲．实体经济与虚拟经济价值体系关联度[J]．经济管理，2011（2）：7.

球金融衍生商品总值高达516万亿美元，约相当于全球GDP总额54.6万亿美元的9.4倍，其中美国高达300万亿美元，约相当于其GDP总量13.8万亿美元的22倍左右和货币总量的26倍左右。这种经济发展状况被西方学者形象地描述为“倒金字塔型”[①]。虚拟经济一旦脱离实体经济，走上自身盲目扩张的歧路，就会异化为泡沫经济乃至经济危机。

（二）虚拟经济过度膨胀使国民经济发生动荡的可能性增大

虚拟经济独立于实物资本之外，流动性很强。衍生金融工具的发展，使虚拟资本同实物资本脱离得更远，流动性更强，更可以供持有者突然大数额、远距离地运作，从而对一国、一个地区甚至全球经济造成冲击和动荡。每一次经济危机都中断了重要区域经济的有效增长，致使世界经济严重衰退。

20世纪70年代以来，拉美和东南亚地区的新兴市场开放迅速。由于其国内实体经济基础相对薄弱，大量国外短期资本不是流向实体生产领域，而是投机于房地产市场和股票市场，加速了泡沫经济的膨胀乃至破裂。

2008年10月，冰岛面临全国性破产风险。从产业结构来看，渔业是冰岛传统的经济支柱产业，工业以渔产品加工和炼铝业等高能耗为主，服务业在国民经济中占据重要地位，其产值约占国内生产总值的一半以上。近年来，在金融全球化浪潮下，冰岛走上一条“弃实业，金融膨胀”的发展之路，社会经济资源向扶植金融产业方向倾斜。为快速发展金融业，实施了高利率、低管制的金融政策以吸引外资，并在国际资金市场上大量借入低利短债，为此冰岛三大银行所欠外债超过1000亿欧元。2005—2007年，冰岛金融业迅猛发展，银行业向私人部门提供的信贷增长额占GDP比重居全球第一。金融、地产及建筑业逐渐占据经济主导地位，2006年在GDP中的比重高达37%。与此同时，渔业这一传统的主导实体产业持续萎缩，在GDP中的比重从

① 冯琦．虚拟经济与实体经济的关系述论[J]．江苏教育学院学报（社会科学），2011（9）：97.

1996年的13.8%下降到6.6%。2008年9月，冰岛银行业资产总值高达该国GDP总量的8倍。冰岛的发展已不再主要依靠本国的实体经济，转而寻求国际金融业，大力拓展虚拟经济规模。在全球金融危机的冲击下，金融市场流动性紧缩，货币市场融资停滞，银行业陷入流动性危机。人们丧失对银行偿债能力乃至整个国家的信心，纷纷抛售冰岛货币。冰岛克朗价值暴跌，引发通货膨胀，严重打击了这个依赖进口国家的贸易。

（三）虚拟经济的过度增长会阻碍实体经济的发展

实体经济是虚拟经济可持续发展的基础和保证。虚拟经济过度增长会扭曲资源配置方式，降低资源配置效率，阻碍农业、工业等实物经济的发展。在泡沫经济兴起阶段，投资于股市、汇市和房地产等可以得到远非实体经济能够企及的很高的回报率。高回报率使大量资本从实体经济部门流入股市、汇市或房地产，资金失衡又会引致利率大幅上升，使实体经济部门的发展因融资成本过高而萎缩甚至停滞；巨大的收益反差导致社会资本游离实体经济，大量的资金进行循环炒作，而不能进入实体经济领域。这样，就会使正在发展的高新技术产业和其他重要产业得不到发展。同时，股市、汇市和房地产业的高收益使大批人才流入泡沫经济领域，使劳动成本因人力资本短缺而迅速提高；生产成本的过度膨胀会降低实体经济部门的国际竞争能力。

虚拟资产价格猛烈上涨以及市场通胀预期等因素又会诱导更多实体经济中的资金出于保值或是追逐超额利润的目的，进入虚拟经济市场中寻找“牟取暴利”的机会，进行虚拟资产投资或投机交易，如此一来就会挤占实体经济企业正常生产经营所需的投资与流动资金，影响实体经济领域的正常消费与投资。

（四）虚拟经济过度膨胀增加经济社会风险

由于虚拟经济的价格形成更多会受到人们心理预期的影响，如果出现对虚拟资本过高的预期，使其价格脱离自身的价值基础，将会导致实体经济中大多数商品的价格也脱离其价值上涨，形成虚假的经济繁荣。人们的预期收益率较高，将使大量资金从实体经济领域流向金融市场和房地产等领域，严重影响生产资源的合理配置，使得实体经济领域的生产和投资资金供给不足，企业破产频繁，金融机构出现大量呆坏账。而金融机构为了规避风险，提高利率，又会使更多的企业陷入困境。炒作必然制造泡沫，这些泡沫虽然终会被实体经济消化，但如果泡沫过大，就会导致系统性风险，甚至给金融系统带来较大冲击。一旦泡沫破灭爆发金融危机，失业率上升，居民消费支出紧缩，总需求极度萎缩，将造成宏观经济的持续衰退。①

虚拟资产价格的非理性上涨还会诱导大量境内外“热钱”或投资于房地产等固定资产从而推动资本品价格上涨，或是直接进入到虚拟经济体系中进行短期投机交易，当这些投资热钱流入到虚拟经济市场中，又会形成更加严重的市场流动性过剩，在这些因素的相互综合作用下，将进一步推动虚拟资产价格的螺旋形上升，从而形成大量的资产价格泡沫与“虚幻财富”，给整体经济的稳定运行埋下巨大的潜在风险。

（五）虚拟经济监控不力会引发金融危机

如果政府监管部门对虚拟经济监控不力，则可能导致金融危机。泡沫经济基础上投机活动盛行，资金需求剧增，诱使银行不断提高利率以获得更高的收益。高利率促使银行扩大信贷，放松对信贷质量的审查和可行性研究，使银行等金融机构的大量资金涌入股市、汇市和房地产等过度投机市场，实体经济由于无法承受过高的银行利率而使其正常的资金受到极大的抑制，银行等金融机构作为既得利益集团，对股市、汇市和房地产投机起到了推波助澜的不良作用。

因此，虚拟经济与实体经济的过度背离对发生经济危机会产生重要的影响，应注重二者发展的比例关系，使二者协调发展而不能过度背离。

总体来说，虚拟资本是社会经济发展的产物，只要控制其消极影

① 赵全新. 关于促进实体经济与虚拟经济和谐发展的思考[J]. 市场与价格瞭望，2012（4）：30.

响，稳步发展，就能对经济和社会的发展起到巨大的推动作用。要注重发挥虚拟经济对实体经济的推进作用，积极推进虚拟经济发展，有效实现虚拟经济与实体经济融合；注重信用在虚拟经济价值体系中的核心作用，继续保持信用额与实体经济价值体系间的联系，用成本价值体系来约束信用价值体系，以防因信用膨胀而导致信用危机甚至引发金融危机；应坚持以发展实体经济为本，虚拟经济为辅的指导原则。

因此，虚拟经济一定要依托实体经济这一母体，并在其基础上实现发展。

主要参考文献

[1] 巴曙松．2010 年全球金融衍生品市场发展报告[M]．北京：北京大学出版社，2010：4.

[2] 包亚钧．实体经济是虚拟经济可持续发展的基础和保证[J]．贵州财经学院学报，2010（4）：17.

[3] 成思危．虚拟经济与货币市场[J]．管理评论，2003（2）：15.

[4] 陈凯．试析美国经济从“虚拟”到“实体”的调整与协同发展[J]．财经问题研究，2011（8）：35.

[5] 董俊华．虚拟经济与实体经济关系实证研究[J]．中南民族大学学报，2011（3）：141.

[6] 冯琦．虚拟经济与实体经济的关系述论[J]．江苏教育学院学报（社会科学），2011（9）：97.

[7] 李超．21 世纪美国金融风险动态演进研究[J]．求索，2012（2）：29.

[8] 刘骏民．虚拟经济的研究及其理论意义[J]．东南学术，2004（1）：7.

[9] 刘骏民．经济增长、货币中性与资源配置理论的困惑——虚拟经经济研究的基础理论框架[J]．政治经济学评论，2011（10）：43.

[10] 刘霞．对美国虚拟经济与实体经济的分析与思考[J]．兰州学刊，2010（1）：64.

[11] 宋玉华. 美国经济本轮周期调整的性质[J]. 国际经济评论，2001（9）：50.

[12] 宋玉华，高莉. 美国房地产业的繁荣、风险及其对美国经济的影响[J]. 美国研究，2006（3）：66.

[13] 王西民. 债务危机：困境、根源机器解决机制——发展中国家与发达国家的比较分析[J]. 财经科学，2012（2）：50.

[14] 闫屹，王莉. 希腊债务危机对欧盟一体化的影响及启示[J]. 国际金融，2010（9）：73.

[15] 杨玲. 实体经济与虚拟经济价值体系关联度[J]. 经济管理，2011（2）：7.

[16] 张丽. 虚拟经济全球化及其对中国的影响[J]. 北方经济，2013（4）：50.

[17] 张云，刘骏民. 经济虚拟化与金融危机、美元危机[J]. 世界经济研究，2009（3）：35.

[18] 赵全新. 关于促进实体经济与虚拟经济和谐发展的思考[J]. 市场与价格瞭望，2012（4）：30.

[19] 宗寒. 从虚拟经济看西方金融危机[J]. 河北经贸大学学报，2012（5）：5.

第三章　经济全球化条件下虚拟经济波动的特点

20 世纪 90 年代以来，经济全球化迅速发展，成为当代世界经济中最活跃的力量，对世界经济格局的变化产生了深刻影响，同时也给虚拟经济的波动打下了深刻的烙印。

第一节　经济全球化的发展与金融全球化的现状

一、经济全球化及其发展历程

（一）经济全球化定义

“经济全球化”（Economic Globalization）一词自 20 世纪 80 年代中期问世以来，人们便开始从不同的角度对其加以诠释。1997 年，国际货币基金组织在其发布的《世界经济展望》中对经济全球化做出如下定义：“经济全球化是指跨国商品与服务贸易及资本流动规模和形式的增加，以及技术的广泛迅速传播使世界各国经济的相互依赖性增强”[①]。经济合作与发展组织（OECD）则认为，“经济全球化可以被看作是一种过程，在这个过程中，经济、市场、技术与通信形式都越来越具有全球特征，民族性和地方性在减少”。综上所述，经济全球化是指世界各国的经济活动跨越国界，通过对外贸易、技术转移和资本流动等形式在全球范围形成的相互联系、相互依存的有机整体，是世界各国经济日益融合的过程。在这一历史过程中，各种生产要素的全球自由流动和合理配置不断加强，世界各国的经济相互开放、相互依赖、相互渗透，并日益融合为一个整体。显然，经济全球化是世界经济发展到一定阶段的产物，是科学技术和生产力高度发展的结果，是伴随着世界经济运转不断深化而出现的世界发展的整体化趋势。正如托马斯•弗里德曼所言，“我们不能让全球化开始，也不能制止它的出现”[②]。

（二）经济全球化的发展历程

作为一种客观的历史进程，经济全球化是随着世界经济运行过程的加深而逐步加强的客观经济联系和自然发展的漫长过程。自 20 世纪 90 年代以来，这一趋势进一步加强，并在世界经济的各个领域加速发展，成为当今世界的重要特征。作为一个历史进程，全球化至少经历了 3 个高速发展的阶段，走过了贸易全球化、生产全球化、金融全球化这一由低到高层层推进、逐步升级的深化过程，每一次发展都在更先进科学技术的基础上将全球化推向更高的水平。

经济向全球扩张，是从资本主义生产方式开始确立就出现的趋势。1784 年蒸汽机问世，由此引发的第一次科技革命带动了各产业部门从手工生产向机器大工业的转换，劳动生产力大幅度提高，资本主义生产方式最终确立。一方面，机器大工业的发展使其生产能力迅速扩张，它不仅需要大量的原材料和劳动力，又需要广阔的市场，因而资本主义经济发展的内在动力促使其打破自给自足的自然经济；另一

① 国际货币基金组织．世界经济展望（中译本）[M]．北京：中国金融出版社，1997：45．

② [美]托马斯•弗里德曼．世界是平的（中译本）[M]．长沙：湖南科学技术出版社，2007：7．

方面，蒸汽机用于交通，出现了轮船和蒸汽机车。运输业的革命性变革，加速了要素资源的国际流动和商品的跨国界流动，为世界市场的形成提供了物质内容和前提。这些导致了18世纪末到19世纪中期的第一次全球化高速发展时期。

19世纪中叶，以电力发展和广泛应用为标志的第二次科技革命不仅促进了已有工业的生产能力，而且推动了化工、汽车、航空等一系列新兴产业的诞生。新兴工业部门的不断涌现，使国际分工进一步深化，引起国际间技术合作、资金合作和劳务合作的增强。为适应这种分工格局，世界性生产组织——跨国公司应运而生。跨国公司在世界范围内进行专业化生产和投资，加强了生产和资本的国际化趋势。与此同时，由于无线电通信的出现，使各国相互独立的区域性市场逐渐连接成统一的世界市场，从而形成了19世纪末到20世纪中期的第二次全球化高潮。

20世纪40年代以来，以电子技术、信息技术、新材料技术和核能技术等技术群的出现和发展为特征的第三次科技革命（有人将20世纪40年代到20世纪60年代的技术革命称为第三次科技革命的第一阶段）对经济和社会生活的影响在广度和深度上远远超过前两次。以电子计算机为本质特征的这次革命开辟了机器代替人的部分脑力劳动的新时代，工业劳动生产率成倍增长，新部门、新行业、新产品不断涌现，国际交换不断增加，跨国公司迅猛发展，世界市场迅速扩大。依靠这次科技革命的伟大成就和对传统工业的技术革新，一些国家一跃成为工业发达国家，不少发展中国家也迎头赶上，形成了今天的世界政治、经济和军事格局，并形成由以自然资源为基础的世界范围的工业与农业的分工转变为以现代科技为基础的工业分工的国际分工新格局。在它的带动下，全球化也经历了20世纪70年代以来的第三次高潮。从20世纪70年代初开始，生物工程、微电子技术和信息技术等高技术迅速发展，第三次科技革命进入了深入发展阶段（相对于第一阶段而言）。以信息产业为主要内容的技术革命为资本的大规模越出国界、加速国际资本的循环运动和金融服务的全球化创造了便利条件，大大缩短了世界各国在时间和空间上的距离，为世界市场的整合和全球化提供了物质保障，同时也将世界经济推向新一轮长周期的繁荣发展阶段。世界经济信息化、市场全球化和世界贸易组织成立三大重要因素，推动着经济全球化进入了 20 世纪 80 年代末、特别是 20 世纪 90 年代以来的加速发展时期，并使这次经济全球化成为具有新的技术内涵和时代特征、范围更广、程度更深的全球化高潮。

二、金融全球化的进程与现状

经济全球化主要表现在贸易全球化、生产全球化、金融全球化和信息全球化等几个方面，这几个方面层层推进，且相互依存、相辅相成。生产全球化是经济全球化的基础，贸易全球化是经济全球化的起点，金融全球化则进一步促进了生产全球化和贸易全球化的发展，而信息全球化是经济全球化的深入发展阶段。在全球化的逐步深化和推进过程中，金融全球化的作用不可忽视，特别是第二次世界大战后，现代金融更是以其独特的功能发挥着不可替代的作用。

（一）金融全球化及其发展进程

金融全球化是经济全球化的重要表现形式和一定的发展阶段，是指世界各国、各区域资本市场的联结与融合程度日益提高的趋势；是一国金融活动跨出国界，与国际间的金融活动融合在一起的过程。其本质是全球范围的金融自由化。这一过程具体表现为各国放松对各类金融机构业务经营范围的限制，取消利率限制和外汇管制，金融业务经营自由化；减少或取消国际资本流动的限制，允许外国资本和外资金融机构的进入，实行资本流动自由化；放松和改善金融市场的管理，实现市场运作自由化。从而形成全球统一的金融市场和运行机制，保证金融资源在全球范围的自由流动和合理配置。

金融全球化主要从以下几个方面展开：一是金融市场全球化。在科技革命的推动下，计算机、信息技术和卫星通信技术等把各国国内金融市场与国际金融市场连接在一起。由遍及全球的金融市场和金融机构所形成的全天候、全方位的一体化全球金融市场，使得全球性的资金调拨和融通变得空前便捷，从而大大提高了资金流动的效率。二是国际金融自由化。随着20世纪70年代布雷顿森林体系的瓦解，西方发达国家纷纷放松或解除对资本和外汇的管制，实施利率和汇率市场化等金融改革深化措施，掀起了金融自由化的浪潮。在这一浪潮冲击下，20世纪80年代末，亚洲、拉美的许多发展中国家和地区，以及东欧等转型国家也纷纷减少金融管制，开放其资本账户及资本市场，便利资本在国际间的自由流动。伴随着各国金融市场的开放和金融管制的放松，国际资本流动速度加快，全球外汇市场交易额大规模扩张，证券市场发展迅速，金融自由化的结果逐渐显现。仅从国际资本流动的规模和速度来看，20世纪90年代以来，国际资金流动的增长速度不仅超过了世界产出的增长速度，也超过了世界贸易和国际直接投资的增长速度。过去二十年中，发达工业化国家的跨国金融流动从仅占GDP的5%，一跃而达到占GDP的20%[①]；三是金融协调与监管国际化。金融自由化在使国际金融资本市场的规模日益扩大的同时，也使其逐步成为一个相对独立的经济系统，导致国际货币交换与国际贸易中的物品交换相脱节。现代信息手段和金融衍生工具的迅速发展，为国际游资的快速流动提供了条件，也为投机行为创造了便利。在高度全球化和各国金融市场逐步走向自由化的今天，这些投机活动明显增大了金融动荡的风险和各国经济运行的风险，对那些金融体制不完善、监管能力不强或金融市场过度开放的国家和地区造成严重的冲击。这就提出了金融协调和监管的全球化要求。作为国际金融的监管和协调机构，国际货币基金组织（IMF）应运而生。IMF对国际收支平衡发生严重问题的成员国实施救助，以有效地防止金融危机的酿成及扩散，从而维护人类共同的经济安全。此外，由国际清算银行发起拟定的《巴塞尔协议》及《有效银行监管的核心原则》等，标志着全球统一的金融监管标准趋于形成，使各国金融机构和金融业务跨越国界按同一规则运行，从而使国际金融市场有序运作。金融协调与监管国际化的本身也是金融全球化的重要标志。

---

① M.Ayhan Kose, Christopher Otrok, Charles H.Whiteman. Understanding the Evolution of World Business Cycles[J]. Journal of International Economics, 2008 (75): 110-130.

（二）金融全球化的现状与特点

随着金融全球化的不断深入，国际资本大规模流动，国际金融市场蓬勃发展。特别是20世纪90年代以来，国际金融市场发展迅猛，成为当代世界经济最活跃、变化最快的领域，无论是发达国家还是发展中国家都不同程度地被卷入金融全球化的浪潮，并呈现出新的特点。

1. 国际金融市场规模空前

在金融全球化和自由化的推动下，全球股票市场规模持续扩大，国际债券市场快速发展，金融衍生品交易迅速增加，国际金融市场规模空前。据世界证券交易所联盟（WFE）统计，全球外汇市场平均日交易额1986年为2000亿美元，1999年为1.9万亿美元，2007年达到3.2万亿美元；2001年到2007年，全球证券投资年均增长高达48.26%。尽管2008年的金融危机使国际证券投资的增速下降，但仍然比2007年增长了11.8%。至2010年，全球债券市场已达世界GDP的1.5倍；全球股票交易额占GDP的比重不断上升，从1990年的53%逐步攀升到2009年的195%，增长了近3倍；全球金融衍生交易迅速增加。自20世纪80年代以来，西方发达国家金融衍生交易以每5年增加5倍的速度发展。1986年，以西方国家为主体的金融衍生交易合同价值超过1万亿美元。2006年底，全球金融衍生品市场已达到了20万亿美元，是2000年的20倍，至2010年，全球金融衍生品市场规模达到GDP的31倍多。

此外，金融全球化使全球在股票市场、现金市场和债券市场上的联系更加紧密，全球金融市场的整体联动性大大加强。2003年，其相关度是40%左右，目前达到了60%～70%。这种联动性在金融危机时表现尤为明显。[①]

2. 国际金融市场投机加重

随着电子计算机技术的进步以及在金融领域的应用，规模庞大的

① 参见2012年9月10日国际货币基金组织副总裁朱民在中欧国际工商学院举办的2012第六届中国银行家高峰论坛上的演讲：全球金融交易对国内冲击加大，http://finance.sina.com.cn/hy/20120910/102413091881.shtml。

金融活动早已失去了相应的物质生产与产品的支撑。现代信息手段和金融衍生工具的迅速发展，为国际游资的大量快速流动提供了条件，同时也为投机行为创造了便利，加大了全球金融市场的风险。全球金融资本的交易量1980年为5万亿美元，1992年达到35万亿美元，2000年超过83万亿美元。在这些巨额流动资金中只有20%与贸易或生产投资有关，其余80%则是在全球金融市场中寻找短期利益，进行投机买卖。另一数据显示，目前世界金融市场每个交易日的交易总额高达3万亿美元，其中仅有2%同生产和商品贸易有关，其余98%是以投机为目的交易。此外，随着金融全球化的深入，金融市场上实力雄厚的投资基金如对冲基金等获得了更大的活动空间，它们蜂拥于全球各地金融市场，赚取投机利润，加重了国际金融市场的投机行为。

3. 金融全球化发展失衡

金融全球化是一个自然的、不可逆转的历史发展过程，在当今经济全球化的进程中，世界各国都会或早或晚地卷入其中。但各国在金融体系成熟程度、开放程度和承受程度上不同，以及金融调控经验方面存在差异，因此，金融全球化在世界各国的发展程度和广度不同，甚至在某些领域出现了严重失衡的现象。

首先，从国际金融资本存量来看，随着金融全球化的推进，尤其是亚洲金融危机之后，流入新兴市场国家的资金急剧下降，一些新兴市场国家和发展中国家由传统的资金净借入者转变成了资金净提供者，新兴市场国家和发展中国家拥有的国际金融资产存量占世界总跨境金融资产的比例逐年下降。新兴市场国家的份额由1995年的13.3%降至2006年的11%；发展中国家的资产份额由1982年达到10.8%的峰值而后一路降至2006年的0.75%。而美国拥有的国外金融资产占世界跨境金融资产总额的比例多年来一直维持在20%左右，其余发达国家的比例则一直保持在60%左右，并在2005年创下了69%的新高。可见，世界金融资产愈加集中于发达国家，世界金融格局愈加趋于不平衡①。

① 黄玲．金融全球化的不平衡发展看次贷危机根源[J]．世界经济研究，2009（4）：13.

其次，从全球资本流动的格局来看，新兴市场国家迅速崛起，短期内积累了大量的贸易盈余，外汇储备增加。为维持汇率稳定，它们以官方储备资产和债务类资产的形式向发达国家输出大量资金，或者将巨额美元外汇储备投向收益率极低的美元债券，使得国际资本净流入日益集中于美国等发达国家。美欧等发达国家则凭借其作为储备货币的优势地位和成熟的金融系统，通过货币、汇率等金融政策，吸引国际资本的流入，弥补其巨大的经常项目逆差，同时主导着国际资本的流动和国际金融市场的运行。由此，新兴经济体和亚洲地区的庞大外汇储备以资本流出的方式回流到美国。资本从穷国“倒流”到了富国，使发达国家尤其是美国从世界资本市场上吸纳了巨额的国际资本，享受着世界范围内高增长地区的经济利益，成为金融全球化的最大受益者。目前国际资本净流出的一半以上来自德国、日本，沙特阿拉伯等石油输出国，和以中国为代表的新兴市场国家，国际资本净流出的三分之二输往美国。发展中国家自20世纪90年代中期以来占世界资本市场的资本净流入份额和负债存量份额都在下滑。经常账户收支失衡引发了国际资本流动格局的失衡，资本的倾斜流动加剧了世界金融体系的不平衡状态，使广大新兴市场国家和发展中国家在金融全球化新的浪潮中处于更加不利的地位。

4. 金融体系改革的呼声越来越高

20世纪90年代末的亚洲金融危机，2007年爆发的美国次贷危机引发的全球金融危机，近几年的欧债危机，以及金融全球化的不平衡发展，暴露出世界金融体系的严重缺陷和种种弊端。近年来，关于重建国际金融体系的呼声越来越高，改革成为金融全球化新的利益诉求。

首先，改革金融货币体系，加强金融监管。2009年2月，英国议会通过了《2009银行法案》；2009年12月2日，欧盟各成员国财长就金融监管框架达成一致；同年12月11日，美国国会众议院也通过了一项金融监管改革方案。这些金融体系改革和金融监管改革涉及金融产品、金融市场、金融机构、危机应对以及国际监管等诸多领域。其次，为加强对全球金融市场风险和宏观经济的监控和预警，2009年6月26日，在瑞士巴塞尔建立了新的金融稳定委员会以取代以前的金融稳定论坛机制。最后，突破国际货币基金组织的投票权分配格局。在2009年9月25日匹兹堡的G20峰会上，各国领导人一致同意，增加巴西、印度、中国、俄罗斯等新兴市场国家和发展中国家的发言权和投票权，将其在国际货币基金组织的份额提高到至少5%以上，由此改变了以前美国一票形成决议的单极决策局面。同时，发展中国家和转型经济体在世界银行的投票权也将至少增加3%。

5. 金融市场虚拟化

20世纪70年代以来，全球金融市场发生了很大变化。一方面，随着电子计算机和信息技术在金融领域的广泛应用，以华尔街为代表的美国金融行业可以不再主要通过投资实业获利，而是借助先进的通信和技术手段通过发行债券、基金以及各种金融衍生品（包括股票期权、汇率掉期、股指期货、备兑权证和以按揭贷款为担保的债券等）来获取收益,从而提供了虚拟资本和信用膨胀的物质基础和技术手段。另一方面，随着布雷顿森林体系的瓦解，西方发达国家纷纷放松或解除对资本和对外汇的管制。20世纪80年代末起，亚洲、拉美的许多发展中国家和地区以及东欧等转型国家也纷纷减少金融管制，开放其资本账户及资本市场，掀起了金融自由化的浪潮，为信用和虚拟资本的全面扩张提供了更广阔的空间和更强的发展动力。

全球金融自由化进程的加快和信用制度的高度发展，推动了资产证券化和金融衍生工具的大规模创新。完全没有实物资产相对应或完全脱离所对应实物资产的金融衍生工具的频繁交易，如银行票据、股票、债券以及期货、期权等，引起全球虚拟资产的迅速增长。股指期货和利率期货等金融衍生品的高级形式，更是割断了与任何个别实际资产或实体经济的联系，引发虚拟资产数量和交易的快速膨胀，使金融资产价格的增长速度明显快于实体经济的增长速度，国际金融市场呈现出高度虚拟化的特征。目前，全球外汇交易额大大超过国际直接投资和商品及劳务国际贸易额，是两者之和的50倍、60倍，甚至70倍；全球信用衍生品市场规模迅速扩大，如黄金、铜、铝的场内交易已经达到2005年这些金属生产总量的约30倍，截至2010年，全球金融衍生品市场规模达到GDP的31倍之多。

第二节 经济全球化与虚拟经济波动的关系

20 世纪 90 年代以来，经济全球化掀起新的浪潮，金融全球化的不断深入和信息技术的广泛应用，使国际金融市场证券化和虚拟化的趋势进一步加强，以货币和信用关系为代表的虚拟经济逐渐脱离实体经济，并以其自身独特的运行规律对整个经济体系乃至经济全球化产生影响。可以说，虚拟经济是经济全球化发展到一定程度的产物，金融自由化和全球信息化是虚拟经济发展的基础，而虚拟经济的发展又反过来影响着经济全球化的步伐。

一、经济全球化是虚拟经济发展的基础

（一）金融全球化是虚拟经济发展的制度基础

金融全球化是一国金融活动跨出国界，与国际间的金融活动融合在一起的过程。而金融活动的跨出国界，从来都不是孤立进行的，它是依附和伴随着商品的跨国界流动和生产活动的跨国界进行而产生和发展的。由于商品大规模频繁的跨境交流，产生大规模的外汇交易，引发各国对放松外汇管制、实现金融市场运作自由化的需求；同时，追逐利润的本性，也使得各国资本向利润更高的地区流动。资本在国际间的大规模流动，冲击着一国国内金融管理上的障碍，引发资本流动自由化的需求。各国政府为了适应本国实体经济发展的需要，放松金融管制，加速金融自由化和全球化的进程。

随着布雷顿森林体系的瓦解，先是西方发达国家纷纷放松或解除对资本和外汇的管制，之后亚洲、拉美的许多发展中国家和地区以及东欧等转型国家也纷纷减少金融管制，开放资本账户和资本市场，掀起了金融自由化的浪潮。金融全球化打破了传统上设置在各国金融市场之间的障碍，加速了金融资本的全球流动，同时为信用制度的高度

发展和虚拟资本的全面扩张提供了空间和发展动力。

（二）信息全球化为虚拟经济提供了物质前提和技术手段

信息技术的应用和推广带来了生产力的飞速发展，引起生产方式、贸易手段、经营手段、金融工具等的变化，推动了生产、资本、贸易和金融的全球化进程。可以说，虚拟经济是建立在全球经济信息化基础之上的，信息化是推动全球金融市场虚拟化的物质前提和重要手段。没有信息革命，没有互联网络，就没有全球市场的虚拟化，也就没有虚拟经济。

信息技术革命和信息传播全球化的发展，特别是电子计算机、国际互联网的普及和通信技术在金融领域的广泛应用，促进了金融手段的网络化和电子化，从而为虚拟经济的发展提供了技术上的条件和保证，加速了虚拟资产的流动，成为虚拟资产急剧膨胀的助推器。一方面，信息技术和电子网络技术的发展，为各国金融机构和各国际金融中心进行全球操作和传递输送信息提供了极大便利，使全球的资金调拨和巨额资金的国际间流动可以在瞬间完成；另一方面，虚拟资产可以借助信息技术在全球飞速流动，既不受传统空间、时间的限制，也不受实际资产和贸易流动的制约。可以说，当今时代的高度信息化和网络化，为虚拟资本和信用的膨胀提供了物质基础，也为以信用为基础的虚拟经济的相对独立存在和运行提供了技术手段。

（三）金融深化推动的金融创新促进了虚拟经济的发展

金融创新是指各种金融要素的重新组合，包括金融工具创新、金融制度创新和金融市场创新等。20 世纪中后期，世界范围内金融管制的放松以及金融全球化程度的加深，大大拓宽了金融创新的空间和领域。与此同时，金融自由化的发展和深化，使得金融创新的范围从国内市场扩展到国际市场，金融创新的内容也遍及国际金融制度、国际金融工具和国际金融机构等多个方面。作为金融创新的重要内容，金融衍生工具的创新是虚拟经济发展的重要因素。金融衍生工具的创新和使用，使得国际金融市场出现了许多货币替代品，扩张了货币的数量，并以其特殊的杠杆效应使金融部门的活动与实体部门的活动日渐疏远，虚拟性特征和趋势愈加显现。近二十多年来，期货、期权、互换、调期和远期协议等各种金融衍生品迅速发展、层出不穷，甚至出现灾难期货、思想期货等。与此同时，金融衍生品市场交易规模迅速扩大，其价值及增长速度远远高于和超过其代表资产的实际价值及增长速度。

二、虚拟经济波动影响着经济全球化的步伐

虚拟经济是随着经济全球化的不断深入和发展而产生和发展起来的，它的产生、规模及演进形态等都取决于经济全球化。然而，虚拟经济一旦形成，由于其独特的运行方式和特殊的功能，其发展规模和速度等会反过来对经济全球化产生深刻的影响。虚拟经济适度发展，并与实体经济保持合理的规模比例时，将对经济全球化的发展起到积极的促进作用；当虚拟经济严重脱离实体经济规模而过度膨胀时，便会引发金融危机甚至经济危机，成为影响全球化进程的扰动因素。

（一）虚拟经济促进了生产的国际化和资本的国际流动

虚拟经济促进生产国际化和资本国际流通的作用主要是通过以下两个方面进行的。第一，是提供融资条件。虚拟经济的发展拓宽了企业的融资渠道和选择范围，提高了企业的资金融通能力，在一定程度上保证了企业国际化生产和境外投资的资金来源。生产国际化进程的最主要推动力量是投资，而投资需要足够的货币资金。虚拟资本吸收了大量的闲置和零散资金投资于股票、债券和金融衍生产品上，满足了跨国企业国际投资的需求。如股票资本的出现，使得上市公司可以获得稳定的产业资本来源；资产证券化、期权交易等金融衍生工具的出现，使资产的流动性提高，大大推进了跨越时空的金融交易；股权置换、控股收购等产权交易方式，为企业的迅速扩张提供了渠道。第二次世界大战后特别是 20 世纪 90 年代以来，国际生产大规模扩张，跨国公司迅猛发展，由 1990 年的 3.5 万家、子公司 15 万家、世界直

接投资 2090 亿美元猛增至目前的跨国公司 8 万多家、全球分支机构 85 万多家、国际直接投资 1.24 万亿美元（2010 年）。这种大规模的国际化生产和扩张，其资金支持离不开迅速扩大的全球外汇市场、迅速发展的证券市场以及频繁创新的金融衍生工具。第二，是促进国际资本的合理流动。虚拟资本本身具有高度流动性，该特性使其可以很快地从利润率低的产业或地区转向利润率高的产业或地区，不断按照利润最大化的原则进行资源配置，从而充分克服了原先实体资本转移难的问题。虚拟经济这种资源整合和配置的功能，带动了跨国企业劳动力、资金以及技术等要素在不同国家之间的优化配置，使有限的经济资源流向获利最高或最具有发展潜力的部门，促进了社会资本的优化配置和资本的国际流动。同时，虚拟经济为经营主体实现资产变现提供了便利条件，提高了整个经济资源的利用效率。此外，便捷的融资渠道、多选择的融资方式和全天候的融资服务等降低了企业的融资成本，从而节约了交易费用和经营成本，提高了企业的运行效益。

（二）虚拟经济加速了金融全球化的进程

虚拟经济是在各国金融自由化和金融改革深化基础上发展起来的，金融制度、金融体系和金融衍生工具的创新，为虚拟经济的发展提供了空间；虚拟经济的发展，又反过来推动了金融全球化的进程。金融全球化是各国间金融活动和金融市场融合在一起的过程，它必然要求在经济上打破国家和地域的限制，把世界各地分割的市场联结成全球统一市场，把世界各国各自的经济联结为一个整体的全球经济，虚拟经济的发展促进了各国金融市场的联系和统一。这是因为，一方面，网络化金融从空间上大大削弱了一些国家设置的壁垒，促使这些国家积极进行金融自由化改革，不断完善金融市场，放松金融管制，从而大大推动了金融全球化的进程；另一方面，信息技术革命和信息传播的全球化，使虚拟资产的流动与实际经济日益分离，且摆脱了传统的时间和空间的限制。这种超时空限制的虚拟资产的流动，为世界各国经济的快速交织与渗透提供了便利。从这个意义上说，虚拟经济的发展促进了全球金融市场的发展、联系和融合。

（三）虚拟经济的过度发展动摇了经济全球化稳定运行的基础

虚拟经济的出现及其发展是经济全球化不断深入发展的产物，适度发展的虚拟经济对经济全球化具有促进作用，但当虚拟经济脱离经济全球化发展阶段和水平而过度发展和超速发展时，虚拟经济的高度流动性、不稳定性、高风险性和高投机性等不利影响就会被放大，对世界经济的稳定、健康发展形成威胁，甚至导致金融危机和经济衰退，从而影响经济全球化的进程。

1. 虚拟经济的过度发展是金融危机的潜在因素

虚拟经济的特性使其在自身发展过程中越来越表现出相对独立性，这种独立性使其脱离真实经济而快速扩张和膨胀。当虚拟经济的扩张达到一定程度时，泡沫成分不断加重，资产价格便会普遍大幅度偏离或完全脱离由真实经济因素决定的资产价格。股市、外汇市场、期货市场等规模越大，经济泡沫的成分就越大，监控的难度随之增加，引发经济危机的概率也就越大。虚拟经济过度扩张引发的泡沫膨胀到一定程度进而破裂时，资金链的断裂就会引发连锁反应，导致货币危机、金融机构信用危机等不同形式的经济危机。在经济全球化、金融全球化和信息全球化高度发展的时代，各国经济相互渗透、高度融合，个别国家或地区发生金融或经济危机极易演变成全球性的金融和经济危机，从而影响经济全球化的健康发展。

2. 虚拟经济过度膨胀使国际金融市场投机性增强

由于虚拟经济具有高风险、高收益、高流动性和投机性强等特点，因而容易吸引大量资金，并导致投机活动。虚拟经济膨胀时，金融市场中就存在着大量投机行为和炒作活动。汇率、利率、股票价格和期货价格高频率、大振幅的波动，导致收益的巨大反差，使其投机收益大大高于实体投资利润。投资者追求利润的本能，驱使其进一步涌向金融市场，大量的资金滞留在股票市场或衍生工具市场进行循环炒作。一方面，这些大量闲置的国际游资和投机资金可突然大数额、远距离对一国（或地区）的经济造成冲击，引发危机；另一方面，大量的资金或银行信贷涌入股市、汇市、楼市等过度投机市场，增加了国民经济和金融体系不稳定的因素，造成金融市场和体系的失灵。此外，在以股票、债券、信用等为基础的经济形态中，虚拟经济的变化是对资产未来预期的变化。人们的心理因素和心理预期增加了经济活动的不确定性，容易造成经济动荡，也是宏观经济和金融体系运行的不稳定因素。

3. 虚拟经济过度膨胀加大了全球化的失衡发展

由于资本的逐利性，虚拟经济的膨胀会诱使资金从实体经济部门流向获利更快、收益更高的虚拟经济部门，从而使进入实体经济部门的资金逐步减少。大量的虚拟投资造成了生产性领域的投资不足，进而引发大量失业，社会财富减少，物价上涨。虚拟资产价格的高估和虚拟经济的膨胀，使全球经济资源进一步向非实体部门聚集，经济发展失衡。同时，由于发达国家的金融市场发达，许多金融衍生工具的创造者和使用者通过娴熟的操作和技巧，使大量资金流向发达国家，享受着世界范围内高增长地区的经济利益，而将金融灾难和损失留给发展中国家，扩大了国际间的贫富差距，使全球化的发展愈加不平衡。如 20 世纪 80 年代以来，美国运用贸易逆差方式用美元换取别国商品、劳务等资源，又通过债券方式使美元回流。在金融市场上利用炒作、投机等手段赚取差价，使全球巨额资金源源不断地流向美国。

第三节　虚拟经济运行的特点

虚拟经济是科学技术和经济全球化发展到一定阶段的产物，它以实体经济的存在为基础，并且随着实体经济的发展而发展。但一经形成，便日益独立于实体经济之外，显示出其自身独特的运行规律和特性。与实体经济相比，虚拟经济具有多方面的特征，主要体现在高速扩张性（膨胀性）与高风险性，表象上的独立和本质上的依附，介稳性与复杂性。

一、虚拟经济的高速扩张性和高风险性

（一）高速扩张性

虚拟经济是虚拟资本以金融平台为主要依托的各种活动，其以钱生钱的特殊功能通过循环流通系统使资本迅速扩张。虚拟经济通过股票、债券等有价证券和期权、期货等金融衍生品的虚拟资本形式，经由以银行为主体的各类金融机构和各种交易活动，将分散在个人和单位手中的资金聚集起来，以进行较大规模、收益较高的经济活动。在源源不断的资金的支持下，无论股市、房地产市场、大宗商品市场还是债券市场都呈现出迅速上涨的强势。20 世纪 90 年代以来，伴随着经济全球化的迅速发展，全球虚拟经济快速膨胀，总体规模不断扩张，其增长速度远远快于实体经济的增长速度，总量已大大超过了实体经济。1990—2003 年，全球 GDP 增长 1.7 倍，而全球虚拟资产则增长了 9 倍，其中增速最快的是金融衍生品。1990 年金融衍生品未清偿合约名义余额只有 59942 亿美元，2003 年达到 2339105 亿美元，增长了 38 倍；同期股票市值增长 3.5 倍。2005 年末，全球上市公司市值已经达到 436420.48 亿美元，相当于当年全球 GDP 的总和①；从证券市场来看，1989 年全球证券市场规模略大于实体经济，但差距不大，到 2010 年，证券市场的名义市场价值已经达到 GDP 的两倍以上。截至 2010 年底，全球虚拟经济整体规模已经突破 2000 万亿美元，达到 2145 万亿美元，对实体经济的相对规模已经达到惊人的 34 倍之巨。其中，金融衍生品市场规模达到 GDP 的 31 倍多；全球债券市场是世界 GDP 的 1.5 倍；股票市场规模为 GDP 的 90%②。再以美国为例，根据国际清算银行保守估计，2006 年美国境内的股票、债券，外汇、大宗商品期货和金融衍生产品市值约为 400 万亿美元，为 2006 年美国 GDP 的 36 倍左右。美国实体经济创造的 GDP 占其全部 GDP 的比例从 1950

① 世界银行网站。
② 世界银行 WDI，国际清算银行（BIS），世界证券交易所联盟（WFE）。

年的 61.78%，下降到 2007 年的 33.99%；而其虚拟经济创造的 GDP 占全部 GDP 的比例则从 1950 年的 11.37%上升到 2007 年的 20.67%。人们每天劳动所创造的财富远没有股市每天增值得多①。迅速膨胀、高速扩张且脱离实体经济支撑的虚拟经济，当遇到信用链条上的某一环节发生断裂，便会引起汇率、利率、股票价格和资产价格的大起大落，造成虚拟经济的急剧波动。

（二）高风险性

随着货币的虚拟化和货币价值增值虚拟化程度的提高，财富创造的方式从依赖于制造业的不断扩张向其转型升级转化，经济增长也不再仅仅依赖于自然资源这类有形资源，货币和资金的支持在财富创造中的作用越来越大。当虚拟资产流入一些国家或地区时，这些国家或地区的经济快速发展；反之，当虚拟资产大量流出时，这些国家或地区的经济会出现衰落，甚至崩溃。虚拟经济在现代经济发展中发挥着越来越大的作用，但同时虚拟经济的高速扩张、盲目膨胀以及脆弱性强等特点，也为其大起大落、剧烈波动的高风险性埋下了隐患。

虚拟经济的高风险性首先来自虚拟资本内在的不稳定性和脆弱性导致的其价格的变幻无常。其次来自虚拟经济的复杂性。金融市场交易规模的盲目膨胀、光速般的交易和金融衍生工具品种的日益增多，使虚拟经济变得更为复杂。再次来自人们的心理预期因素以及风险的承受能力。一些人因为追求预期的高收益而甘冒高风险，而在面临风险时又无所适从，从而使金融市场交易盲目膨胀或者使风险进一步放大；最后来自虚拟资本的投机性。有价证券、期货、期权等虚拟资本存量的交易虽然可以作为投资行为，但在虚拟资产价格被高估和高收益的情况下，往往成为投机者的获利工具。此外，通信手段和网络技术的迅速发展，使资金结算、划转和虚拟资本交易可以在瞬间完成，从而为虚拟资本的高度投机创造了技术条件。投机行为的存在也造成了金融市场的高风险性。

---

① 刘骏民．虚拟经济的经济学[J]．开放导报，2008（6）：5-11.

二、表象上的独立性与本质上的依附性

（一）表象上的独立性

虚拟经济表象上的独立性即相对独立性，是指从表面上看虚拟经济的运行在很大程度上脱离了实物产品的生产过程，甚至可以根本不与实体经济发生关系，且有其自身的运行方式。

随着金融全球化的深入以及通信技术的发展，经济系统呈现出明显的虚拟化趋势，虚拟经济的独立性越来越强。首先，虚拟经济的独立性表现为虚拟资产的高速扩张，使实际经济运行中越来越多地出现了没有实物资产相对应或完全脱离于所对应实物资产的银行票据、债券、股票、期货、期权等虚拟资产，以及完全割断了与实际资产或实体经济联系的利率期货、股指期货等金融衍生品的高级形式。虚拟资产的国际运动不再受到实际资产和贸易流动的严格制约，从而使现代西方经济中形成了一个位于实物经济层面之上的信用经济和虚拟经济系统。其次，虚拟经济的独立性还表现为在国际经济交往中，经济活动的主体从以实际资产为主体的跨国公司，转向以虚拟资产为主体的跨国银行、各种基金和金融机构。同时，许多制造业企业的主要利润正在转向公司中的金融部门或金融业务。最后，虚拟经济的相对独立性还体现为它与实体经济具有不同的运行特征。实体经济是成本支撑的价格系统，其运行较为平稳，波动较小。而虚拟经济则更多的是心理支撑的价格系统。也就是说虚拟资本的价格不仅受未来收益折现值的影响，还受人们的观念、信心和主观预期的影响。因而，投资者的心理预期对资本即期市场的价格产生重要影响。

（二）本质上的依附性

虚拟经济的依附性即寄生性，是指虚拟经济系统是由实体经济系统产生，又依附于实体经济系统。虽然从表象上看，虚拟经济表现出各种各样的独立特征，但“虚拟”并不是虚无。无论怎样发展和扩张，

虚拟经济都无法真正脱离实体经济为它带来的物质基础，其顺利运行和健康发展终究取决于实体经济。尽管由于“乘数效应”的放大作用，虚拟经济的规模可以大大超过实体经济，但虚拟经济绝不可能脱离实体经济而自由运行[①]。

虚拟经济规模最终取决于实体经济规模，是虚拟经济寄生性的突出特点。表面上看，虚拟资本的价格取决于人们在市场上对它的未来收入的预期，是一种观念上的价格。但这种预期和观念上的价格仍然离不开人们对实体经济发展规模、速度和状况的判断。人们预期的虚拟资本市场价格，在很大程度上受到投资对象经营业绩的影响。从理论上讲，市场上流通的股票的数量是由股份公司的数量与规模决定的；债券的规模是由使用债券借款的经营主体的经营规模决定的。股票和债券的数量多，从事发行、流通转让的证券行业的业务量才大。也就是说，虚拟经济的收益最终取决于实体经济的效益。实体经济萎缩、萧条，则证券业及金融业的兴旺均无从谈起。比如，股票是虚拟经济的一个重要表现形式，是股份有限公司向出资人发行的股权凭证，代表着其持有者（即股东）对股份公司的所有权。由于股票是一种没有偿还期限的有价证券，投资者在一级市场中认购了股票以后，就不能要求退股，只能到二级市场中卖给其他投资者。但无论在一级市场还是在二级市场上，股票的价值都主要取决于上市公司未来的绩效，即等于其将来收益的现值。尽管股票的价格在股票市场中经常呈现出无规则的波动，但归根结底，投资者对某种股票价格的判断是建立在对其未来绩效的预测的基础上的。即股票的寄生性主要表现在其市场价格往往要受到公司业绩的影响。所以说，虚拟经济的运行状况和繁荣程度是由实体经济的发展水平决定的。实体经济出现问题，虚拟经济运行受到影响；实体经济状况良好，虚拟经济运行就有了坚实的物质基础。可以说实体经济昌，则虚拟经济旺；实体经济衰，则虚拟经济亡。虚拟经济不论是初衷和目标都是围绕着实体经济的，也就是其最初的出发点是在原有的程度上发展实体经济，且最后的落脚点是为了

① 成思危．虚拟经济论丛[M]．北京：民主与建设出版社，2003：18.

服务于实体经济。银行业、证券业、信托业、保险业等金融机构的主流业务是为经济实体融资。如国际贸易规模的扩大，促进了外汇市场交易规模的膨胀；企业对直接融资需求的增加，导致了有价证券的大规模发行与交易。第三，从虚拟经济的演进历程来看，实体经济是虚拟经济产生的基础和演进的依托。自虚拟经济从实体经济的母体中诞生后，先后经历了三次重大的飞跃：以货币为基础的萌芽阶段，以股票和债券为代表的发展阶段，以金融衍生品为标志的膨胀阶段。其每一阶段的发展和每一次飞跃，都与实体经济密不可分。正是实体经济发展向虚拟经济提出新的要求，推动着虚拟经济向前发展。

三、介稳性与复杂性

（一）虚拟经济的介稳性

介稳性或介稳态指的是远离平衡态，但却能通过与外界进行物质和能量的交换而维持相对稳定的系统。虚拟经济的介稳性，指的是虚拟经济的不均衡但又保持相对稳定的状态。虚拟经济系统之所以能够在远离平衡的状态下保持相对稳定，必须能够通过和外界资金的交换，通过自组织作用来维持系统本身的相对稳定[①]。从这个意义上说，泡沫破裂、金融危机是对虚拟经济介稳态的一种强制性调整。

虚拟经济的介稳性主要来自两个方面：一是源于虚拟资本的定价机制。即其价格的决定主要是依照人们对其未来价格的主观预测，而不是依据其本身内在的价值。因而虚拟资本价格的决定脱离了实际经济活动的运行，从而使虚拟经济的规模远离实体经济的均衡点，形成虚拟经济泡沫。二是来自正反馈作用。正反馈起着放大的作用，它可以使系统中的信号强度越来越剧烈。正反馈效应在股票市场、房地产市场以及收藏品市场表现最为明显。如经济繁荣时期，投资者对股市前景乐观，股价上升，更多的资金进入股市进行投机，需求增加，股价进一步上升，正反馈作用的效应被放大，形成虚拟资本泡沫。相反，

① 刘骏民，张国庆．虚拟经济介稳性与全球金融危机[J]．江西社会科学，2009(7)：79-85.

金融危机时期，股票、债券以及房地产等虚拟资产价格下跌，人们往往会预测其进一步下跌，于是会引起恐慌性抛售，交易价格则进一步下跌。正反馈效应造成虚拟资本价格的大幅跌落，直至泡沫破灭，从而将虚拟经济强制性地拉回到与实体经济发展相适应的轨道，并在一定范围和幅度内保持着与实体经济规模相适应的相对稳定状态。

（二）虚拟经济的复杂性

虚拟经济的复杂性首先源于其自身的运行方式和特性。实体经济是成本支撑的价格系统，其发展遵循边际收益递减的规律。随着技术的进步，商品价格呈现不断下降的趋势，且其价格的波动性不是很大。而虚拟经济的资本化定价机制，其发展遵循边际收益递增及正反馈的规律，价格的波动性呈现出独有的特征，不仅受到投资者心理预期、宏观经济变化的影响，更受到金融市场投机活动的影响。这种投机活动的作用通过其正反馈效应无限放大，其对经济的影响变得无法预测和不可捉摸。二是交易主体和交易客体的复杂性。首先从交易的主体来看，随着虚拟资本交易的市场化，参与的主体也日趋多元化。虚拟经济活动不只仅仅在投资者和受资者之间、贷方和借方之间直接进行，而是出现了各种金融中介和诸如投资者、投机者、风险规避者等形形色色的市场主体。他们越来越多、越来越深地介入虚拟资本交易，使得虚拟经济活动愈发复杂。再从虚拟经济活动的客体或交易载体来看，它既可以以纸质形式存在，也可以以无纸化记录的形式存在；既可以以股票、债券等传统有价证券的形式出现，也可以是期权、期货等金融衍生商品。总之，其存在形式十分复杂。三是交易决策的复杂性。虚拟经济活动决策考虑的因素，远比实体经济中生产经营投资决策所需考虑的因素要复杂得多。在虚拟经济活动决策中，投资者根据市场状况和已有信息做出判断和预测，并在此基础上进行投资决策，众多投资者的投资决策形成了市场价格。新投资者的进入和市场价格的变化，反过来又影响了投资者的判断和决策。市场不断变化，投资者要不断地调整，以适应市场环境，排除误导和误判，并做出新的理智的决策，这些加剧了虚拟经济的复杂性。

主要参考文献

[1] 成思危. 虚拟经济论丛[M]. 北京：民主与建设出版社，2003：18，14-20，51-56，225-240.

[2] 成思危. 虚拟经济探微[J]. 管理评论，2005（1）：3-8.

[3] 成思危. 虚拟经济的基本理论及研究方法[J]. 管理评论，2009（1）：3-18.

[4] 郭华平. 虚拟经济特征及功能研究[J]. 江西社会科学，2001（9）：39-43.

[5] 李贵勤、张虎臣. 关于虚拟经济的几个问题[J]. 学术研究，2006（1）：35-37.

[6] 刘骏民. 虚拟经济的经济学[J]. 开放导报，2008（6）：5-11.

[7] 刘骏民，张国庆. 虚拟经济介稳性与全球金融危机[J]. 江西社会科学，2009（7）：79-85.

[8] 刘晓欣. 当代经济全球化的本质——虚拟经济全球化[J]. 南开经济研究，2002（5）：22-26.

[9] 孟颖. 虚拟经济运行的独立性特征研究[J]. 开放导报，2009（3）：32-36.

[10] 王滨，郭斌. 虚拟经济与实体经济关系初探[J]. 经济问题，2003（9）：5-7.

[11] 杨琳. 从几次金融危机看虚拟经济与实体经济关系[J]. 中国金融，2009（5）：57-59.

[12] 王国忠，王群勇. 经济虚拟化与虚拟经济的独立性特征研究——虚拟经济与实体经济关系的动态化过程[J]. 当代财经，2005（3）：5-10.

[13] 杨琳. 从几次金融危机看虚拟经济与实体经济关系[J]. 中国金融，2009（5）：57-59.

[14] 曾康霖. 虚拟经济：经济活动新领域[M]. 北京：中国金融出版社，2003：306-313.

第四章　虚拟经济条件下世界经济周期波动的传导机制

在经济全球化浪潮下，各国金融与贸易联系日益紧密，一国的经济波动不再是孤立的经济现象，而是受到国内和国际因素的共同影响，形成经济周期的跨国传递。全球日益增强的金融联系既是虚拟经济全球化的重要体现，同时也是经济周期波动跨国传导的重要渠道。在虚拟经济的作用下，较小的初始冲击也可能引起实体经济的大幅度波动，对此金融加速器理论给出不同于传统理论的解释，对于我们理解金融危机与经济周期的关系具有重要的现实意义。国际金融市场是全球虚拟经济的重要组成部分，世界金融市场的一体化程度与经济周期跨国联动的关系，在很大程度上反映了虚拟经济全球化与世界经济周期的互动关系。

第一节　金融加速器传导机制

金融加速器理论从信贷渠道角度出发，对虚拟经济冲击影响实体经济周期性波动的作用机制进行了分析。该理论突破了传统的莫迪利亚尼—米勒定理（MM 定理）假设，其理论框架更接近当前的现实经济状况，因此更具有现实意义。

一、金融加速器的发展脉络

（一）传统宏观经济理论对经济周期解释的局限

经济的短周期和中周期波动一直是经济学研究的热点，不同的宏观经济学流派对于引起经济反复出现繁荣、衰退现象的原因及其传导机制提出了各自的解释。真实商业周期模型（RBC 模型）强调技术冲击和政府购买冲击等实际变量导致的“外部冲击”对经济总量的影响，其基本传导机制是由于消费的跨期选择和工作与闲暇之间的替代。新凯恩斯主义建立的 IS-LM 模型则将名义不完美性（如价格和工资的交错调整）纳入其分析框架，突出强调货币政策的作用。虽然上述理论内容存在差异，但两大主流宏观经济分析框架都遵循 MM（Modigliani-Miller）定理的假设，即金融和信贷市场的结构与变化不影响实际经济活动。即使到了 20 世纪 80 年代的新古典宏观经济学派，也仍然保留 MM 定理假设，该理论框架从生产函数角度推导经济波动的原因，对于金融市场的作用仅将其简化为代表资金流向的函数，并未引入经济周期模型。在今天看来，以上理论显然忽视了金融市场在经济波动中的作用，因此也忽视了虚拟经济对实体经济的重要影响作用，对当前世界经济波动的解释存在局限性。

纵观近现代经济史，经济危机往往是由金融危机引起的，金融危机的恶化进一步演变为经济危机，并大大加深经济危机的程度。从“大萧条”到近来的美国次贷危机引起的全球性经济波动都表明，实体经济的变化与金融市场和资产价格变化等虚拟经济领域的振动密切相关。随着金融活动在经济中的地位日益重要，以及经济虚拟化程度的加深，现代经济周期的虚拟经济周期特征逐步显现，主要表现为：实体经济的运行与虚拟经济变化越来越密不可分；虚拟经济活动的内外部冲击通过虚拟经济体系（特别是金融体系）向实体经济传导，形成持续性波动和周期性变化；由于虚拟经济体系的放大和加速作用，即使是经济中微小的变化，也可能对一国乃至全球经济运行产生巨大冲击，造成实体经济的剧烈波动甚至是衰退。传统经济周期理论对于解释以上现象表现乏力，宏观经济学需要更贴近现实的假设和更有解释力的分析框架。

（二）金融加速器理论的突破性假设及其思想渊源

针对传统经济周期理论的局限，美联储前主席伯南克（Bernanke，1983）颠覆了MM定理的“金融中性”假说，指出由于金融信贷市场存在信息不对称或者委托代理问题，会将经济中很小的冲击扩大，给整个经济社会带来巨大影响。基于这一思想，伯南克和格特勒（Mark Gertler）等人建立了将金融市场摩擦纳入经济周期波动的一般分析框架的基本模型，阐述了初始的微小冲击如何由于信贷市场的改变而被传递和加剧的作用机制，提出了“金融加速器理论”。该理论奠定了金融经济周期理论的基础和一般分析框架，在很多方面为现代经济周期的虚拟经济周期特征提供了强有力的解释。

伯南克并非质疑MM定理假设的第一人，金融加速器理论的思想渊源可以追溯至经济学大师费雪（Fisher, 1933）。费雪在对1929—1933年“大萧条”的分析中，提出了“债务—紧缩—萧条”机制。他指出，在1929—1933年期间，金融对实体经济的影响存在直接和间接两种机制：一方面，在以高杠杆形成的信用链状态下，最初的商业不景气导致了一些企业破产和支出下降，这直接导致了新一轮的破产潮；另一方面，资产和商品价格的下降使债务人承受巨大的压力，债务人为了偿还债务而低价倾销资产，又进一步导致价格下降，引发了金融危机。费雪敏锐地指出，两种机制中后者的影响更为严重，广泛的借款人资产负债状况恶化和价格下降形成了债务—通缩的恶性循环。此时，信用市场条件的恶化不仅是对实体经济运行滑坡的反映，而且是导致真实经济发生衰退的源头。费雪的思想在现在看来无疑是具有远见卓识的，但在当时并未产生剧烈反响。

伯南克继承和发展了费雪的金融非中性思想，分析了美国大萧条时期金融的重要性，指出导致了实际经济衰退并恶化为长期萧条的根本原因是由于金融系统崩溃，市场服务和信息服务效率下滑，实际融资成本上升，以及银行信贷紧缩等虚拟经济层面的危机。上述机制可以表述为“金融危机—信用成本上升—实际产出下降”。在此基础上，伯南克和戈特勒将金融市场摩擦假设纳入经济周期模型的一般均衡分析框架，提出了金融加速器理论。

（三）金融加速器理论的主要内容

在非 MM 定理条件下，伯南克和格特勒（1989）阐述了金融加速器理论的基本思想。其重要假设前提是信贷市场存在摩擦，市场上总的借贷量不变，以及市场信息不对称。其主要思想是：企业在进行外部融资时，一般需要以自有资产作为抵押，由于存在信息不对称，导致企业的外部融资成本高于内部融资，即所谓“外部融资升水”或“外部融资溢价”。外部融资升水与企业资产净值负相关，企业净值越大，可供抵押的资产越多，越有利于缓解信息不对称，贷款成本越低；反之，企业净值越小，“外部融资溢价”越高。同时，由于企业资产净值具有顺周期性，当经济处于繁荣期，企业利润和资产价格上升，经济衰退时下降，因此外部融资升水呈逆周期变动，经济中出现的负向冲击将导致外部融资升水上升。例如，当利率上升，企业资产净值下降，造成代理成本增加，引起企业外部融资溢价上升，企业因此不得不减少费用、支出和下一期的产出，从而导致经济衰退。他们将这种由于信贷市场状况变化而导致的初始冲击被放大的机制称作“金融加速器”（BG 模型）。此后，伯南克、格特勒和吉尔克里斯特（1996，1999）正式确定了金融加速器的提法，将不完全信贷市场和企业净值纳入动态新凯恩斯模型，建立了一个可计算的包含金融加速器的动态一般均衡框架（称为 BGG 模型），并通过该模型定量显示了金融加速器在经济周期中的作用，为人们检验金融加速器效应是否真实存在提供了可靠的计量工具。

BGG 模型是金融加速器研究的重要文献，为经济周期理论研究开辟了新的方向，并形成了完整的理论体系，此后该领域的研究大多基于 BGG 在随机动态一般均衡模型下展开。伯南克和格特勒（2001）进一步探讨了在金融加速器效应下，针对资产价格波动的货币政策规则，提出总体宏观经济稳定和金融稳定目标下的灵活的通货膨胀目标准则。格特勒、吉尔克里斯特和纳塔鲁奇（2003）结合 1997 年亚洲金融危机期间韩国的经历，建立了一个在名义价格刚性条件下，包含金融加速器的小型开放宏观经济模型，研究货币政策外部约束与金融加速器的关系，发现相对于浮动汇率而言，金融加速器在固定汇率条件下加剧金融危机的影响更大。青木等（2004）将房地产部门引入 BGG 模型，研究了房价在货币政策中的传导作用。在该模型中，金融加速器效应对于货币冲击在房地产价格、住房投资和消费中的作用具有放大效应，同时，金融监管的放松和金融创新将会强化金融加速器效应。

二、金融加速器的作用机制

（一）“小冲击、大波动”机制

信贷市场上的信息不对称是金融加速器理论有别于传统理论的关键假设，为了将其引入研究框架，伯南克提出了状态验证成本（CSV）的概念。他指出，现实中的信贷市场并不完全，而是存在验证成本，因此导致了内部融资与外部融资成本之间的差异，并称之为“外部融资升水”，而外部融资额外成本的高低则取决于企业资本金是否充足。图 4.1 和图 4.2 显示了在不同假设条件下，外部冲击对经济造成的影响。

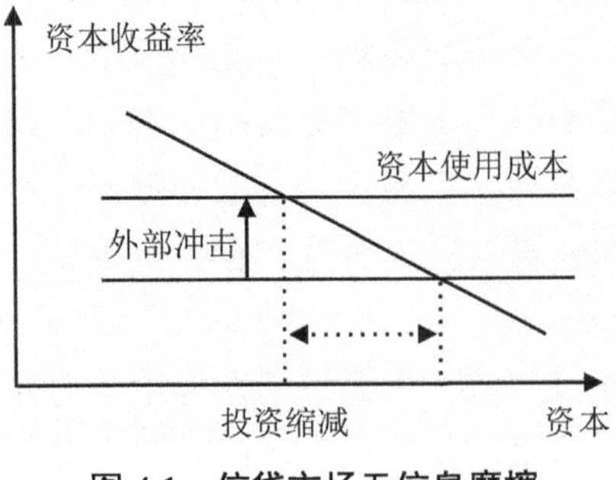

图 4.1　信贷市场无信息摩擦

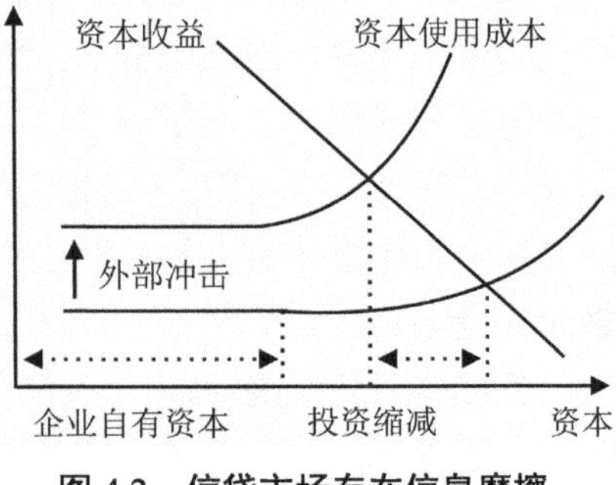

图 4.2　信贷市场存在信息摩擦

资料来源：邢天才等．从金融危机到经济危机——基于金融加速器理论的视角[J]．国际金融研究，2011（11）：21.

假设信贷市场是完全的，即不存在信息不对称的情况（图 4.1），那么信贷市场的资金成本将不受企业自有资本金影响，而是完全由市场外的资金供给决定。当发生负向外部冲击时，企业的资本使用成本上升，信贷市场上的资本供给曲线向上移动，企业的资本使用减少。由于资金使用成本与企业自有资本不相关，导致资金使用成本上升的幅度有限，企业投资缩减的程度也较小，因此外部冲击对经济波动的冲击不会在信贷市场上被放大。

然而现实中往往是图 4.2 显示的状况，即信贷市场存在信息不对称。由于信贷市场存在信息摩擦，当企业的资金需求超过自有资本，就必须付出更高的融资成本来验证自己的财务状况。信贷市场的不完全导致企业面临外部融资升水，在此情况下，企业外部融资的成本与企业自有资金状况密切相关，自有资金充裕、财务状况良好的企业面临较低的外部融资成本，而那些急需资金、自由资本匮乏、财务状况紧张的企业融资成本却越高。图 4.2 的企业融资成本曲线呈非线性，在超过自有资金后加速上升，突出表示了企业外部融资升水的存在。当外部冲击造成资金使用成本上升（企业的无风险利率水平），将同时导致企业的盈利水平下降，这使得企业的外部融资升水进一步上升，投资大幅度缩减。

通过对比不难看出，信贷市场状况变化决定了对实体经济的影响程度，信息不对称将“加速”外部冲击对实体经济的影响。信息摩擦的存在导致了企业外部融资升水，当外部冲击使企业资产负债表收缩时，投资下降、产出下降；另一方面，企业部门的投资下滑又会反过来对宏观经济造成冲击，外部冲击的效果被放大，并造成企业部门新一轮的收缩，最终导致经济衰退。这种恶性循环导致较小的外部冲击也可能造成剧烈的经济波动，甚至导致整个经济的萧条。

（二）银行贷款渠道

当外部冲击发生时，市场上对于未来的资金需求存在不确定性，同时，金融机构从货币市场上获得贷款的可能性降低，因此金融机构倾向于收紧信贷、持有现金，进行预防性的货币储备。其结果将导致银行间市场利率急剧上升，市场上流动性收缩。在外部冲击作用下，如果信贷市场是完全的，金融机构的短期资金需求将很容易被满足，但是在不完全市场结构下，信息摩擦导致借款人的外部融资成本大幅提高，获得外部融资的难度增加。金融机构预期市场对未来资金的需求将会上升，导致其囤积资金，减少当前的资金供给，造成货币市场流动性紧缺。

金融加速器发挥作用的银行贷款渠道是基于两个假设：一是银行的可贷资金来自存款，二是企业的主要融资途径是银行贷款。在上述条件下，当货币当局实行扩张性货币政策，银行存款和可贷资金增加，企业更容易获得贷款，投资和消费上升，总产出增加；反之，在紧缩性货币政策下，银行可贷资金收缩，企业投入减少，产出下降。

尽管随着资本市场的深化，以上两个假设条件都在发生变化，即银行的负债渠道和企业融资渠道都在向多样化方向发展，尽管如此，银行借贷渠道的作用机制并未发生实质变化。银行的资金来源包括存款和非存款，非存款的成本高于存款渠道，在货币紧缩条件下，非存款的成本会进一步上升，并转嫁到企业身上，增加了企业的贷款成本，导致融资需求下降、投资下降。而在企业方面，银行融资渠道仍居于主导地位，例如，中国企业来自银行的间接融资比例高达80%以上，即使在美国，股票、公司债以及商业票据等占企业非金融外部融资的47.2%，而银行借贷则占40.2%[①]。

（三）借款人资产负债表渠道

资产负债表途径也是由于信息不对称引起的，虽然是间接作用机制，其影响却更为深远。宽松的货币政策会增加企业的现金流和资产价格，两者都使得外部融资溢价降低，总贷款增加，经济活跃，总产出增加。反之，从现金流渠道来看，未被预期的货币紧缩导致利率上升、总产出下降，企业现金流恶化，企业的外部融资需求上升，这将引起代理成本上升，企业的外部融资溢价提高，导致企业的投资、产出、收入、现金流在下一期进一步下降。同时，在资产价格方面，货

① 黄国建．金融加速器理论综述[J]．江苏经贸职业技术学院学报，2009（1）：24-27.

币紧缩会导致资本品的需求下降，资产价格下跌，企业用于向银行贷款的抵押品价值降低，外部融资溢价上升，企业在下一期的投入、产出下降，预期现金流和企业净值下降，资产价格进一步降低。

在长期，企业净值变化对投资的影响具有持续作用。如果没有金融加速器，当外部冲击消失时，投资将迅速恢复到稳态水平，但是由于金融加速器的作用，初始冲击影响了企业净值，改变了企业的外部融资升水，影响企业的融资需求，从而改变了企业的投资和产出决策，因此，在金融加速器条件下，即使冲击消失，经济中的投资和产出水平也会长期偏离稳态。

（四）从金融危机到经济危机

从金融加速器理论的视角出发，金融危机的发展可以划分为四个阶段（见图 4.3）：

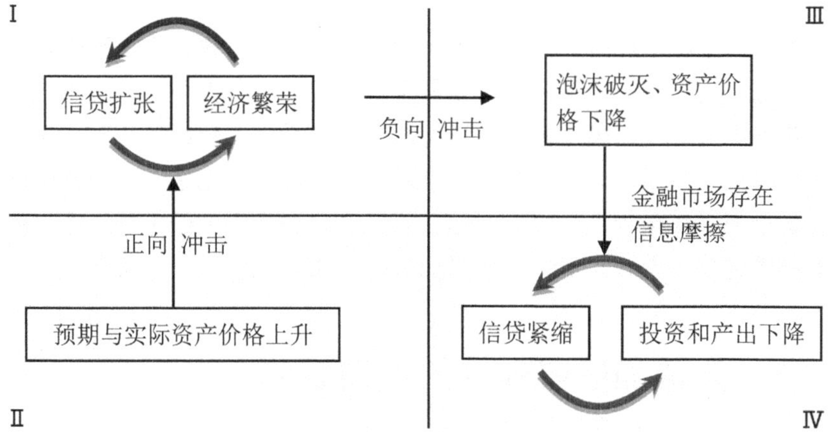

图 4.3　金融危机演化为经济危机

第一阶段：经济中的正向冲击改变了人们的预期。金融危机爆发前，通常是经济中发生了强大的正向冲击，如技术进步、制度改革等利好消息为某个经济部门带来高额利润，人们对未来产生乐观预期，整个经济走向繁荣，经济开始出现泡沫。

第二阶段：资产价格不断攀升，信贷扩张和经济繁荣相互加强，经济增长泡沫化。经济扩张和预期利润上升导致信贷扩张，使对实际资产和金融资产的需求上升，资产价格上涨。信贷扩张与资产价格的上升刺激了投机行为，越来越多的投机者进入市场，通过金融交易获取各种资产的价值增值，资产价格在“炒作”下不断高涨，经济活跃度迅速升温，表面看来经济繁荣，实际上经济增长泡沫化，经济主体过度负债。

第三阶段：负向冲击刺穿“泡沫”。由于市场的大量投机性交易，利率和资产价格上升，高度背离实际价值的资产价格使一些人开始犹豫、观望。此时经济中的负向冲击导致部分人接受现有利润，出手投机商品，资产价格开始回落。人们意识到泡沫可能破灭，急着撤出市场，争相抛售资产，资产价格震荡下调。

第四阶段：金融危机引发经济危机。资产价格泡沫的破灭将从多方面影响实体经济。一方面，资产价格下降导致抵押品价值下降，企业和居民融资能力下降，在托宾“Q”效应和财富效应作用下投资和消费分别下降。此时如果没有干预性政策，将导致物价水平下降，通货紧缩，进一步造成债务人负债加重，同时，债务人外部融资困难，即费雪提到的“债务—紧缩”情况。金融体系与实体经济相互作用，经济陷入恶性循环。另一方面，资产价格下降使金融系统的不良资产暴露出来，坏账增多，大量金融公司破产，加深了金融市场摩擦，代理成本进一步上升，信贷市场更加紧缩，实体经济进一步恶化。

第二节 金融加速器理论的现实解释——美国的三次经济危机

一直以来，经济学家都认为经济中的“真实”要素是推动经济增长和繁荣的动力源泉，例如：工厂的劳动生产率、资本存货的质量和数量、土地和其他自然资源的可获得性、技术知识水平、企业家和管理者的创新能力和管理能力等。然而，人们对现实生活的观察，以及大量理论和经验研究都证实：以金融市场为核心的虚拟经济对于实体经济具有越来越重要的支持作用。随着发达国家金融市场的成熟和金融系统的完善，虚拟经济已经渗透到其实体经济运转的各个角落：一名拥有天才构想的企业家，首先要通过银行或风险基金等金融部门获得金融资本，才能将其设想转化为营利性的商业企业；现有企业要扩大生产规模、升级设备或增加员工，大多都需要从金融市场或金融机构取得融资支持；家庭部门则有赖于金融市场获得房屋、汽车、教育以及各种消费贷款。简言之，良好的金融环境将有助于现代经济体充分发挥其潜在生产力。因此，许多发展中国家也把建立完善的金融体系列为优先发展目标。目前，美国的金融系统已经高度深化并具有充分的流动性，美国的虚拟经济部门通过有效配置资本而促进了实体经济的增长，并通过提高在全球范围内分散风险的能力而提高了经济的弹性。

然而，虚拟经济中发生的问题对于实体经济的发展也将产生负面作用，正如运行良好的金融系统能够促进经济增长，负面的金融环境将阻碍经济体实现其潜在生产力。虚拟经济的不良运作或过度虚拟化都将削弱实体经济增长，例如，银行系统疲于应付不良贷款或资金不足等状况；企业由于高度杠杆化或资产价格下降而导致信誉度受损等。日本在所谓“失去的十年”期间即面临上述问题，美国在次贷危机中也经历了类似的挫折。从经济周期来看，虚拟经济对于实体的影响不仅是短期的，还具有长期影响。其作用机制有两个方面：一是金融和信贷条件的变化在经济周期传导中具有重要作用，即所谓“金融加速器”机制；二是有大量文献指出，金融条件将放大货币政策对经济的影响，即“货币政策传导的信贷渠道”。两种思想紧密联系。以下我们将从“金融加速器”理论出发，分析20世纪美国历史上发生的三次由金融危机引发的经济危机的演变过程。

一、1929—1933年“大萧条”

如前所述，经济学家起初并未特别关注金融系统如何能通过金融条件来影响短期经济增长。第二次世界大战后的最初几十年，理论经济学家着重于研究完全市场条件下的一般均衡模型。在此类模型中，经济学家一般抽象掉了不完善信息和交易成本等市场“摩擦”(遵循莫迪利亚尼-米勒定理)。这种假设显然违背现实，例如在完全市场条件下（不考虑税收），企业进行债务融资或股权融资是无差异的，金融市场似乎失去了存在的理由。伯南克（1983）正是在对 MM 定理质疑的基础上，提出了金融市场条件有助于解释为什么金融危机（金融市场正常功能的极度紊乱）往往对实体经济产生重大影响。通过分析美国的历史数据，伯南克提出了金融问题使“大萧条”恶化的两个渠道。

1929—1933 年美国的“大萧条”是金融危机引发经济危机的典型案例。依据“金融加速器”理论的解释，1929 年美国资产价格的急剧下跌使得金融体系中的信息不对称程度恶化，银行信贷大幅缩减，企业的融资成本急剧上升,美国金融体系基本的融资功能不能正常运转，造成实体经济中的投资下降、产出水平大幅度降低，经济陷入危机。在危机发生之前,美国金融市场高度繁荣、资产价格飞涨,终于在 1929 年 10 月 29 日（史称“黑色星期一”）美国股市发生崩盘。资产价格的暴跌导致企业资产负债表状况恶化，企业净财富水平急剧下降，用于进行外部融资的抵押资产价值下降，银行很难判断企业投资项目的优劣程度。另一方面，资产价格下跌增加了金融系统的不确定性，信贷市场的信息不对称情况加剧，银行和其他金融机构为了规避风险而收缩信贷、退出金融市场，融资中介的作用不能正常发挥。在企业需要资金的时候，金融市场却发生融资功能失灵，使企业很难进行外部融资，实体经济的投资和产出下降，导致通货紧缩、经济萧条。而两者相互作用，又会导致企业的盈利能力进一步下降，造成新一轮的资产价格下跌和信贷收缩。

表 4.1 显示了“大萧条”时期的美国金融与宏观经济指标。其中，IP（Industry Production Index）表示以 1935—1939 年为基期进行季度调整后的工业生产指数；BANK 为倒闭银行的名义债务；BUS 为倒闭商业企业的名义债务；ΔL/PI 表示商业银行贷款的净延期还款占个人月收入的比例；L/DEP 为贷款余额占活期和定期存款总额的比例；DIF 则为一般企业债券与长期美国政府债券的利率差。这一时期的金融崩溃主要表现为两个方面：一是人们对金融机构特别是商业银行失去信

心，1930—1933 年，银行的破产率分别为 5.6、10.5、7.8 和 12.9；二是借款人大量破产，资产价格的货币收入下跌导致借款人债务负担加重，债务利息占国民收入的比重从 1929 年的 9%骤然上升至 1932—1933 年的 19.8%。表 4.1 的工业产出数值显示，1929 年美国开始衰退，随着银行业发生危机，信贷市场状况发生变化，经济起初是停滞，在 1931 年 6 月银行业再度下滑时美国经济陷入了更为严重的衰退，随之而来的是实体经济和金融系统的长期萧条。1932 年，美国银行业开始趋于稳定，而非银行系统的倒闭潮则在此后达到峰值。

表 4.1　“大萧条”时期美国金融危机与部分宏观经济指标

	IP	BANK（百万美元）	BUS（百万美元）	ΔL/PI（%）	L/DEP（%）	DIF
1929.7	114	60.8	32.4	16.3	85.1	2.31
8 月	114	6.7	33.7	0.7	85.5	2.33
9 月	112	9.7	34.1	7.9	86.0	2.33
10 月	110	12.5	31.3	17.7	86.5	2.50
11 月	105	22.3	52.0	12.1	85.4	2.68
12 月	100	15.5	62.5	−21.4	85.1	2.59
1930.1	100	26.5	61.2	−22.8	83.7	2.49
2 月	100	32.4	51.3	−10.2	83.4	2.48
3 月	98	23.2	56.8	7.6	83.5	2.44
4 月	98	31.9	49.1	5.8	82.6	2.33
5 月	96	19.4	55.5	−2.8	82.0	2.41
6 月	93	57.9	63.1	8.5	81.8	2.53
7 月	89	29.8	29.8	−5.5	80.2	2.52
8 月	86	22.8	49.2	−2.7	80.0	2.47
9 月	85	21.6	46.7	0.8	79.9	2.41
10 月	83	19.7	56.3	−1.0	79.1	2.73
11 月	81	179.9	55.3	−6.7	77.7	3.06
12 月	79	372.1	83.7	−14.4	77.5	3.49
1931.1	78	75.7	94.6	−18.7	76.3	3.21
2 月	79	34.2	59.6	−14.4	74.7	3.08

续表

	IP	BANK（百万美元）	BUS（百万美元）	ΔL/PI（%）	L/DEP（%）	DIF
3月	80	34.3	60.0	−4.3	73.8	3.17
4月	80	41.7	50.9	−10.4	72.2	3.45
5月	80	43.2	53.4	−13.3	70.6	3.99
6月	77	190. 5	51.7	−12.0	70.7	4.23
7月	76	40.7	61.0	-1.3	70.4	3.93
8月	73	180.0	53.0	−10.3	70.6	4.29
9月	70	233.5	117.3	−5.0	71.3	4.82
10月	68	471.4	70.7	-31.0	71.6	5.41
11月	67	67.9	60.7	−10.1	72.6	5.30
12月	66	277.1	73.2	−12.0	73.2	6.49
1932.1	64	218.9	96.9	−11.7	74.5	4.87
2月	63	51.7	811.9	−13.8	75.7	4.76
3月	62	10.9	93.8	−18.3	74.4	4.91
4月	58	31.6	101.1	−22.5	71.8	6.78
5月	56	34.4	83.8	−15.4	69.6	7.87
6月	514	132.7	76.9	−17.0	68.9	7.93
7月	53	48.7	87.2	−21.9	67.7	7.21
8月	54	29.5	77.0	−13.0	66.2	4.77
9月	58	13.5	56.1	-9.1	64.1	4.19
10月	60	20.1	52.9	−9.5	62.3	4.44
11月	59	43.3	53.6	−13.3	60.2	4.79
12月	58	70.9	614.2	−3.9	59.6	5.07
1933.1	58	133.1	79.1	−13.9	57.6	4.79
2月	57	62.2	65.6	−5.9	58.3	4.09

资料来源：Bernanke. B. Non-monetary Effects of The Financial Crisis in The Propagation of The Great Depression. NBER, 1983. Working paper No.1054: 38-39.

伯南克从金融危机的非货币影响角度出发，对于实体经济和金融部门状况变化表现出的同步性进行了解释，指出 20 世纪 30 年代初美国的金融问题从两个渠道加剧了实体经济“大萧条”。渠道之一是银行系统，筛选和监控借款人是银行的核心功能之一，金融市场借此克服信息和激励问题。银行和其他金融中介通过培养搜集相关信息的专业人员和与客户保持长期关系来建立所谓"信息资本"。20 世纪 30 年代，广泛的银行业恐慌导致许多银行被迫关门，贷款人面临借款人违约的高度风险，即使是勉强继续营业的银行也只能收紧信贷，尽量保持资产负债表的流动性。因此，银行不能运用其信息资产来发挥正常的借贷功能，银行信贷活动的减少导致消费支出和资本投资下降，使经济收缩加剧。

在"大萧条"期间，金融危机影响实体经济的另一渠道是借款人信誉。通常抵押品的可获得性有利于信贷扩张，财务状况良好的借款人提供抵押品的能力降低了贷款人的风险，并给予借款人和贷款人相应的激励。然而在 20 世纪 30 年代，产出萎缩和资产价格下跌加重了实际债务负担，导致普遍的借款人财务困境，削弱了借款人进行抵押担保贷款或以其他方式从先前投资中获取重大股本权益的能力。借款人的现金流和流动性严重受损，同时也增加了贷款人的风险，其结果是，"大萧条"期间潜在借款人的财务状况恶化进一步阻碍了信贷的有效配置。

通过上述两个渠道，1929—1933 年，美国虚拟经济领域发生的金融危机削弱了银行等金融机构的市场创造和信息搜集能力，金融市场的信息摩擦导致外部融资溢价，提高了信贷交易成本，降低了金融市场的资金配置效率，银行作为融资中介的功能受到抑制，经济中的产出和投资下降，同时外部融资溢价与借款人财务状况的负相关关系导致短期经济冲击对经济周期的影响被延长和放大，实体经济陷入长期严重衰退。

二、1990—1991 年经济萧条

根据美国国家经济研究局（National Bureau of Economic Research, NBER）的定义，当经济增长连续两个季度为负，即认为经济进入萧条期。根据这一定义，美国在 1960—1990 年期间出现了 6 次经济萧条，其中只有 1990—1991 年期间的情况不同于以往。1990 年第四季

度，美国经济的实际增长率为-1.6%，1991 年第一季度为-2.6%。表4.2 显示了 20 世纪下半叶，美国数次经济萧条期间的金融市场和宏观经济数据，主要包括金融市场的信贷状况，以及就业和通胀指标。通过比较可以发现，只有 1990 年的衰退出现了信贷紧缩，而此前的历次萧条都是以就业下降和通货膨胀为主要特征。实际上，在 1990—1991 年经济恶化之前，实体经济层面并未出现异常，生产上美国并未出现生产能力不足或大量商品积压，货币政策方面，美联储并未出现异常举措，财政政策方面，美国政府支出和税收政策没有出现大幅度调整，通货膨胀上工资和物价相对稳定，尽管劳动生产率的增长速度有所减缓，但不足以解释经济的负增长。总的来说，美国实体经济的各方面运行并未脱离常态，种种迹象表明，这次萧条并不是由经济基本面的实际因素触发的，解释此次危机发生的原因应从虚拟经济领域探寻。

表 4.2　1960—1990 年美国经济萧条的信贷状况与部分宏观经济数据

	1960	1969	1973	1980	1981	1990
贷款总额增长率	7.5%	4.4%	12.2%	3.5%	5.4%	-3.6%
工商业贷款增长率	3.6%	10.1%	19.2%	4.8%	17%	-2.4%
地产贷款	8.9%	4%	10.4%	4.9%	2.6%	-3.7%
消费者贷款	7.6%	0.2%	10%	-1%	2.3%	-4.3%
就业增长率	-1.3%	0.6%	2.4%	-0.9%	-1.3%	-1.3%
通货膨胀率	1.8%	4.9%	10.3%	11%	7.2%	5.8%

资料来源：Bernanke, Ben and Lown S.（1991），从金融危机到经济危机——基于金融加速器理论的视角[J]．国际金融研究，2011（11）：27.

美国 1990—1991 年的经济萧条与 1929 年大危机存在相似之处，即两次危机都是由发生在虚拟经济领域的资产价格崩溃触发的。1929 年的股票市场崩溃引发了随后的大萧条，而 1990—1991 年的危机则是由此前美国房地产价格的下跌引起的。20 世纪 80 年代，在银行信贷的支持下，美国房地产价格逐步走高，1983—1989 年，美国银行业信贷中房地产贷款的年均增长率超过 10%，其中 1986 年和 1987 年的增长率更高达 17%，房地产贷款占美国商业银行贷款总额的比率从 1983

年的 20%大幅上升到 1989 年的超过 40%[①]。美国银行业对房地产的过度信贷导致房地产价格出现泡沫，随后发生的房地产价格下跌导致美国银行业陷入困境。1990 年美国得克萨斯州的房地产价格较十年前下跌近 50%，此后房地产价格暴跌迅速蔓延全美，由于美国商业银行大量投资于房地产贷款，因此形成巨额不良资产，许多银行损失惨重、经营状况恶化，甚至发生挤兑。1988—1989 年，美国有六百余家银行倒闭，全美银行倒闭率接近 2%。[②]

1990 年的美国房地产资产价格下跌造成商业银行产生大量不良资产，银行系统风险骤然上升，导致银行业收紧信贷，不仅房地产企业贷款增速为零，工商业贷款余额甚至出现负增长。为了缓解信贷紧缩，1990 年 12 月—1991 年 11 月，美联储相继 5 次下调贴现率，总调整幅度达到 2.5%。然而，美国的商业银行并未对此做出积极响应，反而进一步提高贷款标准，严格控制新增贷款，在投资目标选取上更为保守，倾向于投资更安全的资产。商业银行的反应表明，当由于虚拟经济中的资产价格下跌，导致银行系统的融资功能不能正常运行，而在实体经济触发危机时，因循传统货币政策，通过降低利率进行调节是难以有效刺激经济复苏的；同时，也印证了此次萧条不同于传统经济周期理论假设的因需求和供给等实际冲击而引发的经济下滑，而是由“金融加速器”效应引致的衰退，由于虚拟经济因素对实际经济的特殊影响机制，相应的政策治理也更有挑战性。

三、2007—2009 年全球金融风暴

2007—2009 年由美国的次债危机引发了波及世界的金融海啸，也是典型的由金融危机触发的经济危机。这次危机之前，美国同样发生了以房地产为主的资产价格的迅速上升。2001—2006 年，美国的通胀率一致维持在较低水平，居民消费价格指数（CPI）在 1.5%～3.8%之间，扣除能源和食品价格之外的核心通胀率水平则更低，因此美联储

① FRB, Federal Reserve Bulletin. http://www.federalreserve.gov/econresdata/default.htm.

② 黄卫平，朱文晖．九十年代美国国际金融地位探讨[J]．美国研究，1992（1）：55.

持续了相对宽松的货币政策。低利率和充分的流动性推高了股票和房地产等资产价格上涨，2002—2003 年美国房价上涨了 11%，2004 年达到 15%。至 2005 年底，美国家庭房地产资产总值已升至 21.6 万亿美元，在家庭财产中的比例由十年前的不到 40%提高到 56%。房地产价格上涨使得家庭部门可抵押品的价值上升，刺激了消费信贷和房地产投资，推动新一轮的资产价格上升和经济扩张，“金融加速器”放大了货币冲击对经济繁荣的影响。然而好景不长，由于资产价格上涨带动了通货膨胀上升，美联储开始采取紧缩货币政策抑制经济过热，2005 年美国房价上升速度放慢，2007 年第三季度开始下跌，第四季度国家经济研究局（NBER）宣布美国经济进入衰退，此次衰退是美国第二次世界大战后经历的时间最长、影响最严重的一次，直至 2009 年 6 月才结束。

在 2007—2009 年“大衰退”期间，美国家庭部门受金融加速器效应的影响最为严重。家庭借款人和企业一样面临外部融资溢价，并与家庭的财务状况逆相关。通常房屋产权占家庭资产净值的较大比重，当房屋产权能够作为有效抵押品时，按揭贷款与价值比率较低的家庭也可以通过房屋净值信贷额度获得有利的信贷条款。金融加速器理论认为，房屋价格的波动对家庭借贷和消费的影响比传统财富效应理论描述更大，因为房屋所有者资产净值的变化也影响其外部融资溢价，并由此影响其信贷成本。因此，当外部冲击影响了家庭部门的财务状况，将导致其借贷能力下降，经济下滑，资产价格下跌。由此产生的恶性循环加速了负面经济冲击的影响。

因此，如果在实体经济衰退期间还伴随着融资能力下降（融资成本上升）和资产价格下跌，则可以判断存在金融加速器效应。图 4.4a 显示了 1952—2010 年，美国家庭部门持有贷款（信贷市场工具）和流动资产占消费支出的比重变化，图 4.4b 为家庭部门资产与住房占消费的百分比。直到 20 世纪 80 年代初，美国家庭部门逐步降低贷款，积累流动资产，并保持在总消费的 3%～6%。1986 年前后，家庭部门的贷款增加，流动资产则大幅度降低。到 2007 年，家庭部门的新增贷款已高达总消费的 6%，家庭部门的流动资产比重在 20 世纪 90 年代中期开始回升。2008 年发生的金融危机导致了样本观察期内最大程度的去杠杆化，债务积累从占总消费的 6%骤减至-4%，流动性资产的持有也大幅度降低。图 4.4b 则显示 2007—2009 年的金融危机伴随着美国最严重的房地产与资产价格下跌，导致家庭部门的财富减少、财务状况恶化。

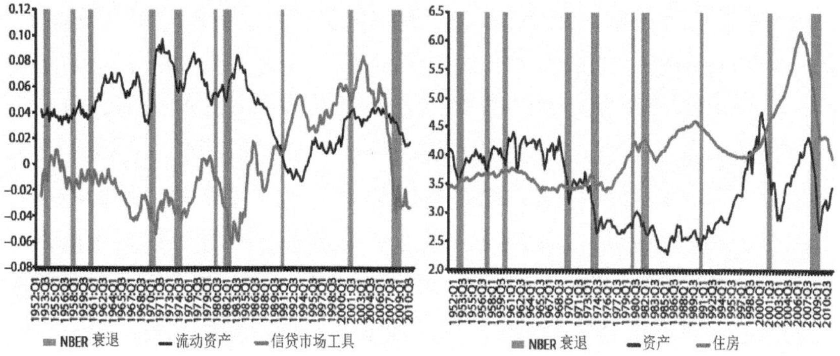

（a）　　　　　　　　　　　　（b）

图 4.4　美国家庭部门财务状况（1950—2010 年）

资料来源：Adrian Peralta-Alva. Households During the Great Recession: The Financial Accelerator in Action. Economic Synopses, No.32, 2011.

2007—2009 年金融危机的触发也是由于金融市场存在的信息摩擦，即“金融加速器”产生的根本原因。在危机发生前，美国的金融创新不断涌现。随着金融产品和市场变得日益复杂，对各种金融资产进行估价越来越要求高度的专业知识和娴熟的市场经验，非专业人士或初级从业人员难以判断资产价值优劣，信息不对称问题由此产生。金融监管的发展总是落后于金融创新的步伐，无论是对金融产品还是金融机构的监管都只能在实践中摸索前行。在金融产品方面，金融衍生品的创新层出不穷，从贷款发起到最终证券化销售，其过程涉及诸多环节，美国分散的监管体制未能对此进行有效监控；金融机构方面，危机发生前，美国的非银行部门即所谓“影子银行”体系发展迅猛，但是作为市场重要参与者的结构投资载体（SIVs）以及投资银行等，并未受到美联储的有效监管，即使是金融市场最为发达的美国，也尚未建立起全面覆盖金融创新的有效金融安全网。对虚拟经济领域的监管漏洞把信息不对称的矛盾推向深化，一旦危机发生，就对金融系统造成重创，金融部门的资产负债表严重缩水，金融企业大量抛售其持有的金融资产，导致资产价格进一步下跌，一些金融机构纷纷倒闭。

由于对“金融加速器”效应的认识，美联储在此次危机中采取了不同以往的强力措施，防止虚拟经济危机给实体经济带来严重影响。自2007年9月开始，由伯南克率领的美联储的政策制定者9次降息，将利率累计调低了500个基点，几乎为零。同时，对贷款机构进行补贴，实行多轮量化宽松货币政策，目的都是要为市场注入流动性，保证金融机构能够正常发挥作用。美联储的强力措施取得了效果，尽管金融和家庭部门受到打击，但是美国的商业企业受金融风暴影响并非很严重。根据金融加速器理论，企业的财务危机将导致信贷下降，并造成企业减少持有流动性资产。然而在2008—2009年，企业贷款虽然大幅度下降（与1989—1990年情况类似），但是流动性资产持有却显著上升（见图4.5），显然企业此时并未面临融资困难。美联储采取的大量支持信贷市场的政策发挥了作用，贷款下降程度小于1989—1990年危机，有效保护了代表实体经济的企业部门免于虚拟经济危机的重创。

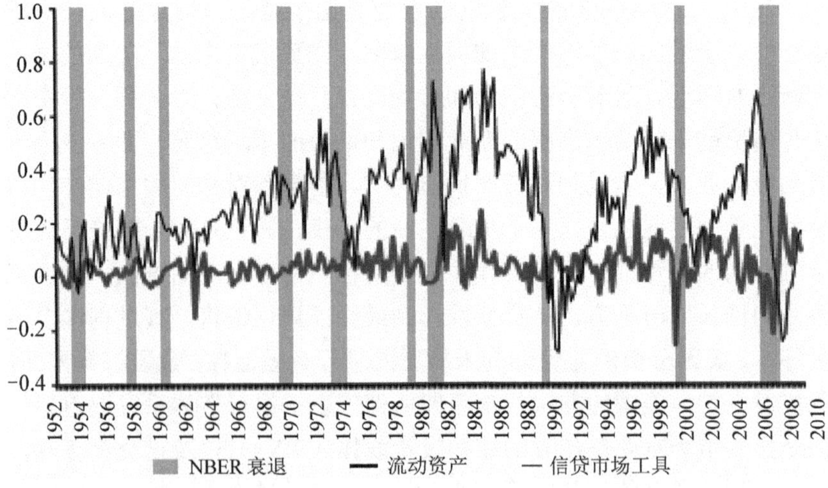

图4.5　美国非金融部门持有贷款与流动性资产状况（1952—2010年）

资料来源：美国联邦储备局，www.federalreserve.gov/econresdata/.

第三节 虚拟经济全球化对经济周期的跨国传导

一、全球化与世界经济周期传导——以美国次贷危机的跨国传导为例

20世纪90年代以来，信息技术革命推动美国经济进入了新一轮的高速增长期，资本市场高度活跃，被称为“新经济”。2001年，互联网泡沫破灭，美联储为了刺激经济采取扩张性货币政策，连续多次降息，2003年6月联邦利率甚至低至1%，创下45年来最低。低利率政策造成美国的房价急剧上升，房地产市场泡沫形成。次级债延缓了危机发生的时间，也使得危机的累积更加严重。2007年8月美国次贷危机爆发，房地产市场泡沫终于破灭，美国经济陷入20世纪30年代大萧条以来最深重的金融危机，甚至波及全球形成连锁反应。国际货币基金组织（IMF）认为：“次贷危机引发的全球金融动荡可能会持续且深远，并将减缓世界经济的增长”，美联储主席伯南克承认，次贷危机对国际金融造成的损失超过了此前“最悲观的预测”，我国学者余永定则指出，次贷危机“不是一次简单的周期性危机”，而是“盎格鲁—撒克逊式资本主义生产方式的危机，是华盛顿共识的危机”。①

（一）危机之前的风险积累

目前，美国住房抵押贷款市场总值已经超过十万亿美元，其规模和重要性在美国资本市场中仅次于股票市场（余永定，2008）。美国房地产金融机构判断客户质量等级的标准有三项指标：一是客户信用记录和信用评分，二是借款人的债务占收入之比，三是借款人申请的抵押贷款价值与房地产价值的比率。根据上述标准，美国住房抵押贷款

① 余永定. 美国次贷危机：背景、原因与发展. 中国社会科学院世界经济与政治研究所国际金融研究中心，工作论文第0817号，2008年10月，www.rcif.org.cn.

市场向借款人提供三个层次的贷款，分别为优质贷款（Prime Mortgage）、中级贷款（Alter-A）和次级贷款（Subprime Mortgage）。一般而言，低信用水平的客户获得贷款的难度很大，因此，抵押贷款市场上次级贷款的比重并不高，2001 年美国次级贷款规模占抵押贷款市场总规模的比重仅为 5.6%，但是在美联储宽松货币政策的刺激下，房价持续上涨，房地产市场高度繁荣，2006 年该比率上升到 20%。

次级贷款面向的客户群违约风险较高，他们的信用等级较低，既无收入证明也无财产证明，负担较重。那么为什么还会有金融机构愿意为之提供贷款呢？一方面是因为其抵押品房屋价格一直看涨，另一方面是美国金融机构通过复杂的金融创新过程使其证券化，将风险分散或转移。

美国次级贷款的金融创新链条大致可分为三个梯度：第一级金融创新，住房抵押贷款证券化。以商业银行为主的次级抵押贷款公司根据数量、期限、利率和风险特征等因素，将次级贷款分离打包成为抵押贷款支持债券（Mortgage Backed Securities，MBS）出售给投资银行。在此过程中，原本缺乏流动性、不易被售出的资产，被转换成可以在市场上流动、带来现金流的证券，这是资产证券化的第一步。第二级金融创新，从抵押贷款支持债券（MBS）到债务抵押担保债券（CDO）。投资银行根据债券偿付的优先次序，将 MBS 和其他债券组合带来的现金流再次分离打包，组成不同风险级别的债券抵押担保债券（Collateralized Debt Obligation, CDO），将其出售给机构投资者，即各种保险基金、养老基金以及对冲基金等。此时，CDO 的资产池已经不仅是次贷，而是中间级的 MBS 和其他债券。第三级金融创新，基于 CDO 的各类金融衍生品。投资银行把 CDO 又划分为不同等级，并在此基础上把中间段的 CDO 进一步证券化，作为另一个 CDO 的基础资产，从而创造出名目繁多、价值构成复杂的金融衍生品。

从住房抵押贷款到 MBS，又到 CDO，直至 CDO 的衍生品，涉及的市场主体，包括进行次级抵押贷款的居民，以商业银行为主的次级抵押贷款金融机构，进行金融产品创新的投资银行，信用等级的评级机构，金融产品的投资者，以及参与链条的众多其他机构。次级贷款证券化的同时伴随着金融衍生品不断被创造的过程，在这一过程中风险转移链条不断被延长，各市场主体都认为风险已经转移出去。然而证券化能够分散和转移风险，却并不意味着能够减小和消灭风险，证券化链条的延长加重了风险的累积，发起人的风险转移到最终投资者，由于不直接面对借款人，投资人往往低估了自己所承担的风险。

（二）危机爆发与国内传导

美国次贷危机的演变经历了流动性短缺、信贷紧缩和实体经济收缩三个阶段，此次危机发生于次级住房贷款市场，发酵于 MBS 和 CDO 市场，次贷危机没有通过延长的金融创新链条将风险和危机化解，而是愈演愈烈，从信贷市场传导到资本市场，又在投资人和对冲机构的去杠杆化过程中反向作用于以商业银行为主的抵押贷款金融机构，资本市场的流动性缺失和信贷市场的惜贷行为相互交织，导致实体经济下滑并向国际市场推移。

危机首先爆发于信贷市场，并向资本市场传导，导致流动性缺失。美国经济于 2003 年开始复苏，为了防止通货膨胀，美联储连续 17 次调息，至危机爆发前，联邦基金利率从 1%上升到 5.25%。然而长期以来，由于低利率和房价持续上升，大量美国居民习惯了通过住房抵押贷款维持入不敷出的生活方式。从 1997 年到 2006 年间，普通美国住房价格上升了 124%①，房地产泡沫导致不少业主对其房屋以较低利率进行再融资，支撑其消费和利息支出。自 1999 年，美国家庭年均开销超过可支配收入，至 2007 年底，美国家庭债务与可支配收入比率为 127%②。美联储的货币政策导致住房贷款市场的利率上升、房价下跌，商业银行的次级贷款客户无力偿还贷款，违约率上升，导致以次贷为基础的 MBS 和 CDO 的价格下跌。而次级贷款的利率政策大多规定，前两年为较低的固定利率，其后为随市场价格调整的浮动利率。利率的上升使得更多次贷借款者无法承受，违约率大幅度上升。2007 年 8 月，信贷市场的危机使得次级抵押贷款的信用风险急剧上升，信用评

① CSI: Credit Crunch，《经济学人》，2008.

② NIPA，美国经济分析局.www.bea.gov.

级机构纷纷调低MBS和CDO的信用评级，造成其市场价值大幅缩水。一方面，中间级MBS和CDO的持有者（大部分是对冲基金和投资银行）的资产负债表恶化，另一方面，对MBS和CDO评级要求较高的机构，例如商业银行、保险公司、共同基金和养老基金等大量抛售被调低级别的MBS和CDO。

正如马克思描述的那样，“危机一旦爆发，问题就只是支付手段。但是因为这种支付手段的收进，对于每个人来说，都要依赖另一个人，谁也不知道另外一个人能不能如期付款；所以，将会发生市场上现有的支付手段即银行券的全面追逐。每一个人都想尽量多地把自己能够获得的货币贮藏起来，因此，银行券将会在人们需要它的那一天从流通中消失。”[①]此次危机发生后，与次贷相关的金融产品价格暴跌，造成市场上突然发生流动性短缺，人们急于把债券卖掉套现，风险较低的美国国库券受到市场追捧，导致货币市场的利息率急剧上升。面对这一形势，美联储、欧洲央行和日本央行采取一致行动，向货币市场注入大量流动性。仅2007年8月9、10日两天，世界各国央行对货币市场注资总额就超过3262亿美元[②]，并于此后多次联手救市。美联储大幅度减息，在不到一年时间内联邦基金利率由5.25%调低至2%，并且动用《联邦储备法》紧急条款的特殊工具，一方面贷款给投资银行等非存款类机构，另一方面买入更多资产而不仅是风险较低的国债，以此来向市场注入大量流动性。然而次贷危机很快从流动性危机发展为信贷紧缩危机。

随着经济虚拟化程度的加深，资本市场金融交易普遍存在高杠杆率的现象，即金融机构的资产规模远高于自有资产规模。在商业周期中的经济繁荣、资产价格上涨阶段，由于杠杆作用，金融机构的资产（负债）规模急剧扩张，资产泡沫产生；危机发生后，经济进入收缩期，资产价格下降，金融市场的总体风险上升，这时金融机构必须降低杠杆率以规避风险。杠杆率的降低只能有两个渠道：一是通过出售风险

---

① 余永定．美国次贷危机：背景、原因与发展，社科院世界经济与政治研究所国际金融研究中心工作论文0817号，引述马克思．资本论（第二卷）[M]．北京：人民出版社，1975（6）：598-599．

② 雷良海，魏遥．美国次贷危机的传导机制[J]．世界经济研究，2009（1）：28．

资产来减小分子，二是通过吸引新的股权投资实现自有资本规模的扩张，以此来提高分母，这种情况下金融机构就必须大幅度减少资产（及负债）。对商业银行而言，由于投资标准相对严格，同时资产价格按现值计算原则（mark to market），要实现低杠杆率就必须降低风险资产在资产组合中的比重，导致了商业银行的惜贷行为。并且根据《新巴塞尔协议》，对商业银行有自有资本充足率的限制，如果没有新增股权投资进行融资，为了满足资本充足率的规定，商业银行也必须采取措施收缩信贷。这样就产生了美联储和各国央行注资提升流动性和商业银行为了去杠杆化而采取惜贷行为抑制流动性的二元背离，削弱了货币政策的效果，流动性缺失和信贷收缩的情况不能彻底解决。

信贷收缩意味着企业难以获得贷款，导致虚拟经济领域发生的危机向实体经济扩散，并通过金融加速器效应被放大（关于金融加速器的影响机制前文已有论述，此处不赘述）。

（三）危机的国际传导

通过金融和贸易全球化，美国次贷危机的影响被传递到世界的各个角落，具体传导途径有以下几种：

1. 流动性冲击

美国次贷危机的第一阶段表现为流动性缺失，而对流动性的需求也是次贷危机向国际传导的第一步。美国次贷危机发生后，MBS、CDO 和基于 CDO 的金融衍生产品的投资者遭受巨大损失，其中拥有跨国资产的大型金融机构采取措施调整资产组合，通过出售在其他国家的资产来弥补在美国资本市场上的流动性，导致关联国家金融市场波动，并把流动性危机传递到相关国家。随着危机的发展，流动性短缺和信贷危机共同作用、相互加强，持有次贷相关产品的对冲基金和跨国金融机构面临巨大资金压力，为了避免更大的危机，必须减少风险资产、提高自有资本比率，通过出售流动性较高的资产满足保证金限制和投资者赎回的需求。跨国金融机构在美国之外资本市场的抛售行为将流动性压力传输到世界金融市场，造成对欧洲和新兴国家资本市场的冲击。

由于跨国投资者在全球范围内调整投资组合、降低杠杆率以保证其流动性需求，2008 年上半年，欧洲股市和新兴市场国家股市都随美国股市同步下跌。随着危机继续恶化，2008 年秋，美国雷曼兄弟公司破产，其影响波及欧洲和新兴市场国家的资本市场，越来越多的金融机构被卷入破产狂潮，比利时富通集团（Fortis）、英国布拉德福德—宾利银行（Bradford & Bingley）、冰岛国民银行（Landsbanki）、荷兰国际集团（NG）、德国住房抵押贷款银行（Hypo Real Estate）等众多金融机构都由于流动性缺口面临破产威胁，相继接受政府注资和国有化①。全球资本市场上流动性突然蒸发，始于美国的次贷危机转变为肆虐全球的金融危机。尽管我国资本市场相对封闭，但是一些学者的研究发现美国货币市场的变化仍然对我国股市波动存在显著效应（谢志超、邓翔（2012），杨雪莱、张宏志（2012））。

2. 汇率市场波动

美联储应对次贷危机的主要措施就是通过各种方式向市场大量注入流动性来缓解流动性缺口和信贷紧缩，这样做的结果之一是全球资本市场流动性过剩。一方面热钱涌入新兴市场国家，导致这些国家的资产价格虚高，一旦泡沫破灭将导致新一轮金融危机。因此，对于新兴市场国家来说，必须警惕美元流动性的扩张与收缩，预防新一轮金融危机。另一方面，美元大幅贬值导致持有美元外汇储备的国家资产价值缩水，这将减轻美国的对外债务负担，但却造成债权国的巨大国民财富损失。持有美国金融资产的国家将由于美元资产价格暴跌、部分债券违约、美元贬值和美国通胀率上升等渠道而遭受损失。任何金融危机的化解都必须由债务人和债权人共同承担，中国是美国最大的债权国，绝大部分外汇储备为美元资产，已经积累了 1.8 万亿美元外汇储备，必将成为次贷危机的“损失分担者”②而不可能全身而退，即所谓“脱钩”。未来，如果中国等发展中国家继续保持经常项目和资本项目双顺差，并且没有找到比美元金融资产更好的直接和间接投

① 丁纯．金融危机冲击下的欧洲经济：表现、成因与前景[J]．欧洲研究，2010（4）：37-56．

② 余永定．美国次贷危机：背景、原因与发展，中国社会科学院世界经济与政治研究所国际金融研究中心，工作论文 0817 号，2018（10）．www.rcif.org.cn.

资渠道，我们就不能跳出“双循环”的怪圈，而只能继续持有美元或购买美元资产，并且承担美国再次发生金融危机的风险。因此，出口导向型的发展中国家必须调整经济增长方式和外汇管理体制，实现外汇投资多元化，分散和降低外汇投资风险。

3. 市场预期传染

当一国发生金融危机，经济发展遭受冲击，回落至一个低水平均衡，投资者对其他类似国家的心理预期将发生变化，产生信心危机，导致投资者对类似市场的情绪发生改变，造成心理恐慌，其结果是“自我实现”的投机攻击，形成非接触性传导，即“净传染”效应，成为危机扩散和传导的又一渠道。马森（Masson，1998）指出在一国发生的危机能够调整投资者（包括国内和国外投资者）的预期，导致经济具有相似性的其他国家从一种较优的均衡转变成一种较差的均衡，引起他国发生金融危机。该机制触发的关键是，投资者认为相关国家存在相似性，例如宏观经济基础、经济政策、货币政策或面临的经济问题等。一旦预期形成，在信息不对称的情况下，投资者的行为将通过“羊群效应”和“示范效应”导致危机的跨国传导。美国次贷危机由激进的房屋抵押贷款行为触发，在过度宽松的资产证券化市场上被强化，传导至信贷市场、资本市场，并最终影响实体经济。依据市场预期理论，那些有相似问题的国家，例如住房资产价值高估、过度资产证券化等，将引起投资者的预期改变甚至产生恐慌心理，可能导致相似危机的爆发。对于房地产、股票、基金等资产价格泡沫严重的发展中国家而言，有必要采取措施抑制资本市场泡沫化，同时加强信息披露和市场监管，提高透明度，防止市场预期导致的危机传导。

4. 实体经济渠道

次贷危机引起的连锁反应最终导致美国实体经济增长放慢，企业的投资需求和居民的消费需求大幅度收缩，造成美国进口需求下降，作为世界第一大进口国，这一变化必将对其贸易伙伴国的经济形成冲击。美元贬值造成以美元标价大宗商品价格上涨，对其他国家带来通胀压力，同时抬高了经济发展成本，抑制了这些国家的消费和投资。出口受到抑制和通货膨胀压力不仅影响美国贸易伙伴国的实际经济增长，还将直接影响投资者对新兴市场国家经济增长的预期，导致这些国家资本市场的波动性上升。因此，以中国等新兴市场为主的出口导向型经济体必须及时转变经济策略，有效抑制通货膨胀、加快汇率机制改革和产业结构升级，由出口导向型向内需拉动型转变，降低对美国等外部市场的依赖，从而缓解美元贬值和美国进口缩减对实体经济和虚拟经济造成的冲击。

二、金融加速器对世界经济周期传导的影响——以亚洲金融风暴为例

亚洲金融危机的爆发引发了人们对金融加速器条件下开放经济模型的思考，许多经济学家从金融加速器理论出发，对跨国金融危机的发生机制、汇率制度和货币安排的影响，以及经济波动的跨国传导机制等进行了深入研究。在解释跨国金融危机影响时，以蒙代尔—弗莱明模型为主的传统开放经济理论认为，本币贬值将使外国商品的相对价格提高，引导人们更多消费本国商品、促进本国商品出口，从而通过“支出—转换”效应带动产出扩张。然而在亚洲金融危机发生后，东南亚各国货币纷纷贬值，经济却急剧崩溃、复苏缓慢，学者们从金融加速器理论出发，对这一现象给出了更有力的解释。其基本假设前提是，由于存在信息不对称，贷款者需要付出成本对借款者的信贷行为进行甄选。因此，借款者在国际利息率之外，必须付出外部融资溢价，以此对贷款者的成本进行补偿，而溢价水平则取决于债务—净资产比率（杠杆率），这就是所谓的“金融加速器机制”。在金融加速器条件下，触发本币汇率贬值的外部冲击将会导致恶性循环。由于资产负债表存在显著的货币错配，本币贬值将使得以外币计算的债务急剧上升，导致以本币计算的净资产价值下跌。净资产的贬值造成外部融资溢价上升，提高了融资支出成本，信贷波动被放大，从而使投资、消费和产出波动加剧。

因此，从金融加速器视角来看，在亚洲金融危机中，导致各国产出急剧下降的主导因素是企业资产负债表的突然恶化。危机发生前，

东南亚新兴市场经济国家普遍存在货币错配，即以美元为外部债务的主要计价货币，净资产则以本币计算。受到狙击的泰铢等货币大幅贬值，严重恶化了企业的资产负债表，影响了企业的借贷能力。本币贬值使借贷国作为整体的“资产负债表”也急剧恶化，外国资本的溢价水平大幅上升，外资纷纷逃离，外国信贷大幅收缩，导致产出进一步下跌、经济恶化。

金融危机和汇率制度的关系问题是开放经济条件下金融加速器效应研究的又一重点。格特勒、吉尔克里斯特和纳塔鲁奇（Gertler, Gilchrist and Natalucci，2003）以亚洲金融危机期间韩国的经历为例，建立了包含金融加速器机制的小型开放经济模型，分析了在不同汇率制度安排下，企业财务状况对产出的影响。他们把未预期的本国风险溢价作为内生变量，从而将金融危机机制引入模型。研究发现，在浮动汇率制度下，本国风险升水将被本币贬值效应抵消，贬值削弱了外部冲击对本国利率的影响，能够避免资产价格和投资支出的剧烈下降；但在固定汇率制度下，本国风险升水会导致本国利率大幅度上升，资产价格下降、外部融资溢价上升。结论认为，固定汇率制度下的金融加速器效应大于浮动汇率制度，将导致更加剧烈的投资、消费、产出等经济变量波动。艾莱克戴格、斯蒂尼亚诺和卡诺夫（Elekdag，Justiniano and Tchakarov，2006）的研究与之相似，并对韩国的金融加速器效应及其弹性进行了量化分析，结论再次强调了资产负债表渠道的信贷市场摩擦的重要影响，指出由于金融加速器效应，导致外部冲击对实体经济和虚拟经济波动的影响被放大。

三、金融危机跨国传导渠道小结

（一）贸易全球化渠道

虚拟经济全球化将从两方面影响世界经济周期同步性，在直接影响的同时，将通过促进贸易全球化而间接影响世界经济周期的传导。一方面，贸易全球化可能加强经济周期的跨国传导，其作用机制是，国际贸易的发生将产生跨国需求和供给两方面的溢出效应，从而加强跨国经济周期的协动程度。从需求方面来看，一国的投资繁荣或消费上升会提高对进口的需求，促进国外经济的繁荣；从供给方面来看，可贸易品产出的正向冲击会导致更低的价格，因而降低了其他国家的进口投入品价格。通过以上这些溢出效应，国际贸易联系的增强将导致更高程度的经济周期相关性。

另一方面，贸易全球化也可能降低经济周期的跨国传递。不论古典贸易理论还是新贸易理论都认为，更高的开放度、更强的贸易联系将提高专业化程度，而专业化程度对跨国经济周期协动性的影响取决于专业化的性质（产业内贸易或产业间贸易），以及冲击的类型（共同冲击或特定国家冲击）。假设贸易增长带动了跨国间的产业内贸易专业化，那么贸易增长的影响就将取决于冲击的性质：如果产业特定冲击对经济周期的影响较强，那么国际经济周期的协动性将下降；与此相对，共同冲击通常是由需求或供给条件的变化引起的，如果共同冲击的影响力强于产业特定冲击，则将导致更深程度的经济周期协动性。

因此，最终贸易全球化对于跨国商业周期联动的作用是加强还是减弱，将取决于贸易一体化的性质，以及贸易专业化的模式。

（二）金融全球化渠道

在金融方面，金融一体化对经济周期协动性产生正向还是负向影响同样取决于冲击的性质和专业化的模式。一方面，股权价格的变化将影响动态财富，并产生巨大的需求溢出效应，因此，更紧密的金融关系就会导致更高程度的经济周期同步性。例如，来自不同国家的消费者将相当一部分投资投入一个特定的股票市场，那么一旦该股票市场下跌就将对国内财富产生冲击，从而导致这些国家的消费品和投资品需求的同步下降。

然而，另一方面，国际金融关系的强化也可能降低跨国产出的相关性。跨国金融联系的增强将促进资本的再分配，而这种再分配是基于各国生产不同产品的比较优势，因此金融联系将刺激各国生产的专业化。欧兹坎（Kalemli Ozcan，2003）等的研究发现，金融一体化程度（风险分担）与专业化生产有显著的正相关性。换言之，通过增强国际金融联系，一国可以实现更多样化的投资组合，并能够保证自身免于特殊冲击。其结果是，该国会更多地受到产业专业化或国家专业化的冲击，从而降低经济跨国波动的同步性。但是，由于这种专业化生产通常伴随着利用国际金融市场使消费风险多样化，这将导致跨国消费波动同步性的增强。

（三）虚拟经济全球化的动态影响机制

虚拟经济全球化还可以通过改变冲击的性质和频率来影响协动性的动态特征。第一，随着贸易和金融关系日益加强，需要国际间更高程度的政策协调，这反过来又提高了有关国家特定财政政策和货币政策冲击的相关性，从而对经济周期协动程度产生正向冲击。然而，理论研究对于“日益增强的贸易和金融联系是否真的导致需要更多执行国际协调政策”这一问题的答案尚不明确。建立在乘数模型基础上的传统论据认为，增强的经济联系意味着更需要国际政策协调（欧蒂兹和萨克斯，1984）。但是，奥布斯菲尔德和罗格（Obstfeld and Rogo，2003）的最新研究得到了与此前文献截然不同的结果。他们认为一体化可能实际上降低了进行政策协调的必要性，因为国际资本市场提供了一个跨国风险分担的机会。第二，如果日益增强的贸易和金融一体化导致跨国知识溢出效应和生产率溢出效应加速，那么与生产率变化有关的冲击，其相关性可能会增强（海普曼（Helpman）和科（Coe），1995）。金融一体化程度更深的经济体能够吸引较大的外国直接投资流入，也就更可能带来生产率溢出效应。第三，更深的金融一体化程度和通信技术的发展将加速新闻冲击在金融市场的传播。这可能对经济周期同步性产生正向冲击，例如，关于A国未来国内经济的利好消息，会通过财富效应提高A国的国内消费，同时，如果其他国家的消费者持有A国股票，也将提高其对本国商品的需求。也就是说，由于新闻在全球金融市场中的迅速传播，与新闻相关的冲击可能导致经济活动在不同国家的高度相关性。

第四节　全球金融危机的传导主体——跨国银行

随着全球化的发展以及信息技术的进步，全球金融市场的国际化进程明显加快，各国金融市场壁垒逐步降低。直至2007—2009年发生了席卷全球的金融危机，使得金融全球化的趋势也有所放缓。2007年，美国爆发房屋次债危机并不断发酵成为全球金融风暴，对整个世界的实体经济造成巨大冲击。此次危机始发于发达工业化国家，而后蔓延至新兴市场经济，危机传导的主体正是此前发展迅猛的跨国银行。这使人们重新审视跨国银行的作用，特别是对于发展中国家而言，对外开放资本市场、允许外资银行进入本国银行业究竟是利大于弊还是恰恰相反？

一、发展中国家引入外资银行的利弊

对于发展中市场经济国家来说，通过允许跨国银行扩大跨境信贷活动或直接进入本地银行业市场等方式向外资银行开放资本市场会有许多好处。包括分担风险，增强流动性，促进制度监管完善，从而建立更高效的金融系统，促进资源优化配置，推动经济增长。当这些国家发生外生冲击时，外资银行进入本地银行系统可以发挥稳定作用，还可以促进生产性要素在全球经济中进行有效配置。

然而问题也随之而来，2007年的金融危机中，人们发现国际银行间的联系造成发达国家的金融危机广泛蔓延到发展中国家。资金流的急剧转变就是证据之一，2007年的强劲增长之后，全球新兴市场经济国家的资金流迅速缩减。最初的热潮是各种形式的私人国际资本流动，包括外商直接投资、银行信贷、证券投资、净债务证券等。尽管其后各种资金流入都开始下降，但是国际银行信贷下降最为显著。2007年，国际银行信贷达到5000亿美元，2008年下降到刚刚超过1000亿美元。IMF在2009年4月底的世界经济展望（WEO）中称，全球银行联系

对新兴市场经济国家当前的危机是“火上浇油”①。

二、危机传播渠道与作用机制

切托雷利和戈德伯格（Cetorelli and Goldberg，2010）运用国际清算银行 BIS 的双边数据，对跨国银行在金融危机传播中的作用进行了经验分析，并在研究中对信贷供给和信贷需求效应加以区分。结论认为，负面流动性冲击通过三个渠道对发展中市场经济的信贷供给产生显著影响：第一，外国银行的直接跨境信贷减少；第二，外资银行本地附属机构信贷缩减；第三，跨境同业银行信贷缩减造成了发展中市场经济本地银行的资产负债表冲击，导致本地银行的信贷缩减。

图 4.6 通过“丁”字账户法演示了发展中国家的跨国银行与本土银行的不同信贷模式。跨国银行的母国银行的资产包括流动资产、母国贷款和跨境贷款。假设来自存款的初始负向外来冲击影响了负债项目，跨国银行对此做出反应，从外部资本市场弥补其流动性，当外部资金不足时，则导致母国或跨境贷款降低。为了缓解资产负债表的压力，母国银行总部将从海外机构（即内部资本市场）借入流动性，从而减轻本国市场对总部以及跨境贷款流动性冲击的影响（切托雷利（Cetorelli）和戈德伯格（Goldberg），2008）。但是内部资本市场交易将改变跨国银行海外分支的资产负债表，在其他资产和负债不变的情况下，将导致对东道国贷款的减少。可见，跨国境贷款供给收缩和海外分部贷款减少是跨国银行将发达国家总部发生的流动性紧缩传递到发展中国家的两个渠道。

另一方面，发达国家的负面流动性冲击将降低银行业的跨境同业拆借，以其作为资金来源的发展中国家本土银行将受到影响。假设其他资金来源没有发生变化，本土银行贷款将由于跨境同业拆借规模收缩而下降，形成负面冲击的跨国传导，成为导致发展中国家贷款供给冲击的第三个渠道。

① IMF. How Linkages Fuel the Fire: The Transmission of Financial Stress from Advanced to Emerging Economies[J]. *World Economic Outlook Crisis and Recovery*, 139.

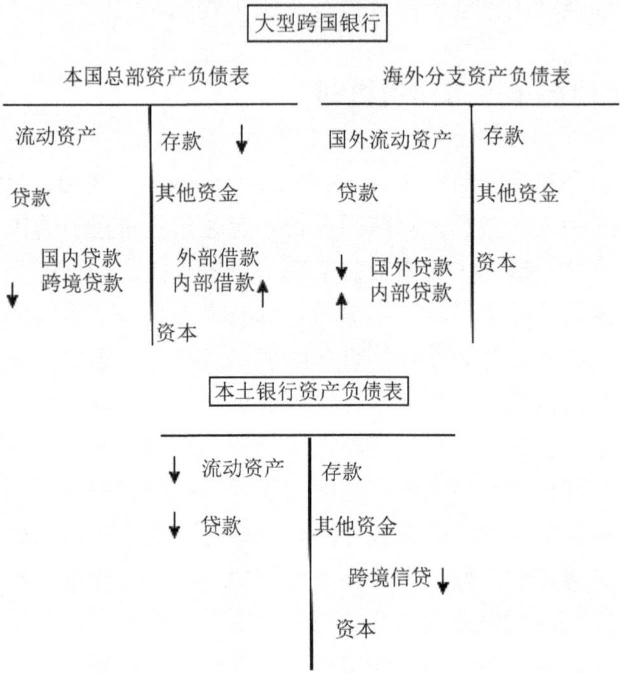

图 4.6　负面冲击影响银行资产负债表的传递机制

三、小结

发展中国家的本土银行与外资银行的资金来源不同，两类银行的外部资本市场都包括本地存款、其他东道国市场资金以及跨境同业拆借。但是大型金融机构（如跨国银行）的分支机构还可能从总部在其他国家附属机构获得流动性支持，即“内部资本市场”。跨国银行的内部与外部资本市场都将在负面冲击的国际传导中发挥作用。

当危机发生时，受到负面流动性冲击的外资银行可能会缩减对发展中国家的跨境信贷。外部冲击将影响跨境银行的内部资本市场，导致海外机构资金减少，或为了维持总部的资产负债表而积极转移国外资本。但是，不仅外资银行会减少发展中国家的信贷，本土银行也可能需要依靠外部资本市场来为本地活动提供资金，而跨境同业银行拆借正是外部资金的来源之一。因此，本土银行也可能面临资产负债表冲击，造成信贷能力下降。这就意味着，在冲击中，发展中国家的本土银行不一定比外资银行更稳定或能更有效地执行信贷功能。

确定上述冲击影响渠道后，判断哪一途径影响更大则仅是一个经验分析的问题。切托雷利和戈德伯格（Cerorelli and Goldberg，2010）的经验研究分析了 2007—2009 年金融危机期间，全球 17 个发达国家和 94 个发展中国家之间的三种信贷方式：跨境信贷、外资银行的本地信贷和本土银行的本土信贷。研究发现，在 2007—2009 年的金融危机中，上述三种渠道都发生了严重的信贷供给冲击。外资银行尤其受到原始流动性冲击对其资产负债表的影响，对发展中国家的跨境信贷和本地信贷增长同时缩减。外部资本市场的传导对外资和本土银行的影响都很强。

尽管跨境信贷和国际资本市场是国际冲击传导的两个渠道，但戈德伯格等人（2010）指出，并不能因此就得出结论认为封闭或减少与国际资本市场的交流就能提高新兴市场国家的福利。考虑到本土银行的贷款供给缩减并非是由于跨境资金来源的存在，而是此前银行系统中跨境信贷过度失衡的结果，因此，发展中国家对危机发生国保持较低水平的信贷赤字将降低跨国银行内、外部资本市场对国际冲击的传导。

前美联储副总裁唐纳德·科恩也提到，由于金融全球化，当一国流动性紧缩时，跨国银行将试图收回海外分支的流动性以减少对母国总部的影响，然而同时也把冲击传导到国外，特别要注意的是，很多情况下，全球银行渠道对危机的传导作用比传统的贸易渠道影响更大（利恩（Kohn, 2008））。尽管如此，经验研究显示，一国市场开放程度与其信贷收缩并无关联，但是在一国内部，高度依赖外部信贷的银行系统更容易受到冲击，因此合理的政策建议是一国应当保持适度规模的外部信贷，而不是封闭外部资本市场。

第五节　货币政策传递机制

一、信贷渠道理论

金融加速器理论对于解释货币政策的传递机制也提供了新的思路。传统的资本成本理论认为，货币政策仅仅通过改变市场利率水平来影响人们的借贷、投资以及支出决策。然而，许多研究发现，这一理论不足以解释货币政策对实际经济变量的影响程度。经济学家纷纷探寻货币政策影响实体经济的其他渠道，其中重要的影响渠道之一是信贷渠道，该理论认为，由于与无风险利率（如国债利率）的变化相比，利率决策将更大地影响贷款的成本和可获得性，因此货币政策具有附加效应。一般认为货币政策对信贷渠道的影响由两部分构成，即资产负债表和银行贷款渠道。资产负债表渠道与金融加速器思想高度相关，其假设前提是，由中央银行操控的利率变化将影响潜在借款者的资产价格和现金流，从而决定了其信誉度，而信誉度又反过来影响了借款者所面临的外部融资溢价。因此，在紧缩性货币政策下，借款者的资产净值和流动性都将下降，导致有效借贷成本的上升，并且其上升幅度超过无风险利率的变化，从而强化货币政策的影响。

对于资产负债表渠道前文已有讨论，此处不再赘述，以下我们着重分析银行贷款渠道。银行贷款渠道理论认为，货币政策部分是通过影响存款机构提供的贷款供给发挥作用。伯南克在对“大萧条”的分析中就指出，20 世纪 30 年代银行业的倒闭潮破坏了“信息资本”，从而降低了对借款人信贷的有效供给。伯南克等人（1988）运用银行贷款渠道理论解释了货币政策如何通过影响银行的可贷款资金而影响中介机构的信贷供给。

二、银行信贷渠道在美国货币政策中的角色

从美国的历史经验来看，货币政策（在任何给定利率水平下）的确影响银行的贷款供给。在 20 世纪 60 年代到 70 年代，美国的准备金要求较高，并且条件远比今天复杂，美联储从银行系统抽取准备金的公开市场操作往往迫使存款收缩，Q 规则限制了存款利率的上限，导致银行不能通过提高利率来吸引存款。并且，银行存款作为资金来源的选择有限。因此，货币紧缩通常会导致银行的资产负债表萎缩，资金从银行体系分流，即所谓“金融脱媒”现象。那些依赖银行的借款人（包括许多企业和家庭）其授信额度最终降低，支出和经济活动受到影响。

当前，美国的上述状况已经有了很大改变，如今美国的银行业和金融市场与 20 世纪 60 年代到 70 年代的状况已大相径庭。准备金要求较低，适用于较小的存款份额；Q 规则被取消；资本市场更加深化、更具有流动性，对于几乎所有的存款机构，无论是直接还是间接资本都更易于获得。目前，在一些相对比较依赖银行的经济体（例如一些欧洲国家），传统的银行贷款渠道仍然在发挥作用，然而，就今日的美国而言，银行贷款渠道在定量意义上似乎已经不再重要了。

然而，“金融脱媒”现象并不能说明金融中介在货币政策发挥作用或经济危机传导中不再重要。举例来说，尽管银行和其他中介机构不再完全依靠有担保的存款作为资金来源，然而由于无担保借款增加了信贷风险，使得非存款资金来源的相对费用更高；并且，对于任何银行来说，非存款的成本和可获得性取决于该机构的信誉。因此，无担保银行债务的持有人要对银行信贷质量进行考量，就产生了外部融资溢价，即与面对其他借款者的银行存在相同的问题。银行付出的外部融资溢价又将影响到依赖银行借款者的资金成本和可获得性。值得注意的是，这样纵观银行信贷渠道理论就可以把金融加速器和信贷渠道的概念统一起来，两者的核心机制都是外部融资溢价及其与借款者资产负债表的关系。两者的区别就在于，金融加速器关注的是最终借

款者，即企业和家庭部门，而信贷渠道理论关注的借款者则是金融中介。此外，贷款销售和银行贷款的贷款并证券化（originate-to-distribute）模式并未对信贷渠道产生实质性改变。贷款销售以及类似行为本质上是一种非存款融资形式，对银行来说，该形式资金的有效成本一般取决于银行的财务实力和资源。

三、银行渠道的类型

从信贷渠道理论角度出发，许多经济学家研究了不同类型的银行贷款渠道。例如，卡什布和斯坦因（Kashyap and Stein，2000）着重于研究小型银行，其特点是存款资金的替代品选择较少，同时该类银行顾客群的相当比例为银行贷款依赖型的借款者。他们指出，当前在美国的金融市场，即使是最小规模的银行也可以随时获取零售存款之外的资金来源，因此即使对小型银行而言，其银行贷款渠道的非存款（未担保）资金来源仍然存在融资溢价，而不是一个确定的可用资金数量约束。从银行渠道对经济活动的影响来看，卡什布等人认为银行依赖型的借款人不能零成本地转向其他贷款人。该假设对于一些商业借款人，特别是依赖银行关系的小型商业借款人而言是合理的。然而，由于金融创新和放松管制，当前在金融市场上寻求抵押贷款和消费信贷的借款人有大量的非银行融资选择，使得对银行贷款的任何直接影响都会被弱化。

布莱克等人（Black etc.，2007）对银行间的关系借款进行了研究，他们发现，拥有许多这一类型借款人的银行倾向于对存款能力进行防守性投资，例如增加分支机构的数量，其目的是积极提高以有担保存款进行融资的贷款份额，从而成功避免其借款人受到由货币政策或其他因素造成的非存款融资溢价上升的影响。他们的实证研究也证实，以小型商业为主要贷款对象的银行往往有较高的存贷比率（deposit to loans ratio）。

此外，由于银行贷款渠道最终取决于银行资产负债表的变化情况，因此银行资本及其决定因素也成为经济学家关注的焦点。方登汉菲

（Van den Heuvel，2002）认为，对于许多银行来说，在公开市场上筹集新资本可能非常困难而且成本高昂，这就意味着在短期，资本价格取决于收入和资产价值变化。资本价值的变化将影响银行的资金成本，尤其是当银行资本仅能勉强满足监管机构或市场要求的情况下。这一假设为不少经验研究所证实，学者们发现有更多资本约束的银行所提供的贷款，比高度资本化的银行所提供的贷款对市场利率变化更敏感（齐山和奥皮耶拉（Kishan and Opiela），2000，2006；甘巴科尔塔（Gambacorta），2005）。并且，银行财务状况变化还将影响经济周期变化，例如日本经济“失落的十年”，以及美国经济在1990—1991年衰退后，由于受到区域性银行资本短缺造成“金融逆风”（financial headwinds）的影响，其复苏过程被延缓。

四、非银行贷款人

人们通常认为，银行有先进的技术手段进行信息搜集，并且有能力筛选和监控贷款人，因而具有“特殊性”。目前即使在金融创新最活跃的美国，银行在信贷市场上也仍然处于核心地位，特别是由于贷款销售市场的迅猛发展，银行发起的贷款要大大超过其账户记录。尽管如此，在很多信贷市场上，非银行贷款机构的重要性日益上升，已经很少有借款人的信贷来源仅限于银行资金。非银行贷款人仍然不能获得担保存款，但是他们可以从资本市场上进行借款，或向证券化机构出售贷款，借此筹集贷款资金。

那么非银行贷款人的崛起，会使银行贷款渠道失去作用吗？至少从目前看来，答案是否定的。由于非银行贷款人同银行一样必须筹集资金用于借贷，而资金筹集的成本取决于其财务状况，即净值、杠杆率以及流动性等，因此，非银行贷款人同样面临受经济周期或货币政策影响的外部融资溢价，他们支付的溢价反过来又影响其向借款人提供的利率。因此，可以认为银行渠道对于任何私人信贷提供者都普遍适用。

最后，总的来说，金融加速器理论认为货币政策以及其他因素所导致的借款人财务状况的变化将影响短期经济波动。其核心思想是借款人的资金成本与衡量其信誉的净资产、流动性等指标呈逆向关系。内生的信誉变化将通过金融加速器效应增加经济周期波动的持续时间和波动幅度，并通过信贷渠道强化货币政策的影响。尽管银行贷款渠道理论认为银行在货币政策传导中具有特殊性，但如果考虑到银行以及非银行贷款人的资本成本都取决于其财务状况，我们就可以将其纳入统一的逻辑框架中来。

主要参考文献

［1］Adrian Peralta-Alva. Households During the Great Recession: The Financial Accelerator in Action?, Economic Synopses, No.32, 2011.

［2］Bernanke. B. Non-monetary Effects of the Financial Crisis in the Propagation of the Great Depression, NBER, Working Paper No.1054, 1983: 38-39.

［3］IMF. How Linkages Fuel the Fire: The Transmission of Financial Stress from Advanced to Emerging Economies, World Economic Outlook Crisis and Recovery, 139.

［4］Nicola Cetorelli, Linda S. Goldberg. Global Banks and International Shock Transmission: Evidence from the Crisis, NBER, 2010, Working paper, No. 15974.

［5］香港大学亚太经济合作研究中心，北京大学中国经济研究中心．亚洲金融危机的成因及演变[J]．香港大学香港经济及商业策略研究所，1999.

［6］王洛林，等．日本金融考察报告[M]．北京：社会科学文献出版社，2001.

［7］丁纯．金融危机冲击下的欧洲经济：表现、成因与前景[J]．欧洲研究，2010（4）：37-56.

［8］何德旭，张捷．经济周期与金融危机：金融加速器理论的现实解释[J]．财经问题研究，2009（10）：65-70.

[9] 何建勇．顺周期效应的金融加速器机制解析[J]．福建师范大学学报（哲学社会科学版），2010（3）：41-46．

[10] 黄国建．金融加速器理论综述[J]．江苏经贸职业技术学院学报，2009（1）：24-27．

[11] 黄卫平，朱文晖．九十年代美国国际金融地位探讨[J]．美国研究，1992（1）：55．

[12] 雷达，赵勇，孙瑾．金融危机下的全球经济：从失衡到平衡[J]．世界经济研究，2010（3）：15-19．

[13] 雷良海，魏遥．美国次贷危机的传导机制[J]．世界经济研究，2009（1）：28．

[14] 王洛林，余永定，李薇．20 世纪 90 年代的日本经济[J]．世界经济，2001（10）：3-16．

[15] 王义忠，何帆．金融危机传导的资产负债表渠道[J]．世界经济，2011（3）：51-70．

[16] 谢志超，邓翔．美国金融危机对我国股市的传染渠道及效应——基于 VAR 模型和 BEKK 模型的检验[J]．山西财经大学学报，2012（1）：32-40．

[17] 邢天才，孙进，汪川．从金融危机到经济危机——基于金融加速器理论的视角[J]．国际金融研究，2011（11）：27．

[18] 杨雪莱，张宏志．金融危机、宏观经济因素与中美股市联动[J]．世界经济研究，2012（8）：17-21．

[19] 余永定．美国次贷危机：背景、原因与发展[J]．中国社会科学院世界经济与政治研究所国际金融研究中心，工作论文第 0817 号，2008 年 10 月．

第五章　虚拟经济对世界经济周期波动的影响

20 世纪 90 年代以来，随着经济全球化和金融自由化的深化，虚拟经济快速发展，且对实体经济周期的运行产生深刻影响，世界经济周期的波动出现了新的变化和特点。

第一节　虚拟经济波动与实体经济波动的关系

一、虚拟经济波动与实体经济波动的关系

从虚拟经济的形成及发展演变历程可以看出，虚拟经济总是处于膨胀、泡沫生成、泡沫破灭、紧缩或者崩溃这样不断的波动当中，但这种波动的周期大体上取决于实体经济的运行周期（虽然可能会产生短暂的背离）。二者在运行中表现为实体经济加速增长、经济泡沫开始形成、货币与信用逐步膨胀、各种资产价格普遍上扬、乐观情绪四处洋溢、股价与房地产价格不断上升、外部扰动造成经济泡沫破灭、各种金融指标急剧下降、人们纷纷抛售实际资产及金融资产、实体经济

减速或负增长①。

在这个由实体经济和虚拟经济构成的现代经济系统中，虚拟经济与实体经济相互作用、相辅相成、互为因果。二者之间波动的关系是，实体经济是主导或决定因素，虚拟经济是导向或诱因；实体经济中产生的风险，如产能过剩、产品积压、工人失业、企业破产等会传递到虚拟经济系统，造成信用链条的崩溃和经济泡沫破灭，如股票指数大落、房地产价格猛跌、银行呆账剧增、货币大幅贬值等。虚拟经济的失稳又会反过来通过一定的途径和机制对实体经济造成影响，引起实体经济的波动，并陷入金融危机或经济危机。总体上讲，当虚拟经济发展的规模和速度适应实体经济发展的需要时，会推动实体经济在健康的轨道上稳定发展；当其发展规模和速度严重脱离实体经济的发展阶段和需要时，便会成为实体经济加速危机的助推器和导火索。从这个意义上说，虚拟经济的发展状况对于实体经济的未来发展轨迹具有一定的预示作用。

二、虚拟经济与实体经济波动关系的原因分析

实体经济为主导或决定因素，虚拟经济是导向或诱因，虚拟经济与实体经济之间的这种波动关系，是由虚拟经济的特点决定的。

（一）虚拟经济的寄生性和介稳性，要求其发展必须保持与实体经济相适应的规模

虚拟经济是以实体经济为基础的，它产生于实体经济发展的内在需要，以推动实体经济的发展为起点和目标，同时又以一定形式对实体经济做出反应。虚拟经济不能完全脱离实体经济而独立存在，但虚拟经济具有其自身的运行和发展规律、内在要求和特征，是相对独立的经济活动领域。实体经济是虚拟经济发展的物质基础，虚拟经济的规模最终由实体经济的规模所决定和制约，但这并不等于说二者的发

① 成思危．虚拟经济论丛[M]．北京：民主与建设出版社，2003：56．

展进程、运行状况和波动节奏完全一致。由于虚拟经济独特的运行方式，在其发展过程中其规模可能会产生与实体经济规模的偏离。如股票最初是被作为一定量实际资本的载体而被投入到企业的生产经营过程中，由于其本身在证券市场上无限制地流通转让的功能，这些股票可能衍生出股票期权、期货合约等高级证券形式，这些就失去了与实体经济的直接联系。在这种情况下，同一份实际资本相对应的就可能是几份甚至几十份虚拟资本，从而使虚拟经济的规模大大超过了实体经济的规模。另一方面，虚拟资本是建立在对未来预期基础上的资本化定价机制上，而这种主观预期又取决于行业前景、宏观经济环境和政府政策等多方面的因素。受这些因素或某一突发事件的影响，敏感、脆弱的投资者其心理预期很可能偏离实体经济的走势，从而导致虚拟资本市场的走势与实物资本市场相脱离。如出于某种心理预期，人们会掀起对某种实物资产或金融资产的投机浪潮，使该实物资产或股票等金融资产的价格大幅度上升。此时被严重高估的虚拟资产价格会进一步刺激过度投机，虚拟资本市场膨胀并形成泡沫。当泡沫膨胀到一定程度进而破裂时，资金链的断裂便引发金融危机甚至经济危机。

金融危机或经济危机的爆发，恰恰是虚拟经济介稳性自发调节功能发挥作用的充分体现。投机可以推动股票、债券、期货、期权等金融资产或房地产价格的上升，但金融资产或房地产价格的上升都不可能是无限的。一旦虚拟经济脱离其依托的实体经济而过度膨胀时，这些金融资产的价格便会失去支撑而转向暴跌，膨胀的泡沫发生破裂，资金链的断裂引发金融危机。也就是说，当虚拟经济的规模大大超过实体经济的规模时，虚拟经济介稳性的功能便自发地发挥调节作用，通过爆发危机的形式，强制性地将虚拟经济的发展拉回到与实体经济发展相适应的轨道，并调节到合理的比例。这又显示了虚拟经济的寄生性。

由此可见，虚拟经济脱离实体经济的过度发展、极度膨胀和缺乏管理的无序运行会导致经济的泡沫化；而其对实体经济依附性和介稳性的内在特性又会在其过分脱离实体经济时通过击碎泡沫、爆发危机的方式而使其保持与实体经济发展相适应的规模，从而促使虚拟经济与实体经济之间保持合理的发展比例，并在合理区间内上下波动、协调发展，以保证经济的稳定增长。

（二）虚拟经济的膨胀性和高风险性，是实体经济运行的不稳定因素

虚拟经济具有收益高、回报快等特点，因此容易吸引大量资金，导致投机活动发生。金融活动本身的产值和金融市场交易额迅速增长的态势，进一步为证券市场和衍生工具交易中的大量投机活动提供了空间和场所。过度的投机引致虚拟经济的过度膨胀，虚拟经济“乘数效应”的放大作用，又进一步夸大了虚拟经济的规模，使其严重脱离实体经济，形成泡沫。虚拟经济扩张得越快、膨胀得越大，风险也就越大。当由于某种因素的刺激或干扰，使得信用链条某一环节发生断裂时，便会引发脆弱的虚拟经济泡沫的破裂。同样由于其“乘数效应”的放大和膨胀作用，迅速波及和影响到实体经济，从而增加了金融体系和宏观经济运行的不稳定因素，并引起实体经济的波动。总之，虚拟经济市场的波动和虚拟经济系统中的风险会放大和加剧其对实体经济的负面影响，从而对实体经济造成严重影响，导致实体经济的衰退甚至发生经济危机。

（三）虚拟资本定价机制引发的虚拟经济波动，导致对实体经济需求的剧烈震荡

由于虚拟资本适用的是资本化的定价方法，即价格不仅取决于未来收益的折现值，而且还受人们的观念和心理预期的影响，因而投资者的心理预期对资本即期市场价格产生重大影响。这种建立在对未来预期基础上的资本化定价机制导致虚拟经济的大幅波动，从而会对实体经济的需求产生剧烈震荡。如股市的上升会增强人们对经济前景的信心，并由于“财富效应”而增加消费，从而推动经济增长。反之，当股市泡沫破灭时，人们不仅减少消费，且因心理恐慌而争相抛售各种金融资产，造成股票指数大落、房地产价格猛跌、银行呆账剧增、货币大幅贬值等。股票价格的暴跌，造成厂商和居民收入的减少，导

致投资需求和消费需求下降，企业减产甚至破产，失业增加。股票或房地产价格的暴跌，还导致投机者无力偿还银行贷款，银行呆账坏账增加，出现破产甚至崩溃，经济将陷入衰退或萧条。

三、虚拟经济与实体经济波动关系的实例引证

实体经济主导、虚拟经济诱因，实体经济决定、虚拟经济反作用，这种相互作用、互为因果的关系和周期性波动，是世界经济发展的典型特征，也是世界经济发展走过的路程。资本主义历史上最严重的1929—1933 年的经济危机便是一次典型的实体经济与虚拟经济相互作用、相互影响的过程。它根源于实体经济周期运动中日益激化的内在矛盾，引发于信用链断裂的金融危机，终结于全球性的经济大衰退。

（一）危机的爆发及其演进

1929—1933 年爆发了资本主义历史上规模最大、破坏性最强、影响最深远的经济危机。虽然这次危机根源于实体经济周期运动中日益激化的内在矛盾，但却是由证券市场的崩溃开始的。是信用链断裂的金融危机引爆了实体经济运行中日益激化的各种矛盾，导致最终的经济大萧条。

20 世纪 20 年代中期，美国、英国、德国、法国等主要资本主义国家在经历了第一次世界大战后普遍进入了繁荣时期。经济的快速增长，必然引起信用的扩张。一片繁荣的经济景象带给人们对未来经济形势普遍乐观的预期，这种预期又刺激了股价的飙升，股票市场投机盛行，股票价格远远偏离了其实际价值。资产的迅速膨胀催生了虚拟资本的泡沫，并于 1929 年 10 月 24 日终于破灭，危机在最为敏感的金融领域被引爆。这一天，人们纷纷涌到纽约证券交易所，不计价格地抛售手中的股票和各种有价证券，使得股票价格猛烈下跌。当天，纽约股票市场抛出 1300 万股，50 种主要的股票价格几乎下降了 40%，造成纽约股市崩盘和资本市场的崩溃。资本市场的剧烈波动，导致信用的大幅度收缩和债权债务链条的断裂，银行无法收回贷款，损失惨

重。这一催化剂又引发了人们的金融恐慌，诱发了挤兑风潮，导致银行纷纷倒闭，主要资本主义国家的货币信用体系出现危机，并导致全球金本位制度的终结。股市风波进一步席卷全球各个领域，并引起了金融货币、信用和财政的全面大危机。以生产大幅度下降、企业倒闭、失业率上升和银行破产为特征的经济危机终于爆发。

（二）危机的危害与影响

起源于美国的这场经济危机迅速蔓延至其他主要资本主义国家，给整个世界经济造成了巨大的创伤，使整个资本主义世界损失 2500 亿美元，工业生产水平下降 40%以上，主要发达国家的工业生产倒退了 20 年至 30 年。危机期间，主要发达国家的工业生产、股票价格等主要经济指标急剧下降。1929—1933 年，美、英、法、德四国的工业生产分别下降 46.2%、16.5%、28.4%和 40.6%。同期，道琼斯 30 种工业股票平均价格下降 82.8%，法国 58.7%、英国 49.3%、荷兰 77.1%、日本 43%。与此同时，各国失业人数急剧增长，主要国家失业率一度上升至 25%，失业和半失业工人总数达到 4500 万人左右。

表 5.1　1929—1933 年经济危机中主要资本主义国家情况

	美国	德国	英国	法国
工业生产总值（%）	−46.2	−40.6	−16.5	−28.4
道琼斯 30 种股票平均价格（%）	−85	—	−49.3	−58.7
破产企业（万家）	14	6	3.2	5.7
失业工人数（万）	1300	600	300	150
进出口贸易（%）	−77	−60	−40	−67
物价下跌（%）	−32.6	−33.4	−33.6	−45.1

资料来源：根据相关资料整理。

从 1929—1933 年的世界经济危机的酝酿、形成、爆发、演变的过程可以看出，这是一次典型的根源于实体经济部门的生产过剩危机，而虚拟经济的膨胀和金融系统的紊乱，则是经济危机在金融领域矛盾激化的具体体现。这次危机的过程体现出实体经济根源、虚拟经济导火索，实体经济基础、虚拟经济助推的互动关系，反映了实体经济在经济运行中的主导和决定作用，同时也表明尽管虚拟资本无限制的膨胀并不是此次危机的主因，只是扮演了经济危机引爆点的角色，但不能忽略的是，投机浪潮制造的过度膨胀的虚拟资本在危机中起了重要的催化作用。

第二节　虚拟经济影响资本主义再生产周期波动的表现及其原因

经济周期（business cycle）是指在一定的时间长度内，一国宏观经济变量（国内生产总值、投资、消费、就业等）周期性的上升和下降循环交替的波动过程。即总体经济活动的扩张和收缩交替反复出现的过程，是国民经济运行过程中循环出现的上下波动现象。与经济周期联系紧密的一个概念是经济危机。危机是周期的标志性阶段，它既是前一个周期的终点，又是下一个周期的起点。从一次经济危机开始到另一次经济危机开始，构成资本主义再生产的一个周期。资本主义再生产遵循着危机→萧条→复苏→高涨这样几个阶段周而复始地不断运动，称为资本主义再生产周期性。根据时间的长短，经济周期可分为以下几种类型：50 至 60 年的长周期（康德拉季耶夫周期）、9 至 10 年的中周期（朱格拉周期，也称主周期或再生产周期）和 3 至 4 年的小周期（基钦周期）。本节主要对虚拟经济对中周期即主周期或称资本主义再生产周期波动的影响及其原因进行分析。

经济周期的形成和发展是由各种复杂的因素决定的。经济生活中，凡引起供需失衡的因素都可能引致经济波动，这些因素既包括技术进步、气候变化、自然灾害、资源发现和市场原材料价格波动等来自供给方面的冲击，也包括国家财政政策、货币政策和汇率政策等宏观经济政策造成的国家需求方面的冲击，以及由预期和偏好变化引起的私人投资和消费支出变动产生的私人需求方面的冲击①。

在金融全球化和经济全球化的条件下，货币、汇率、消费者心理预期和投机等虚拟经济活动的变化和波动，也是引起实体经济周期性波动的重要因素之一。

一、虚拟经济影响资本主义再生产周期波动的表现

从世界经济演进的进程看，经济的发展并不是平滑前行的，而是呈现出波浪式前进和周期性发展。实体经济的这种周期性发展往往伴随着虚拟经济的参与。虚拟经济的周期运行最终取决于实体经济，但虚拟经济也在一定程度上影响着实体经济的波动。虚拟经济小幅下挫，会导致实体经济增长放缓；虚拟经济波动性增强，实体经济大幅震荡，甚至引发经济危机。从资本主义主周期的运行情况看，实体经济与虚拟经济二者之间往往表现为交错发展、互相推动、相互作用。在一个经济周期中，经济繁荣首先表现在金融资产的扩张上。由于市场需求旺盛，交易和投资活跃，产生了对信用和金融资产的巨大需求，企业直接融资的需求增加，借贷活动频繁，银行资产规模因此而大大膨胀；投资者对未来的投资回报信心较强，投资热情高涨，股市上扬，投资者在股票市值上涨中得到较大收益，由此吸引了更多人的股市投机行为，投资与投机的并行又促使股市进一步上涨。在此影响下，外汇市场、金融衍生品市场都呈现出繁荣的景象。虚拟资本的积累通过信用制度得到成倍的扩张，当扩张到一定规模时，便会出现经济泡沫。虚拟资本的过度膨胀和信用链条的破裂，使得金融资产迅速缩水，引起整个市场的恐慌和连锁反应，并迅速波及实体经济，最终成为经济危机爆发的导火索。因此，从表象上看，大部分时期虚拟经济的波动变化领先于实体经济，且虚拟经济活动状况对实体经济的发展轨迹具有很强的反映和预示作用。

第二次世界大战后（下文简称为“战后”）至今，能够被称为世界

① 宋玉华，徐前春．世界经济周期理论的文献述评[J]．世界经济，2004（6）：71．

性经济危机（主周期）的共有6次，分别为1957—1958年、1973—1975年、1979—1982年、1990—1993年、2001—2002年以及2008—2009年的经济危机。几次危机爆发的起因不同、波及程度不同、破坏力各异，但从中都能够看到虚拟经济的影子。特别是20世纪70年代之后的几次经济危机，都很好地演绎了虚拟经济与实体经济的关系，以及虚拟经济对经济周期波动的影响。

（一）虚拟经济在战后第二次经济危机（1973—1975年）中的表现

从战后到20世纪60年代，在技术进步、海外市场扩大、信贷增长、政府财政支出增加、巨额军费开支以及福利制度不断完善等因素的刺激下，特别是在政府的积极干预下，美国经济进入了持续快速增长的黄金时期。

为刺激消费和鼓励投资，美国政府和金融机构采取了诸如减少企业税收、降低利率、扩大消费信贷和不动产抵押贷款等措施。消费信贷和住房抵押贷款的发放人为地制造了消费需求，构成虚假的购买力；而由降低利率引起的固定资本投入的急剧增长和大规模更新，形成了对机器设备等生产资料的新的需求。投资需求和消费需求的同时增长，短时间内为过剩产品找到了销路，使生产与市场的矛盾得到暂时缓解，美国经济于1972—1973年进入了暂时的高涨阶段。过度宽松的货币政策在刺激物价上涨的同时，导致了投资的盲目扩充，使生产过剩现象日益严重，出现了销售停滞和下降的现象。在通货膨胀的作用下，人们的实际购买力大打折扣。与此同时，美国政府长期的赤字财政政策进一步加重了通货膨胀的压力，人们的实际购买力显著下降。劳动者实际工资的下降和失业人口的存在降低了市场的消费需求，生产和消费的矛盾日益突出。

为了控制不断上升的通货膨胀，从1973年1月起，美联储开始逐步提高银行贴现率和利率，实行信贷紧缩政策，从而给企业和各经济部门带来了严重的收缩压力。在这样的背景下，1973年10月爆发了石油危机，石油价格由1973年10月的每桶3.011美元提高到1973年底的每桶11.651美元，猛增了3～4倍。石油价格的暴涨不仅对使用石油作为燃料或原料的工业部门的生产及其相关行业造成一定程度的打击，而且带动了其他能源产品价格的普遍上涨，加剧了通货膨胀的压力，使生产和消费的矛盾冲突更加尖锐。受人们负面预期的影响，股票价格猛烈下跌。同危机前的最高点相比，美国、日本、联邦德国、英国和法国的股票价格分别下降了45.1%、35.6%、32.4%、70.2%和48.3%。在衰退和物价上涨同时扩展、需求下降和通货膨胀的多重打击下，经济危机终于爆发。危机通过货币和贸易的传导机制迅速波及其他国家，使美国、英国、日本和联邦德国等主要资本主义国家在1973年末几乎同时陷入了危机，危机接着蔓延到与这些大国有密切经济联系的中小资本主义国家，形成了战后一次严重的世界性经济危机。危机使整个资本主义世界的工业生产下降了8.1%，GDP年均增长率从1973年的6.0%下降到1974年的0.6%和1975年的-0.4%；企业大规模倒闭，到1975年底，发达资本主义各国的失业总人数大约为1850万，创下了战后三十年的最高纪录；固定资本投资普遍大幅度下降，其中生产性投资下降了4.5%，房屋建筑投资下降了32.5%；国际贸易萎缩，危机期间，所有发达资本主义国家的进出口贸易量分别下降了11.6%和7.2%，许多国家出现了严重的国际收支逆差；通货膨胀严重，绝大多数发达资本主义国家在1974年和1975年连续两年出现了高达两位数的通货膨胀率。与同时出现的工业生产增长缓慢、长期大量失业存在等现象叠加在一起，资本主义经济呈现出典型的“滞胀”特征。这次危机的爆发标志着战后资本主义经济发展的“黄金时代”的结束。

从以上危机的演进过程可以看出，在战后这次严重的经济危机中，虽然虚拟经济尚未成为导火索和触发因素，但由于其运作不当对经济危机造成的推波助澜作用仍依稀可见。可以说，是实体经济受挫，虚拟经济助推导致资本主义社会经济危机的全面爆发。

（二）虚拟经济为战后第三次经济危机（1979—1982年）推波助澜

伴随着长期的经济“滞胀”困境，美国经济回升缓慢，通货膨胀日益加剧。为避免通货膨胀的损失，美国居民纷纷减少储蓄或利用消费信贷进行所谓保值性购买，即把原有较贵的房地产出卖后再买进较便宜的，或用房地产作为抵押借入新的贷款。这种卖出买入出现的余额形成了很大一部分购买力并用于其他消费开支，造成了虚假的繁荣景象，掩盖了物价上涨而引发的生产和消费的矛盾。但是随着通货膨胀的加剧和居民税收负担的加重，这种人为造成膨胀的居民购买力终于达到极限而转为下降，生产和消费的矛盾日益尖锐，加之第二次“石油危机”中原油价格暴涨（从 1979 年的每桶 15 美元左右涨到 1981 年 2 月的每桶 39 美元），通货膨胀进一步加剧。1979 年 4 月，美国首先爆发了战后第三次经济危机，之后迅速波及英、法、德、日等主要资本主义国家。

这次危机从 1979 年 4 月开始到 1982 年底，大约持续了三年半，超过前一次危机的持续时间。危机不仅打击了建筑业、化工业、炼油业和制造业，也冲击了电讯、航空和金融等服务部门。危机使得许多企业开工不足，亏损严重，债务增加，甚至破产倒闭。1981 年，法国倒闭企业比上年增加了 20.3%，英国增加了 25%。1982 年，联邦德国倒闭企业为 12700 家，比上年增加了 30%以上，达到战后最高水平。美国则更为严重，倒闭企业数为 25000 家，比上年增长了近 50%。经济的持续衰退和企业的大批倒闭，致使各资本主义国家的失业人数激增，失业率超过战后历次危机。据统计，到 1982 年，25 个发达资本主义国家失业人数已达 3200 万。值得一提的是，这次危机不仅打击了西方主要资本主义国家，大多数发展中国家也深受其害。一方面，危机期间世界市场上的初级产品价格暴跌和发达国家的贸易保护主义加强，导致以初级产品出口为主的大多数发展中国家的出口收入急剧减少；另一方面，美国等债权国采取紧缩性货币政策和世界金融市场上利率的飙升，使当时以浮动利率的商业性借款为外债主要来源的发展中国家外债负担日益加重，并直接导致了拉美地区 1982 年的债务危机。

1982 年 8 月 20 日，墨西哥政府宣布无力偿还到期外债，要求推迟 90 天还债。随后其他 42 个债务国也因无力偿还而要求推迟还债，由此引发了拉美地区的债务危机。

（三）虚拟经济延长了战后第四次世界经济危机（1990—1993 年）在日本持续的时间

发达国家在经过了 20 世纪 80 年代近十年的经济增长之后，发生经济危机的周期因素逐渐积累成熟。1990 年 9 月发生了伊拉克入侵科威特的海湾危机，造成石油价格大幅上涨，从而抑制了消费需求和投资需求，促使美国经济于 1990 年第三季度开始陷入衰退，接着其他主要资本主义国家也相继陷入经济衰退。但在美国政府的政策调节和综合措施的共同作用之下，美国经济迅速复苏，在 1992 年就出现转机。美国在危机中的相对强势表现大大降低了这次危机的程度，但不恰当货币金融政策导致的经济泡沫破灭则延长了这次危机在日本持续的时间。

日本的发展模式曾令世人瞩目，这在很大程度上归功于日本的银行制度。第二次世界大战给日本经济造成严重打击，为了迅速恢复和振兴经济，战后初期，日本政府实行了严格的政府管理银行制度，并为企业提供了大量的低息贷款。通过压低银行利率和操纵有倾向性的低息贷款，政府先后扶持了重工业企业、化工企业和轻工业企业，使日本经济在战后短短三十年内获得飞速发展，并跃升为世界第二大经济体。

在经济兴旺繁荣的大背景和美国的胁迫之下，日本从 20 世纪 70 年代末 80 年代初开始实行金融自由化改革。改革的主要措施包括：利率自由化；扩充资金市场规模，推动金融业务多元化，放宽对各种金融产品的交易活动和交易市场的限制；放宽金融业务间经营范围的限制等。金融自由化和过度放松银根引起前所未有的资金过剩，这些过剩资金大量涌向股票和房地产市场，致使股票和房地产价格猛涨，形成虚假繁荣，同时也刺激了投机者的心理预期和投机欲望，银行的过剩资金获得了新的信贷渠道。在强大金融后盾的作用下，房地产和股票等资产的价格进一步飙升，经济泡沫越吹越大，为日后日本经济危机的爆发埋下了隐患。

最终导致日本金融危机爆发的重要推动力量是《广场协议》的签

订。为改善美国国际收支不平衡的状况，1985 年 9 月，美国、英国、联邦德国、法国和日本五个国家的财长和中央银行行长在纽约广场饭店举行会议，达成了著名的《广场协议》。协议的主要内容是五国政府联合干预外汇市场，以使美元对世界主要国家的货币贬值。《广场协议》之后，日元被迫大幅升值，这给以外向型经济为主导的日本产业带来沉重打击。由于无法承受收益率的大幅降低，一些企业开始外移，产业“空壳化”现象逐步显现。为了挽回这一局面，从 1986 年起，日本政府大幅下调基准利率，以吸引大量资金投入股市及房地产市场；另一方面，由于日元的升值和股价的上升，投资于日本股市和房地产市场的国际资金回报丰厚。这些都加剧了日本泡沫经济的形成。高企的房价和持续走高的通货膨胀率，迫使日本政府从 1989 年开始转而实行紧缩的货币政策，逐步上调再贷款利率，大幅缩减基础货币的发行。由于流动性的大量减少，1991 年日本泡沫经济开始崩溃，房地产和股票价格短期内暴跌 50%左右，企业大量倒闭，银行和金融机构纷纷陷入贷款无法收回的困境，1992 年资产损失已相当于同年国民生产总值的 88%。之后，日本经济便陷入持续低迷的状态。其他主要资本主义国家基本上于 1993 年就走出了危机的阴影，而日本这次危机则长达 5 年之久。虽然在 1996 年开始走向复苏，但年增长率仅为 2.2%。这次经济危机的余波经久不消，泡沫经济破裂的影响长期挥之不去，以至于很快日本又被卷入了东南亚金融危机，千疮百孔的日本经济雪上加霜，使日本经济至今增长缓慢，且看不到复苏的迹象。

（四）虚拟经济在战后第五次世界经济危机（2001—2002 年）中表现不俗

20 世纪末，美国出现了以信息技术革命为主要特征的所谓的“新经济”，推动美国经济持续长达 120 个月的增长，创下美国建国以来经济增长持续时间最长的纪录。与此同时，经济运行态势出现了“高增长＋低通胀＋低失业”的最佳组合。在这次经济繁荣期，金融市场的表现及其对实体经济的影响备受关注。1995—1999 年，美国道琼斯指数上涨 3 倍，而作为新经济代表的纳斯达克指数则上升了 9 倍多。再从股票市盈率来看，1999 年底，道琼斯指数的平均市盈率为 45 倍，而纳斯达克 100 指数的平均市盈率则高达 120 倍，呈现出明显的泡沫状态。2000 年 3 月初，纳斯达克股票价格指数出现暴跌，表明美国经济中的 IT 泡沫开始破灭。2001 年 3 月开始，美国经济陷入衰退，持续 10 年的稳定增长局面终于被打破。2001 年 3 月，美国道琼斯工业平均指数在一周时间内下挫 821 点，创单周下跌点数最高纪录；作为新经济代表的纳斯达克指数比 2000 年最高峰时缩水了一半以上，创 1998 年 11 月 17 日以来新低。“9・11”恐怖袭击事件使美国经济雪上加霜，金融市场全面紧缩。随后不久，与美国经济联系密切的欧盟国家也陆续出现经济下滑，日本经济则出现连续十年一蹶不振中的第三次衰退，世界经济进入了战后第五次危机。

（五）虚拟经济在最近一次危机（2008—2009 年）中大显身手

为了摆脱网络股泡沫破灭和“9・11”事件对经济的重创，美联储从 2001 年 1 月到 2003 年 6 月连续 13 次降息。在低利率、宽松的住房政策和金融创新的推动下，美国流动性过度泛滥，且大量资金流向房地产，造成房地产业的过度繁荣。与此同时，为了追求自身利益，银行等金融机构不断创新金融衍生产品，推出“零首付”“负分期按揭”①和“可调整抵押贷款”②等多种高风险贷款方式，以通过降低贷款条件来引诱原本无能力购房的低收入者进入对贷款者信用记录和还款能力要求均相对较低的次级按揭贷款业务。因此，它不仅吸引了众多不具备消费能力的低收入群体，而且吸引了众多希望通过高利率获得更高收益的放贷机构。2007 年，“次贷”余额虽然只有 1.2 万亿～1.5 万亿美元，但经过包装，衍生为证券在二级市场流通，总规模膨胀到 10 万亿美元，其中在国际上流通的约占 2/3。涉及“次贷”业务的金融

① 即借款人在初期的偿还额不仅可以不归还贷款本金，甚至还可以不归还贷款利息，但初期未能归还的利息被滚动记入本金。这种“利滚本”的方式，使得贷款本金不断上升，风险加大。

② 这种贷款有 3 年、5 年和 7 年多种。借款人在初始几年内，只需归还较低固定利率的按揭，过了约定期限后利率将被重新逐年调整，还款利率急剧上升。

机构多达 2500 多家，全球 45 家大银行和券商都卷了进去①。在利益的驱动下，形形色色的金融巨鳄将房地产业作为替代 IT 产业的新的“淘金场”而纷纷涌入，同时投资银行也不断介入次级抵押债券市场，导致美国房地产价格不断攀升，泡沫逐渐形成。在这场“钱生钱”的游戏中，金融衍生品成了纯粹的投资和投机工具，虚拟经济严重背离实体经济。

为防止经济过热，抑制通货膨胀，从 2004 年 6 月到 2006 年 6 月，美联储连续 17 次上调联邦基金利率，美国房地产市场泡沫逐步破灭。与此同时，由于之前发放的次级抵押贷款合同进入利率重新设定期，借款者面临的还款压力骤增。一方面，利率的大幅度上调使那些低收入的贷款者无法按时付清贷款；另一方面，由于房价的不断下跌，即使出售房地产也偿还不了借款者的本息。于是，违约成为最佳选择。风险沿着这个信用链条的断裂延伸到银行和金融机构，引起连锁反应。同时，金融机构发放的次级贷款通过金融市场证券化后，作为金融衍生品的投资收益与亏损因杠杆效应而成倍放大，最终导致房地产泡沫的破灭，使投资于房地产业的金融机构深受牵连，损失惨重，甚至破产。2007 年 4 月，美国最大的贷款机构——新世纪金融公司申请破产保护，标志着美国次贷危机拉开帷幕。受此牵连，美国十多家银行先后倒闭。有 158 年悠久历史的雷曼兄弟宣布破产，房利美和房地美被国有化，美林证券公司被美国银行收购，数家房地产公司相继破产。次贷危机逐步演化成金融危机，信用制度走向崩溃。金融危机进一步恶化，并渗透到美国经济的方方面面，使美国经济从 2008 年初就出现了负增长的迹象。2008 年三季度，美、日、德、英、法等主要经济体均出现连续两个季度的负增长，中国、印度、巴西和俄罗斯等主要发展中国家的经济增长也明显放缓，美国次贷危机终于演变成全球性的经济危机（见表 5.2）。

为了遏制经济下滑的趋势，增加经济扩张的动力，2008 年起，美国连续多轮推出货币量化宽松政策。2008 年 11 月 25 日，美联储宣布

① 佟家栋. 世界经济概论（第六版）[M]. 天津：天津人民出版社，2009.

于年底前购买5000亿美元的抵押贷款支持证券和1000亿美元的债券，标志着第一轮定量宽松政策的开始。在美国的示范下，日本、英国、欧元区等世界主要经济体先后实施了以推动实体经济复苏为目的的量化宽松政策，并取得了初步效果。2009年下半年开始，美、英、法、德等主要经济体的经济持续温和复苏，使此次经济危机持续的时间大大短于人们的预料。

此次战后第六次世界经济危机更清楚地向我们展示了虚拟经济对实体经济的影响。无论是以次贷危机为先导的轰轰烈烈的开始，还是由货币量化宽松政策导致的悄无声息的结束，此次经济危机都显示出虚拟经济对实体经济的巨大作用和深刻影响。

表5.2　世界主要经济体2007—2011年GDP增长率（季度）（单位：%）

年份	季度	美国	日本	英国	法国	德国	加拿大	印度	巴西	俄罗斯	韩国	墨西哥	南非
2007	1	0.5	1.0	1.1	0.8	0.3	0.65	2.3	2.0	3.0	1.5	0.6	6.5
	2	3.6	0.1	1.2	0.5	0.3	0.81	2.2	1.6	1.9	1.4	1.7	3.1
	3	3.0	−0.4	1.2	0.6	0.8	0.56	1.6	1.1	0.5	1.0	0.4	5.0
	4	1.7	0.9	0.2	0.2	0.1	0.50	5.0	1.8	3.4	1.7	0.9	6.0
2008	1	−1.8	0.7	0.1	0.5	1.6	−0.17	0.1	1.8	3.1	1.2	0.8	2.9
	2	1.3	−1.2	−0.9	−0.7	−0.6	−0.02	0.6	1.8	0.9	0.3	−0.4	4.5
	3	−3.7	−1.1	−1.8	−0.2	−0.3	0.09	0.5	1.5	−0.9	−0.1	−0.1	1.8
	4	−8.9	−3.2	−2.1	−1.6	−2.4	−0.79	0.8	−4.2	−4.6	−4.5	−1.5	−1.7
2009	1	−5.3	−4.0	−1.5	−1.5	−3.7	−1.80	−1.7	−1.7	−4.8	0.1	−6.6	−6.3
	2	−0.3	1.7	−0.2	0.1	0.5	−0.71	5.1	2.0	−1.0	2.5	0	−2.8
	3	1.4	0	0.4	0.3	0.8	0.22	2.5	2.5	1.5	3.4	2.6	1.8
	4	4.0	1.9	0.4	0.6	0.5	1.21	2.2	2.4	1.4	0.2	2.0	3.5
2010	1	2.3	1.4	0.6	0.3	0.5	1.4	2.7	2.0	1.7	2.2	0.5	4.0
	2	2.2	1.0	0.7	0.5	2.1	0.6	2.9	1.6	0.2	1.4	2.0	2.8
	3	2.6	1.3	0.6	0.4	0.8	0.4	2.4	1.0	0.4	0.7	0.5	3.1
	4	2.4	−0.3	−0.4	0.4	0.4	0.8	2.4	1.1	2.2	0.6	1.2	4.5
2011	1	0.1	−1.8	0.5	0.8	1.3	0.9	1.9	0.6	1.1	1.3	0.6	4.6
	2	2.5	−0.9	0.1	0	0.3	−0.1	1.5	0.5	−0.3	0.8	1.3	1.0
	3	1.3	2.5	0.6	0.2	0.6	1.4	1.3	−0.1	1.6	0.8	1.3	1.7
	4	4.1	0.1	−0.1	0.1	−0.2	0.5	0.8	0.1	2.7	0.4	0.7	3.2

资料来源：www.tradingeconomics.com.

二、虚拟经济影响世界经济周期波动的原因

无论是从 1929—1933 年资本主义历史上影响最深远的那次大危机，还是第二次世界大战后频繁爆发的经济危机，都可以看到虚拟经济的影子。但由于所处年代不同、金融自由化程度不同以及经济发展环境变化等因素，使得虚拟经济在危机中的表现、角色以及对危机的影响程度也不尽相同。如果说 1929 年的经济危机中虚拟经济处于从属地位的话，那么第二次世界大战后经济危机中的虚拟经济则充当了重要角色；如果说 1929 年的经济危机中虚拟经济尚是暗流的话，那么第二次世界大战后的经济危机中，虚拟经济则由幕后走到了台前，且成为危机形成和深化的助推器。从总的趋势上看，虚拟经济在经济发展中的作用不断提升，其对世界经济周期波动的作用从最初的附属地位演变成提供动力的助推器，成为周期不同阶段相互交替的转折点，成为经济危机的导火索甚至直接诱因。

（一）现代经济中虚拟经济的作用越来越强

在经济全球化的过程中，各国积极推进金融自由化改革，逐步放松金融管制，从而大大推动了金融全球化的过程。与此同时，信息技术革命和信息全球化的发展为虚拟资产的全球迅速流动和与实际经济的分离提供了物质基础和技术手段。这种不受传统空间和时间限制的虚拟资产的流动，伴随着金融全球化进程的推进，使世界各国经济更快地相互交织渗透、融合在一起，并产生如下结果：一是金融体系越来越呈现出一定的独立性并形成其内在的独特规律，金融交易杠杆率大幅提高，金融衍生品市场规模急剧上升，经济虚拟化迅速发展，使一些发达资本主义国家的经济总量中虚拟资本所占的比重越来越高。虚拟经济越来越成为拉动经济增长的主要动力，并影响着资本主义经济的方方面面，同时也成为经济危机的重要因素。二是金融市场一体化的拓展，加深了各市场的相互依赖性，金融机构之间的关系更加紧密，形成相互依存、相互渗透、你中有我、我中有你的局面。各国金

融系统日益紧密的联系，客观上拉长了社会信用链条，扩大了社会风险和危机的破坏范围，使个别国家和地区发生的金融或经济危机得以迅速扩散，且极易演变成全球性的金融和经济危机。三是金融全球化和银行业的现代化，使社会财富结构虚拟化，并对金融资本的积累方式产生深刻影响。资本的趋利性使大量金融资本流向股票、证券、期货等高收益的虚拟资本市场以寻求更有利可图的投资机会，投机者通过从事金融衍生品交易获取巨额利润，而银行业的现代化和经济的虚拟化将资本创造和资本积累的获得途径有效地分离开来，使虚拟资本成为当前社会财富的重要形式。四是金融全球化之前，金融投机行为的力量和影响通常只局限于一国之内。而金融自由化的深入发展打破了国界限制，消除了国际金融活动的人为障碍，使社会信用在深度和广度上得到扩张，同时也使国际投机行为获得了前所未有的巨大活动空间，从而使国际投机行为成为能够影响整个国际金融体系的重要力量和对世界经济的周期运行造成更大冲击的潜在威胁。

（二）虚拟经济的特点加剧了经济运行中的不稳定因素

从虚拟资本的高度流动性来看，该特性使其依据利润最大化原则很快地从利润率低的产业或地区转向利润率高的产业或地区，短期内聚集大量资金，在克服实体资本转移困难的同时也导致猖獗的投机活动，从而极容易形成泡沫，成为经济危机的潜在威胁。从定价机制来分析，建立在对未来收益预期判断上的虚拟资本的特殊定价机制，决定了其具有盲目性和从众的特点，对社会化风险的扩大和国际性投机行为起着催化和恶化的作用。当经济繁荣时，由于人们普遍持乐观的心理预期，大量国际游资涌入证券和房地产市场，汇率、利率、股票价格和期货价格等大幅度上涨，大量资金滞留在股票市场或衍生工具市场，投机收益大大高于实体投资利润，形成虚拟资产泡沫。当由于某种因素投资者信心动摇时，人们大量抛售金融资产或不动产，并引发资产价格暴跌，使虚拟资本的价格陷入“越抛越跌、越跌越抛”的恶性循环，金融泡沫急剧收缩甚至破灭；从虚拟经济的正反馈作用来看，当经济繁荣股市价格上升时，正反馈作用会放大这种效应，吸引更多的资金进入股市进行投机炒作，使虚拟经济规模远远超过实体经济规模，形成虚拟资本的泡沫；当经济不景气或资金链断裂，企业和居民无力偿还银行贷款时，股票、债券及房地产等虚拟资产价格下跌，正反馈效应又会放大这种恐慌，使人们抛售金融资产，交易价格进一步下跌，从而造成虚拟资本价格的大幅跌落。此时虚拟经济的高流动性、不稳定性、高风险性和高投机性等特征和不利影响均被加倍放大，加剧了经济运行中的不稳定因素，甚至引发经济动荡或经济衰退。

（三）虚拟经济的脆弱性扩大了经济危机的风险

随着金融自由化的发展，世界各国的金融体系越来越开放，金融在一国经济发展中发挥的作用越来越大。但在经济虚拟化的情况下，金融系统的脆弱性和波动性也日益增强，这种新的趋势对全球经济发展及其周期性波动产生了深刻影响。

虚拟经济的脆弱性来自信用关系的敏感性和信用基础的脆弱性。虚拟资本是信用发展到一定阶段的产物，其本身就是信用关系的载体。股票、债券等初级形式的虚拟资本代表着企业的所有权和未来收益的索取权，同时也体现了其持有者与企业之间的信用关系。随着虚拟经济的发展，虚拟资本的形式多种多样，并日益脱离其所代表和对应的实体经济而独立存在，其脆弱性和敏感性也被进一步强化。

在以信用为基础而存在的虚拟经济中，资金信用链任何一个环节的断裂都会造成连锁反应，给银行带来损失，甚至出现金融恐慌，居民挤兑的现象造成银行破产，引发整个信用体系和金融体系的动荡，并最终导致经济危机。这是因为当经济高涨时，信用会随之膨胀，并掩盖危机的种种迹象，在扩大高涨的同时，也扩大了即将到来的危机的物质基础，从而使危机更快爆发，且破坏力更强。这也是战后经济危机形式变化的重要因素，金融危机由经济危机的附属转变为经济危机爆发的主因或导火索。事实上，第二次世界大战后资本主义几次经济危机中都有信用扩张和萎缩相伴随。信用对危机前提的酝酿成熟和危机运动的形式产生重大的影响。可以说，以信用为基础的虚拟经济是加剧生产过剩和增加危机破坏力的有力杠杆。

（四）金融衍生工具的杠杆化及其滥用扩大了金融市场的风险

在经济全球化的背景下，随着经济货币化程度的不断加深和金融深化的日益加强，以资产证券化和金融衍生工具为标志的金融创新不断涌现，并推动着虚拟经济的发展。一方面，金融衍生工具活跃了金融市场，促进了资本的流动和经济发展；另一方面，由于其脱离实体经济活动的经济运行方式和高风险性，又极容易引发全球经济的波动，甚至导致经济危机。

虚拟资本发展初期，虚拟资产中的大部分是以股票、债券、外汇等金融资产形式存在的，并保持着个别金融资产交易的形式。虚拟资本发展到一定阶段，出现了种类繁多的指数期货、期权合同等高级金融衍生品，即虚拟资本当代发展的高级形态。这些高级金融衍生品不代表任何一种资产，不代表任何一种实体，没有任何对应的交易物，也没有买卖的具体内容，只有幻想的买卖形式和盈亏的外表。它们彻底割断了与任何实际资产的关系。因此，与股票、债券等虚拟资本相比，金融衍生品具有更高的虚拟性和投机性，与实体经济的距离也更加疏远。随着金融自由化的发展和金融监管的放松，获利极高的金融衍生品很快成为投机者的利器，从而表现为金融衍生品、资产证券化等新的虚拟资本形式在社会资本中占据的比重越来越大。由于金融衍生品的定价机制完全脱离实体经济，因此套利者和投机者可以通过从事金融衍生品的交易获取巨额利润，从而使完全脱离实体经济的金融衍生品市场规模越来越大，并客观上拉长了整个社会的信用链条，扩大了社会的风险系数。资产证券化、指数期货、期权合同等高级金融衍生品与传统股票、债券等方式结合，各类衍生品交错抵押、高倍放大、反复衍生，构成的不仅仅是信用的链条，而是更加复杂的信用衍生品市场。一旦其中某一个节点出现问题，引发的不仅仅是“链式反应”，而是整个信用体系的动荡和金融系统的瘫痪，从而严重危害实体经济的正常运行，甚至导致严重的经济危机。美国次贷危机就是一个很好的例证。

第三节　虚拟经济对世界经济长周期的影响

世界经济的长周期是苏联经济学家康德拉季耶夫（N. D. Codrulieff）于 1925 年在其《经济生活中的长周期》一文中提出的。他认为资本主义经济存在着 50～60 年一个周期的长波运动，故又称之为康德拉季耶夫长周期。不仅如此，他进一步将每个长周期分为两个阶段，即经济增长加速时期（涨潮阶段）和增长缓慢乃至下降时期（落潮阶段）。继康德拉季耶夫之后，20 世纪 30 年代，美籍奥地利经济学家熊彼特提出了以创新理论为基础的长波理论。熊彼特以技术创新来解释技术进步与经济波动之间的关系，明确指出技术创新是经济增长的动力。创新活动是指以产业革命为代表的重大基础创新活动（群集）。重大技术引起创新浪潮，当创新活动的群集出现后，利润上升，超额利润会吸引众多的追随者，众多企业群起模仿，从而推动社会产出的增加和经济的迅速增长，形成长周期的涨潮，即长波的繁荣期；当技术普及应用到一定程度，创新活动趋于衰竭，主导产品供过于求，市场饱和，价格下降，利润下降，企业陷入亏损状态或破产，经济增长趋缓并下降，形成了长周期的落潮或长波的衰退期。但每一个长波下降期都在酝酿一次新的创新高潮，最终导致新的长波上升期的到来。可以说，是技术进步的这种周期性变化导致了经济的周期性波动，经济长波经历的时间也内在地由技术进步周期性变化的时间决定[①]。其各阶段的交替出现、时间长短等均是由创新活动所引起和决定的。根据其理论，熊彼特把 1780 年至 20 世纪 30 年代的一百五十多年分为三个长周期：1780—1842 年的以纺织机和蒸汽机创新活动为基础的产业革命时期；1842—1897 年以钢铁和铁路技术的创新活动为基础的钢铁时期；1897 年至 20 世纪 30 年代末以电器、化学和汽车技术为基础的创新活动时代（参见表 5.3）。

① 陈漓高，齐俊妍，韦军亮．第五轮世界经济长波进入衰退期的趋势、原因和特点分析[J]．世界经济研究，2009（5）：4.

表 5.3　世界经济史上的五轮长波：1782—2009 年

长波（主导的技术创新）	繁荣	衰退	萧条	回升
第一波 （纺织工业和蒸汽机技术）	1782—1802 年 （20 年）	1815—1825 年 （10 年） （战争 1802—1815 年）	1825—1836 年 （11 年）	1836—1845 年 （9 年）
第二波 （钢铁和铁路技术）	1845—1866 年 （21 年）	1866—1873 年 （7 年）	1873—1883 年 （10 年）	1883—1892 年 （9 年）
第三波 （电气和重化工业）	1892—1913 年 （21 年）	1920—1929 年 （9 年） （战争 1913—1920 年）	1929—1937 年 （8 年）	1937—1948 年 （11 年）
第四波 （汽车和电子计算机）	1948—1966 年 （18 年）	1966—1973 年 （7 年）	1973—1982 年 （9 年）	1982—1991 年 （9 年）
第五波（信息技术）	1991—2009 年	2009—？	？	？

注：1973 年以前参见：雅各布·范杜因. 创新随时间的波动[M]. 北京：商务印书馆，1986；1973 年以后为陈漓高、齐俊妍所续。

资料来源：陈漓高，齐俊妍，韦军亮. 第五轮世界经济长波进入衰退期的趋势、原因和特点分析[J]. 世界经济研究，2009（5）：4.

继熊彼特之后，国内外许多学者结合经济运行实践的发展，对世界经济长周期波动的规律及其决定因素等进行了进一步深入的探讨，关注并敏感地意识到虚拟经济在现代经济运行中的作用和影响，从而提出更加符合现代经济运行规律和特征的一些观点。戈登（Gorden，2007）指出，在历次长波上升期，常常伴随着信用扩张，而且在长波上升期的最后几年，往往不仅以不顾后果的信用扩张为特征，而且以没有节制的信用的广泛欺骗（通常是为逃避政府的监管）为特征。陈漓高等人（2009）指出，在长波的不同阶段，伴随着技术创新的周期性变化，也伴随着信用扩张与萎缩的周期性变化。

一、虚拟经济在第三轮经济长波中的表现

在本章第一节中，我们以 1929—1933 年资本主义历史上影响最深远的经济危机作为例证，阐述了虚拟经济波动与实体经济波动的关系和虚拟经济对经济危机的影响（在此不赘述）。本节从经济周期长波的角度进行分析，可以发现，这次经济危机发生在第三轮经济长波的衰

退期和萧条期。

以电气代替蒸汽机的第二次科技革命之后，电器、化学和汽车技术的创新活动成为世界经济发展的基础和推动力，对世界经济进入新的繁荣期发挥了重要作用，同时也使科技革命成果的率先推广和应用者——美国，在较短的时间内上升为引领世界经济的富强大国。经济的繁荣，必然引起信用的扩张，对未来经济形势普遍乐观的预期刺激了股价的飙升，催生了虚拟资本的泡沫。但当技术创新活动进入周期性的低谷，创新效应对经济增长的作用开始衰竭，企业利润下降，失业率陡然上升，购买力大幅下降，人们对经济向好的信心开始动摇，长时间积蓄的生产过剩和市场饱和的矛盾一并爆发，引发了 1929 年秋季股票投机泡沫的破灭，并最终引起金融货币、信用和财政的全球性危机。

虽然这次危机的根源在于美国实体经济周期运动中日益激化的各种内在矛盾，虚拟资本脱离现实资本无限制的膨胀并不是此次危机的主因，但二者绝不是毫无关系。从投机热潮的掀起、股市的繁荣，到资产价格泡沫的破灭，直至金融危机的爆发，都与虚拟资本的过度膨胀不无关系。尽管 1929 年的金融危机只是扮演了经济危机的引爆点和将第三次经济长波拖入萧条期的角色，但不能忽略的是，投机浪潮的过度膨胀和虚拟资本的过度发展起到了重要的催化作用。这次危机结束了 20 世纪 20 年代中期西方资本主义经济繁荣发展第三轮长波的上升期，将世界经济拖入了大萧条的深渊。从这个意义上可以说，经济周期第三轮长波的萧条期是由证券市场的崩溃开始的。在这重大历史性事件和周期不同阶段的交替演进中，我们看见了虚拟经济异常活跃的身影，并体会到了它的力量。

二、虚拟经济在第五轮经济长波衰退中的角色

如前所述，2007 年 4 月美国次贷危机引发了全球金融危机，进而导致全球性的经济衰退，给世界经济发展造成深刻影响。根据熊彼特长波理论的分析，此次次贷危机引发全球经济衰退的根本性原因是信

息技术创新的衰竭以及信息产业发展的后劲乏力，使得信息技术对美国经济，继而对整个世界经济持续增长的推动力不断下降，技术创新的周期性变化使第五轮经济长波进入了繁荣期的末端；而实体经济投资饱和，大量资本从实体经济流向金融、房地产业等领域，虚拟经济过度膨胀，则使得恰好发生在此时的金融危机扮演了“压死骆驼最后一根草”的角色，成为全球性经济衰退的突破口。

20 世纪末，美国以信息技术革命为主要特征的所谓“新经济”推动其经济持续增长，资本主义市场一片繁荣，金融市场异常活跃。1995—1999 年，道琼斯指数、纳斯达克指数及其平均市盈率均成倍增长，呈现出明显的泡沫状态。但随着技术创新、发展、成熟和停滞的生命周期的规律性运行，信息技术创新的衰竭逐渐到来，其在高涨期积累的大量虚拟经济的泡沫也终破灭。2001 年 3 月，美国道琼斯工业平均指数和纳斯达克指数均快速大幅缩水，金融市场全面紧缩，IT 泡沫开始破灭，持续十年的稳定增长局面终于被打破。为了摆脱困境，美联储从 2011 年 1 月到 2003 年 6 月连续 13 次降息。与此同时，金融机构放松贷款条件，竞相推出各种次级按揭贷款业务和新的金融衍生产品，投资银行也纷纷介入次级抵押债券市场，由此造成美国经济的流动性过剩和房地产泡沫，并为之后的次贷危机埋下了隐患。

为防止经济过热，美联储在 2004 年 6 月到 2006 年 6 月的两年内连续 17 次上调联邦基金利率。利率的大幅度上调和房价的同时下跌，使贷款者陷入既难以按时付清贷款又无法通过出售房地产还贷的两难境地。于是信用链条在这个环节上断裂，并向投资银行和金融机构蔓延，引发了连锁反应；损失进一步由于金融衍生品的杠杆效应而被成倍放大，最终导致房地产泡沫的破灭和次贷危机的爆发。次贷危机进一步演化为金融危机，并渗透到美国经济的方方面面，使美国经济在 2008 年初就出现了负增长的迹象。在经济全球化的背景下，美国的次贷危机通过金融、贸易、投资等途径迅速扩散和影响到其他国家。2008 年 9 月以后，美、日、德、英、法等主要经济体先后步入衰退，出现了连续两个季度以上的负增长；欧元区作为一个整体也正式宣布进入衰退；中国、印度、巴西和俄罗斯等主要发展中国家的经济增长也明显放缓，世界经济整体陷入严重衰退。

这场由美国次贷危机引发的金融危机，集中体现了虚拟经济背离实体经济和过度发展的危害以及对世界经济周期波动的影响。它直接导致了全球性的经济衰退，使世界经济遭遇了自 1929—1933 年大萧条以来最为严重的困境，并最终结束了 20 世纪 90 年代以来以美国为主导的信息技术革命推动的第五轮经济长波近二十年的繁荣期，加速了长波下降期到来的进程，成为第五轮经济长波进入衰退期的直接诱因。

三、虚拟经济影响世界经济长周期的思考

股市崩溃，引发 1929—1933 年世界性的大萧条，从而导致第三轮世界经济长波的衰退和萧条；虚拟经济泡沫破灭，引发 2007 年美国次贷危机和金融危机，进而引发 2008 年全球性经济危机，并最终结束了第五轮经济长波近二十年的繁荣期，使世界经济的长周期进入又一次衰退阶段。虚拟经济在两轮世界经济长周期波动中的表现和作用绝不是偶然和巧合的，而是有着内在的机理和规律。世界经济五十年左右的长波及其不同阶段的交替变化，归根结底，是由技术进步的周期性变化及其引发的实体经济的波动所决定的。由于技术创新高潮造成的长波繁荣期或技术创新衰竭所导致的长波下降期必然会交替出现，虚拟经济的过度膨胀及其泡沫破灭未必是导致长波繁荣期结束的罪魁祸首，但当世界经济处于长波上升期的后期，或者说即将进入衰退期时，虚拟经济泡沫的破灭，则可以成为引发经济长周期阶段交替的转折点和直接诱因。过度膨胀的虚拟经济可以起到或推波助澜、或加速进程、或成为直接“导火索”的作用。且信用经济越发展，金融衍生品越发达，金融自由化程度越高，虚拟经济的这一作用和影响则越强大，其对世界经济周期波动的影响也更加持久，破坏力更大。

主要参考文献

[1] 陈漓高，齐俊妍．技术进步与经济波动——以美国为例的分

析[J]．世界经济，2004（4）：35-43．

[2] 陈漓高，齐俊妍．信息技术的外溢与第五轮经济长波的发展趋势[J]．世界经济研究，2007（7）：26-33．

[3] 陈漓高，齐俊妍，韦军亮．第五轮世界经济长波进入衰退期的趋势、原因和特点分析[J]．世界经济研究，2009（5）：3-11．

[4] 高德步，王珏．世界经济史（第三版）[M]．北京：中国人民大学出版社，2011：299-308．

[5] [日]林直道．危机与萧条的经济理论——对日、美及东亚经济衰退的剖析[M]．江瑞平等，译．中国人民大学出版社，2005：147-169．

[6] 刘晓欣．当代经济全球化的本质——虚拟经济全球化[J]．南开经济研究，2002（5）：22-26．

[7] 世界经济概论编写组．世界经济概论（第六版）[M]．北京：高等教育出版社，2011：297-313．

[8] 佟家栋．世界经济概论（第六版）[M]．天津：天津人民出版社，2009：295-332．

[9] 中国人民银行上海总部国际金融市场分析小组．2008 国际金融市场报告[J]．北京：中国金融出版社，2009：29．

[10] 甄炳禧．美国新经济[M]．北京：首都经济贸易大学出版社，2001：119-223．

[11] 王千．虚拟经济对当代经济稳定的影响[J]．郑州大学学报：哲学社会科学版，2009（1）：70-72．

[12] 张红伟，贾男．虚拟经济与金融危机[J]．四川大学学报：哲学社会科学版，2004（3）：16-20．

[13] OECD. A New Economy: The Changing Role of Innovation and Information Technology in Growth, June 2000.

第六章　虚拟经济条件下世界经济周期波动的特点

第一节　虚拟经济条件下世界经济长波的特点及原因

一、虚拟经济条件下世界经济长波的特点

（一）“虚拟化”常常出现于历次长波的下降期

在长波的上升期，总体来看经济相对较繁荣，在短周期过程中，经济扩张力度大且延续时间较长，而衰退力度较小且延续时间较短。而某一国家的金融危机最终演变为全球性金融危机并导致世界性的经济衰退，这在历次的长波历史中，也大多发生在长波上升期的后期。例如 1929—1933 年世界性的大萧条就发生在第三轮经济长波的衰退期和萧条期。而在此之前，绝大多数人认为，20 世纪 20 年代中期对西方资本主义国家来说是经济繁荣的大好时光。而在 1929 年，突然股市暴跌，股市风波席卷全球各个领域，并引起了金融货币、信用和财政的全面大危机，同时使工业生产大幅度下降，企业倒闭，大量工人失业。1932 年的工业生产总值与 1929 年相比，美国下降了 46.2%、德

国下降了40.2%、日本下降了37.4%、意大利下降了33.2%、法国下降了31.9%、英国下降了20%。在长波的下降期，经济扩张期时间较短而衰退期时间较长，但在后期往往会出现“虚拟化”现象，即金融市场和金融机构对经济的影响力日益深化。在长波的上升期，实体经济领域包括生产和流通环节的利润率较高，发生大量的资本积累，此时金融领域对长波上升期的扩张起到了一定的辅助作用。但到了长波的下降期，实体经济领域的利润率相对降低，资本相应地流到了回报率相对更高的股票市场、房地产市场等虚拟经济领域。金融领域不同于实体经济领域，实体经济领域利润率不高，即使其利润流向金融领域，金融部门利润率也不会很高，但是金融部门仍可以通过吸引资金而获利。例如股票市场吸引更多的资金则会使得股票价格上涨，使更多的人获利，从而进一步扩大了股票市场的规模，从而使得所有人获利更多，导致股市泡沫的膨胀。但如果一直持续下去，没有足够的资金可以流入，就将导致泡沫的破裂。这也是“虚拟化”现象出现在历次长波下降期的原因。一旦金融泡沫破裂，金融危机就会随之到来，从而导致世界经济的衰退。

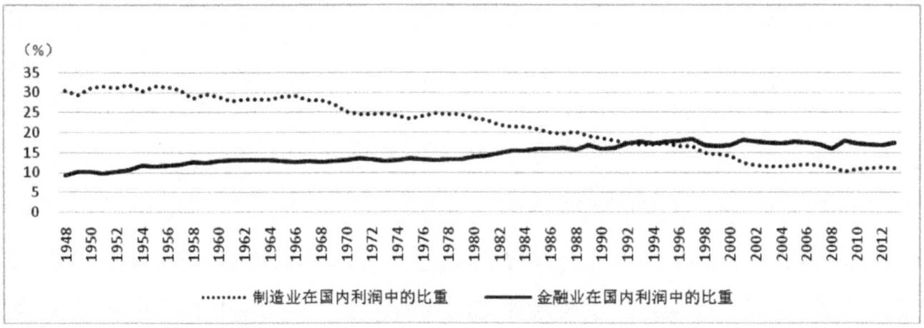

图6.1　1948—2013年美国制造业和金融业在国内利润额中所占比重的对比

资料来源：US Department of Commerce（BEA）公布的数据。

图6.1显示了1948—2013年美国制造业和金融业在国内利润额中所占比重的对比。期间经历了四次经济长波，可以看到，几乎在每个经济长波的后期，金融业在国内利润中的比重增长较快。特别是从20世纪80年代初开始，美国金融业在国内利润额比重中呈现增长的趋势，从1948年的不到10%增长为15%，再到2012年增至18%。与

此相反，制造业在国内利润额比重中呈下降趋势，最低降至不足10%。由于实体经济部门的利润率较低，因此，在这个长波中虚拟化呈现不断发展的趋势。而且无论是从利润率还是经济的增长速度看，此次经济长波已经越过了波峰，开始进入下降阶段。美国实体经济领域的利润率下降以及政府政策导致了金融泡沫，因此美国的一些生产和流通环节的资金既流向了股市和房市等金融领域，也流向了一些新兴市场国家（如中国）。值得注意的是，美国的金融市场吸收本国的资本，也吸收了世界其他国家的大量资本，因此导致的金融泡沫规模是影响巨大的。这在一定程度上也是2007年次贷危机影响深远的原因。

（二）经济危机突发性强，传播速度快，经济周期缩短

在传统实体经济中，某个企业或者某个行业的经济衰退不一定会带来社会整体的经济衰退。当一个行业出现衰退的时候，如果政府能够及时很好地进行干预，很可能能够避免社会整体的经济危机。但是在虚拟经济条件下，信息技术十分发达，各类资本特别是虚拟资本可以在短时间内进行跨行业、跨国界流动，各个行业、各个国家之间的经济被紧密地联系在一起，一旦某个行业或者某个国家发生了经济衰退，便会通过贸易、资本流动等方式迅速地传播到其他行业、其他国家。另外，在虚拟经济条件下经济危机的发生是与金融风险的不断积累相关的，而金融风险本身具有脆弱性和突发性，所以当今世界经济危机的突发性比传统实体经济更为强烈。在长波经济周期理论中，经济周期的循环是由新技术的发现推进的，而新技术的发现具有累积效应和加速效应，即随着技术水平的不断提高，以往的技术累积会对新技术的发现产生促进作用，能够加速新技术的发现和应用，所以由新技术推进的经济周期也会加速循环，经济周期时间不断减少。特别是在虚拟经济条件下，信息技术的应用和金融行业的发展会使经济周期缩短的现象变得更加明显。从图6.2中我们可以看出前四波经济长波的总体时间有逐渐减少的趋势。

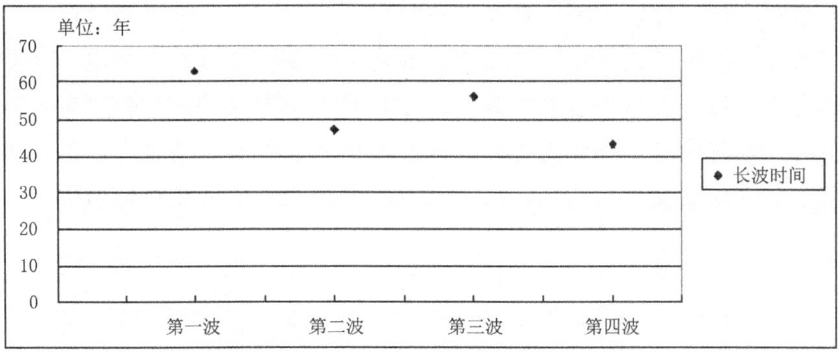

图 6.2　世界经济长波周期时间变化趋势

资料来源：根据陈漓高、齐俊妍、韦军亮（2009）的相关数据整理绘制。

图 6.3 则为我们展示了世界经济长波不同阶段的时间变化情况：在每个经济长波中繁荣期所占时间最长，每个经济周期阶段所经历的时间都呈现了减少的趋势，而且衰退期和萧条期时间减少的程度最为明显。在虚拟经济条件下，第五波经济周期的繁荣期持续了这种周期减少的趋势。

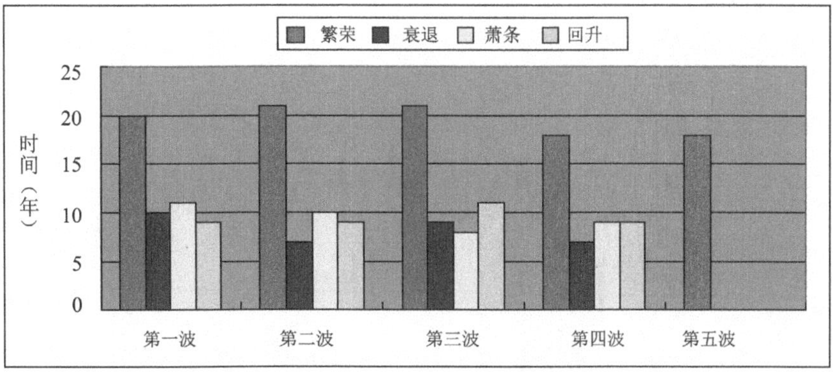

图 6.3　世界经济长波不同阶段经历时间变化情况

资料来源：根据陈漓高、齐俊妍、韦军亮．第五轮世界经济长波进入衰退期的趋势、原因和特点分析[J]．世界经济研究，2009（5）中的数据整理绘制。

（三）第五轮经济长波周期的波动幅度减小

从世界经济发展的历次长波看，五轮经济长波对应的主导产业各不相同，第一波以纺织工业和蒸汽机技术为主，第二波以钢铁和铁路技术为主，第三波以电气和重化工业为主，第四波以汽车和电子计算机为主，第五波以信息技术为主。在此基础上形成的波动幅度也各不相同。随着经济全球化进程的深入以及信息技术的日益推广，加上国家宏观政策的支持与调控，使得第五轮经济长波的经济弹性增强，周期的波动幅度也会减小。

实际 GDP 的增长率是反映经济增长水平的指标之一，所以我们可以应用该指标来分析经济周期波动。GDP 的增长率波动状况反映了经济周期的波动振幅状况。每个经济周期的繁荣期都由新技术的发现引起，所以每轮世界经济周期的开始都是由发达国家引领，通过分析美国的经济增长状况我们可以看出世界经济的整体发展趋势。图 6.4 展示了美国 1947 年至 2013 年的季度实际 GDP 增长率变化趋势，此期间属于世界经济周期的第四波和第五波，此期间美国实际 GDP 增长率波动幅度总体趋于平缓，只有在 2008 年至 2009 年的世界金融危机爆发期间出现了强烈的衰退。所以在虚拟经济条件下经济周期波动的振幅有逐渐减弱的趋势。

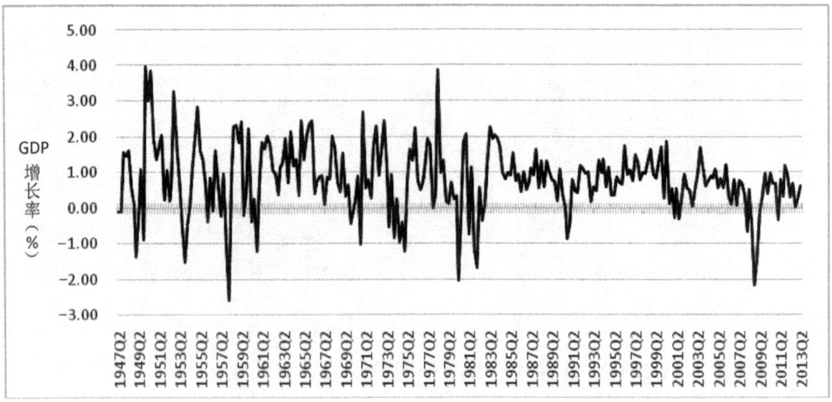

图 6.4　美国实际 GDP 增长率变化趋势

资料来源：根据 US Department of Commerce（BEA），2013 年第二季度报告数据绘制。

注：1947 年第二季度至 2013 年第二季度，以 2009 年美元价格为基础。

（四）第五轮经济长波在后期衰退期的信用扩张规模较大

当世界经济长波即将进入衰退期时，虚拟经济泡沫的破灭便会成为引发经济长周期阶段交替的转折点和直接诱因。且信用经济越发展，金融自由化程度越高，金融衍生品越发达，虚拟经济的影响则越强大，对世界经济周期波动的影响也更加持久，破坏力更大。第五轮经济长波在后期衰退期与前四轮经济长波的不同之处在于第五轮经济长波处于虚拟经济的泡沫中，其信用扩张的净规模比 20 世纪 20 年代至少大 100 倍，世界上几乎所有的金融机构都积累了太多的坏账，投资银行、商业银行、储蓄银行、保险公司、对冲基金等都是信贷泡沫和投资狂热的制造者，故此次危机可能会比“暴风雨的 30 年代”更具惩罚性。

二、经济长波特点产生的原因分析

（一）虚拟经济下信息技术创新对经济长波的影响扩大

20 世纪 90 年代以来，以美国为主导的信息技术革命带来了涉及技术创新、制度创新和市场创新的全方位创新局面，促进了美国经济的繁荣发展。在美国的带动下，信息和网络技术作为新一轮技术创新的核心开始在其他发达国家迅速发展，并推动世界经济第五轮长波的出现。信息技术的创新提高了劳动生产率，推动了世界经济的发展。虚拟经济的发展为信息技术创新和投资带来了多样化的融资渠道。

在 1990 年之前，美国电子信息基于风险投资机制其投资额一直在波动中保持较高速增长。1990 年后，美国电子信息投资额波动较大，增长幅度也较大。正是美国电子信息投资的持续高速增长，导致第五轮世界经济长波上升期的延续。但 2000 年的网络泡沫崩溃和 2007 年的次贷危机显然已成为美国信息技术设备和软件投资发展上的两个重要转折点。2001 年，美国电子信息投资额的增长率由前一年的 7.36% 大幅回落至-7.13%，到 2003 年才恢复正增长为 1.43%。2007 年次贷危机全面爆发后的信息技术创新发展后劲乏力，导致美国对信息技术相关投资呈现总体疲弱现象。2008 年和 2009 年美国电子信息投资额的增长率呈负增长，分别为-6.85%和-21.91%，2010 年恢复正增长为 13.58%，2012 年的增长率为 9.0%，具体数据见图 6.5。可见，世界经济第五轮长波的上升周期趋向结束。

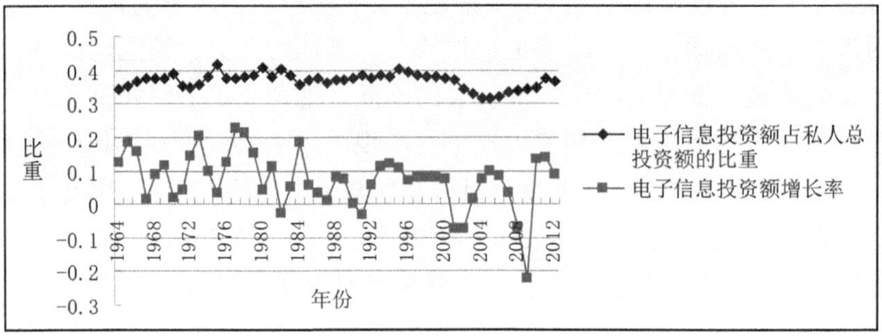

图 6.5　美国电子信息投资额的增长

资料来源：由 US Department of Commerce（BEA）公布的数据绘制。

（二）2008 年的次贷危机恰好发生在世界第五轮经济长波繁荣期的末端

陈漪高等（2009）指出，由于信息技术创新的衰竭以及信息技术相关投资的总体疲弱，使得信息技术对美国经济，继而对整个世界经济持续增长的推动力不断下降，第五轮经济长波进入了繁荣期的末端。次贷危机就恰好发生在这个关口，使得次贷危机对美国经济以及世界经济的影响更加严重；而次贷危机引发的全球性深度经济衰退更加速了长波下降期到来的进程，在第五轮经济长波进入了繁荣期的末端时，次贷危机的发生加速了经济长波下降期到来的进程，使得第五轮经济长波持续时间较短。在历次长波历史中，某一国家的金融危机最终演变为全球性金融危机并导致世界性的经济衰退大多发生在长波上升期的后期。诸如 1929—1933 年世界性的大萧条就发生在第三轮经济长波的衰退期和萧条期。相反，倘若处于长波的上升期，即使是主要国家的金融危机或经济衰退，也未必会引发全球性的经济衰退。诸如在 1991—2000 年，日本经历着“萧条的十年”，东南亚主要国家经受着 1997

年金融危机的洗礼，此时，美国正处于所主导的信息技术创新的第五轮经济长波的上升期，然而在此期间，美国、德国、英国和法国等发达国家实际 GDP 年均增长率均在 2%以上（美国经济持续高速增长，年均增长率为 3.16%），发展中经济体总体平均增长率也在 7.5%左右。可见，以信息革命为主导的技术创新推动了整个世界处于第五轮经济长波的上升期，从而阻止了个别地区的经济衰退上升为全球性经济危机。

美国次贷危机发生的深层原因在于美国长期实行低储蓄率、以信贷促进高消费、以高消费带动经济增长的经济运行模式，以及美国凭借美元在国际货币体系当中的特殊地位对这种模式的支撑。可以说，如果没有长波繁荣期的临近结束，次贷危机仍有可能发生，但未必会引发全球性的经济衰退；相反，即使没有次贷危机，由于信息技术创新衰竭所造成的长波下降期也必然会到来，只是可能会以其他危机的形式发生。次贷危机是一个偶然因素，而经济长波的发展规律是必然因素，此次次贷危机恰好发生在第五波下降期临近的关口，使得美国次贷危机引发了全球性的经济衰退，后者又加速了长波下降期的到来；另一方面，长波下降期的临近也使得次贷危机对世界经济的影响更加严重和持久。

（三）信息技术产业市场饱和致使大量资本从实体经济流向金融和房地产等虚拟经济部门

戈登（Gorden，2007）指出，在历次长波上升期常常伴随着信用扩张，而且在长波上升期的最后几年，往往以不顾后果的信用扩张为特征。究其原因，在长波的上升期，由于技术创新带来的超额利润，使得人们对于未来具有非常乐观的预期，因而人们都开始更多的信贷，信用扩张由此形成，并且变得越来越快。在扩张期，借贷就像一根杠杆促进了经济扩张。在 20 世纪 90 年代初期，美国作为信息技术创新的领导者，由于其灵活多变的经济体系和科技创新的热潮，可预计将在未来几十年内享有超高的生产增长率，与此同时，美国大量先进的专有技术意味着美国在实物和金融投资上将比外国人享有更高的投资回报率。股票价格的大幅度上涨也同样被认为是归因于美国劳动生产率的增长和伴随“大温和”（Great Moderation）的宏观经济波动风险的下降；同时美国一连串的超额经常账户赤字在最高峰时曾占据世界上所有经常账户差额的 2/3，这也可能是全球经济中新要素涌入美国寻求高投资回报率所带来的结果（莱因哈特和罗格夫（Reinhart and Rogoff），2008）。但是当技术创新衰竭、生产扩张后，企业的边际利润下降，更多的资金在实体经济中无法再获取超额利润时，已经被创新出来的各种金融工具则被更广泛地用于股票市场和房地产市场的金融投机。在信息技术的发展对经济增长的作用发挥到尽头，又没有新的技术创新出现的情况下，大量的资金投向没有出路，开始流入金融等虚拟经济部门和房地产部门，成为资产泡沫形成的条件①。如图 6.6、图 6.7 所示，在 1980—2012 年间，虚拟经济创造的 GDP 占美国私人部门创造 GDP 的比重呈稳步上升之势，从 18.58%上升到 23.20%，增加 4.62%，而实体经济部门比重则相应地从 81.42%下降到 76.80%。从动态来看，2003 年是一个转折点，虚拟经济部门占比在 2004 年微降 0.66%后，此后四年一直稳定在了 23%～24%之间。在 2009 年，美国虚拟经济部门产值占私人部门总产值的比重为 24.40%，达到了三十年来的高峰，之后，此比重有所下降，但仍徘徊在 23%～24%之间。图 6.8、图 6.9 进一步对比了 1980—2012 年美国金融部门、房地产部门对经济增长的贡献与房地产部门投资的比重。金融部门对经济增长的贡献率呈现上升趋势。在 2009 年，美国金融部门对经济增长的贡献率达到较高点为 20.40%，而美国房地产对经济增长率却达到较低点为 2.72%。当大量的资金进入金融和房地产等虚拟经济部门时，实体经济则更进一步缺乏强有力的支持。与此同时，美国根深蒂固的低储蓄率、以信贷促进高消费并拉动经济增长的路径依赖以及发达的金融市场等因素，促使其金融资产泡沫日趋扩大而最终破灭，导致由次贷危机引发的金融危机成为全球性经济衰退的突破口。

① 陈漓高，齐俊妍，韦军亮．第五轮世界经济长波进入衰退期的趋势、原因和特点分析[J]．世界经济研究，2009（5）：3-11.

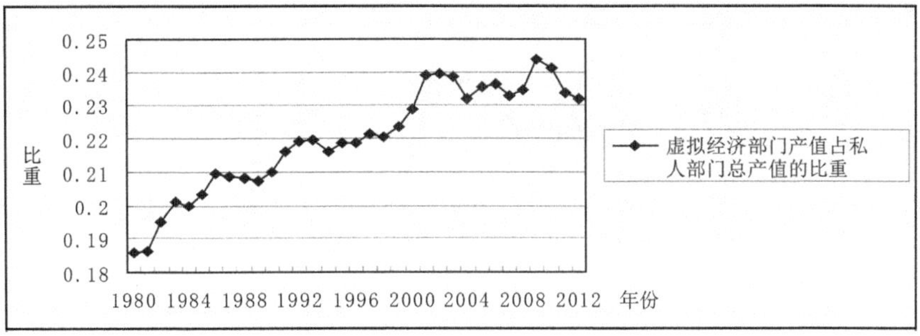

图 6.6　美国虚拟经济部门产值占私人部门总产值的比重（1980—2012 年）

资料来源：US Department of Commerce（BEA）公布的数据绘制。

注：虚拟经济部门包括金融、保险、房地产、租赁四个行业。

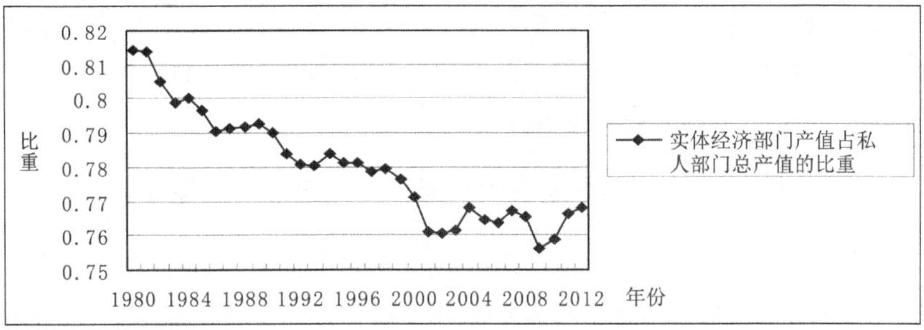

图 6.7　美国实体经济部门产值占私人部门总产值的比重（1980—2012 年）

资料来源：US Department of Commerce（BEA）公布的数据绘制。

注：实体经济部门是私人部门中除了虚拟经济部门（金融、保险、房地产、租赁四个行业）以外的部门。

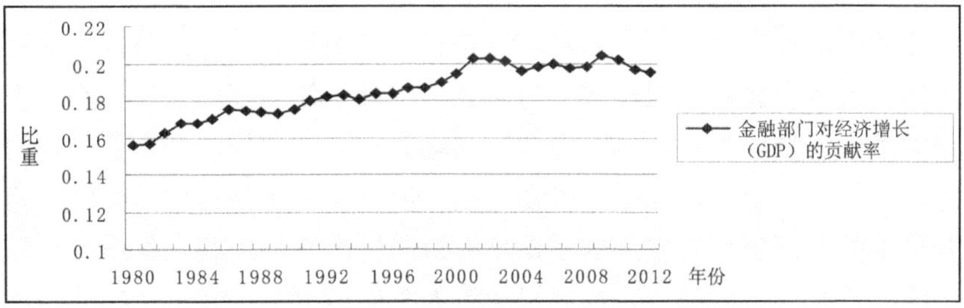

图 6.8 美国金融部门对经济增长（GDP）的贡献率

资料来源：US Department of Commerce（BEA）公布的数据绘制。

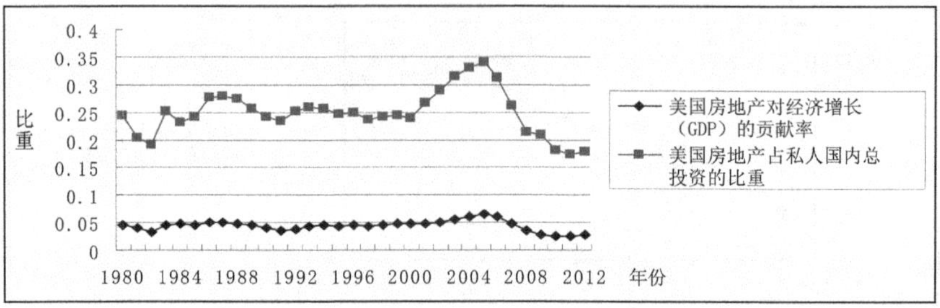

图 6.9　美国房地产占私人国内总投资比重及对经济增长（GDP）的贡献率

资料来源：US Department of Commerce（BEA）公布的数据绘制。

综上所述，世界经济正在经历此次长波的下降阶段，因为此次美国金融危机与以往的长波后期的金融危机极其相似。这个时期资本从实体经济流向金融、房地产等虚拟经济，这同时也为国际货币体系改革和各国反思本国金融政策提供了条件。

（四）虚拟经济与实体经济相互影响，推进经济周期循环

在虚拟经济条件下，虚拟经济的发展能够促进实体经济的增长，高速发展的金融行业能够为实体经济的运行提供充足的资金，特别是当实体经济中出现大量新投资的时候，金融业的作用就尤为重要。同时，虚拟经济的衰退也会影响实体经济的发展。2008 年爆发的世界金融危机就是最好的例子，美国金融行业的经济危机不仅使世界范围内的金融行业相继陷入困境，而且严重影响了实体经济的发展，全球各行业的产出均有下降，世界经济周期进入衰退期。与此同时，实体经济的发展也会影响虚拟经济。当实体经济处于繁荣期的时候，企业资金需求大，贷款增加，虚拟资本流动频繁；当实体经济处于衰退期的时候，贷款减少，虚拟资本流动减弱。所以实体经济与虚拟经济是相互影响的，而且两者发展的周期具有协同性，它们的相互作用推动经济周期的循环。此外，目前虚拟经济的发展速度大大超过了实体经济的发展速度，这导致虚拟资本过剩，其有效需求不足，这也为经济危机的爆发埋下了伏笔。

（五）各国经济周期间的相互联系日益密切，新兴经济体的作用不断加强

信息技术与金融行业的发展使得各国经济联系日益密切，一国的经济波动能够很快地通过资本流动、国际贸易、汇率市场、股票市场等渠道影响到其他国家。各国间的经济周期协同性也逐渐增强。在虚拟经济条件下，这种密切的经济联系究竟是加强了还是减弱了经济波动，是由冲击的性质和金融活动模式来决定的。例如，当世界各国的资金都流入某国的资本市场，一旦该国的资本市场出现经济危机的时候，那么就会迅速波及其他国家，也就是加重了该经济危机的影响。但是从另一个角度看，一国将本国的虚拟资本分散到世界各国的资本市场内实际上降低了本国的风险。当世界某国发生经济危机的时候，该投资国的一部分资本在危机国市场内，而其他资本在别国资本市场内，所以降低了投资国的风险。此外，新兴经济体在世界经济周期循环中的作用越来越重要，特别是在2008年爆发的经济危机中，当许多发达国家的经济都处于负增长的时候，像中国、印度、巴西等发展中国家仍然能够保持正增长率，这对世界经济从经济衰退中复苏起到了重要作用。

第二节 虚拟经济条件下资本主义再生产周期的特点

20世纪30年代之前经济结构还是以实体经济为主，并且统一的世界大市场还未形成，因此经济周期还可以通过实体经济方面的创造性毁灭和世界市场的扩展来缓解。自20世纪70年代以来，世界经济开始进入经济的虚拟化阶段，资本由实体经济部门流向金融业，导致金融资产不断增长，金融工具不断创新发展。而且布雷顿森林体系崩溃后，美国对黄金非货币化，不再用黄金兑换美元，货币从此也虚拟化了。

在货币摆脱黄金的限制而完全虚拟化的同时，20世纪90年代的经济全球化为虚拟经济的发展又提供了强大的推动力。经济全球化加

速了货物、服务和资本在国际间的自由流动，形成了国际化的股票市场；新的国际分工是虚拟经济实现的基础，发达国家由于具有技术、资金等优势，将本国的制造业等附加值较低的实体经济部门转移到发展中国家和发达国家，而自身则集中于附加值较高的行业，典型的一个方面是金融市场，发达国家靠资本项下的输出虚拟产品所获取的外汇来平衡经常项下不断扩大的贸易逆差，形成了一种“虚拟经济生存状态”。

从这些方面来看，实体经济下的资本主义再生产周期与虚拟经济有着千丝万缕的联系，使实体经济下的资本主义再生产周期呈现出新的特点。

一、经济周期以美国为主导

美国经济从第二次世界大战之后一直是全球经济发展的主要影响因素，美国经济增长速度的变动无疑会对世界经济的增长产生重要影响。尽管发展中国家在全球经济中的地位不断提高，但是这些国家的崛起并没有改变美国经济“领头羊”的地位。出现上述这些现象的原因有如下几点。

（一）对国际机构的控制

2012 年，美国所占特别提款权以及投票权最多，约为总份额的 17.7%和 16.8%，而其他发达国家与美国的份额总数接近半数。这就给美国及其同盟控制货币基金组织提供了一种保障，并且可以利用这种优势使国际金融组织来为自己的利益服务。

（二）雄厚的物质基础

2012 年，美国 GDP 占全世界 GDP 的 20%左右，高居第一，因此美元就理所应当地成为世界的主流货币，从而确立货币霸权。

（三）货币霸权以及金融霸权

凭借世界主要储备货币的地位与主要的外汇交易货币，美国可以源源不断地从国外获取资金来发展本国产业，并且使美国的金融市场得到快速发展而不必担忧资金问题，美国的证券化率最高，同时考虑到美国市场的其他因素，不可避免地承担起国际主要融资渠道及市场的角色。

（四）世界上最大的消费市场

美国是世界第一大经济体，同时美国也是世界上最主要也是最重要的消费市场。在美国，居民的储蓄率相对投资率来说较低，主要是靠贷款消费来带动经济的增长，而且美国发达的信用系统也为这种贷款消费提供了支撑。据近年数据统计，美国一直处于零储蓄率的水平，消费率却高达70%以上，该比例远远超过其他国家。美国的低储蓄率、高消费率使其成为世界上名副其实的最大的消费市场。

（五）世界上最大的对外投资国

美国一直以来位居世界的主要投资国，其投资额在世界总投资额中的比重在20%左右，最高达到32%。因此，一旦美国经济发生危机，导致资金缺乏，必然会使世界其他国家乃至整个世界经济发展遭受重大打击。而从这方面也可以看出，世界危机往往是先发生于美国，进而通过各种渠道传导至世界其他国家。

（六）强大的金融创新能力

美国凭借其货币霸权使美元成为世界的主要储备货币以及外汇交易货币，但大量的国际储备转移到美国需要有相对应的金融产品将其吸收，这促使美国的金融创新不断涌现，加剧了美国虚拟经济的发展。

现在的金融市场由以前以股票和债券为主逐渐发展成股票、债券、期权、期货为主，金融衍生工具泛滥。随着虚拟经济的日益发展，金融市场作为其主要的存在形式，使得金融创新不断发展，金融资本不断膨胀，金融衍生产品不断创新。美国金融界的创新能力越来越强，越来越广泛和深入，但对这些创新的监管严重滞后，这必将导致虚拟经济的快速发展并逐步脱离了实体经济的发展。

二、过度债务化，虚拟经济过剩

（一）过度债务化

信用关系，即一种债权债务关系，债务量的多少体现了信用关系的程度，所谓的信用过剩就是过度债务化。

表 6.1　世界主要国家中央债务增长率

年份	美国	日本	法国	德国	英国	意大利	加拿大	印度	巴西	俄罗斯
2004	0.019		0.027	0.049	0.058	−0.002	−0.086	0.005		
2005	0.004		0.021	0.040	0.048	0.020	−0.019	−0.005		
2006	−0.017	0.006	−0.060	−0.027	0.000	−0.033	−0.064	−0.034		−0.407
2007	0.006	−0.008	−0.016	−0.062	0.020	−0.044	−0.093	−0.044	0.029	−0.273
2008	0.186	0.062	0.088	0.056	0.219	0.028	0.102	−0.007	−0.014	−0.097
2009	0.220	0.092	0.158	0.104	0.274	0.111	0.190	−0.032	0.060	0.338
2010	0.134	0.045	0.049	0.168	0.186	−0.012	0.002	−0.072	−0.130	0.046
2011	0.065		0.052	0.000	0.169	−0.058	−0.004	−0.038	0.011	0.022

资料来源：世界银行。

表 6.2　世界主要国家的 GDP 增长率

年份	美国	日本	法国	德国	英国	意大利	加拿大	印度	巴西	俄罗斯
2003	0.026	0.017	0.009	0.004	0.038	0.000	0.019	0.079	0.011	0.073
2004	0.035	0.024	0.025	0.012	0.029	0.017	0.031	0.078	0.057	0.072
2005	0.031	0.013	0.018	0.007	0.028	0.009	0.030	0.093	0.032	0.064
2006	0.027	0.017	0.025	0.037	0.026	0.022	0.028	0.093	0.040	0.082
2007	0.019	0.022	0.023	0.033	0.036	0.017	0.022	0.098	0.061	0.085
2008	0.000	−0.010	0.000	0.011	−0.010	−0.010	0.007	0.039	0.052	0.052
2009	−0.030	−0.060	−0.030	−0.050	−0.040	−0.060	−0.030	0.085	0.000	−0.080
2010	0.024	0.047	0.017	0.042	0.018	0.017	0.032	0.105	0.075	0.045
2011	0.018	−0.010	0.020	0.030	0.010	0.004	0.025	0.063	0.027	0.043

资料来源：世界银行。

世界主要发达国家的中央债务与 GDP 的比值都较高，美国为

81.8%，而意大利最高为 110.9%。从表 6.1 与表 6.2 中的数据对比中，同样可以发现由于其 GDP 的年增加值不抵债务增量，所以这个债务会一直增加下去，导致信用也会不断扩张，达到过剩状态。我们需要注意的是，中央债务并不包括其他债务，综合债务与 GDP 的比重应该更高。同时，债务增长率与 GDP 的增长率的缺口应该更大。

信用货币是代用货币的进一步发展物，只作为信用关系的产物，不再作为金属货币的代表物，不能与金属货币相兑换，是纯粹的货币价值符号，因而它是一种债务型货币。因此，货币的过度发行也可以从一个侧面来显示出整个世界的信用过剩。

表 6.3　欧元区国家和美国货币发行量与 GDP 的比值

	欧元区		美国	
年份	M1/GDP	M2/GDP	M1/GDP	M2/GDP
1995	2.355	5.844	1.869	5.810
1996	2.473	6.061	1.714	5.765
1997	2.619	6.170	1.555	5.683
1998	2.793	6.326	1.484	5.751
1999	3.062	6.584	1.422	5.802
2000	3.191	6.641	1.338	5.781
2001	3.357	6.960	1.337	6.072
2002	3.585	7.345	1.356	6.302
2003	3.940	7.813	1.378	6.438
2004	4.216	8.106	1.367	6.343
2005	4.722	8.616	1.310	6.213
2006	5.072	9.095	1.239	6.171
2007	5.246	9.729	1.180	6.247
2008	5.358	10.691	1.211	6.553
2009	6.199	11.776	1.414	7.240
2010	6.578	11.772	1.450	7.151
2011	6.616	11.872	1.609	7.381
2012	6.944	12.360	1.768	7.656

资料来源：欧洲央行和美国联邦储备委员会。

表 6.3 显示货币发行量一直超过 GDP 的发行量，特别是 M2。远远大于 GDP 总量，这说明货币作为一种信用工具已经被过度发行了，直接表现是美国和欧盟的经济虚拟化已经非常高了。

事实表明，美国信用程度高，消费率高，使得国内经济过剩，从而也导致一些新兴出口导向型国家的经济过剩。信用在推动实体经济过剩以及虚拟经济过剩的同时也使得本国在更大程度上走向过剩，因此信用关系的过度发展也是导致美国次贷危机前房地产泡沫破裂的原因之一。在以信用为基础而存在的虚拟经济中，资金信用链任何一个环节的断裂都会造成连锁反应，导致银行呆账、坏账大量增加，严重影响银行的经营，甚至出现金融恐慌，居民挤兑储蓄的现象，造成银行破产，引发整个信用体系和金融体系的动荡，并最终导致经济危机。

（二）产能过剩

信用制度与虚拟经济的过度发展导致了整个社会的产能过剩。产能过剩的直接原因是前几年投资持续过快增长，导致产能扩张速度远远超过需求扩张的速度，投资增长与消费增长的严重失衡必然造成今后年份的产能过剩问题。

从图 6.10 与图 6.11 中可以看出，2003—2007 年期间，美国及欧元区国家的固定资本投资增长率高于消费增长率，即供给高于需求，从而出现整个社会产能过剩的现象。

衡量实体经济过剩的另一个重要指标是产能利用率或设备利用率。当产能利用率达到 95% 以上，代表设备使用率接近全部，通货膨胀的压力将随产能无法应付而急速升高，在市场预期利率可能升高的情况下，对一国货币是利多。反之，如果产能利用率在 90% 以下，且持续下降，表示设备闲置过多，经济有衰退的现象，在市场预期利率可能降低的情况下，对该国货币是利空。市场一般最为重视美国的产能利用数据。

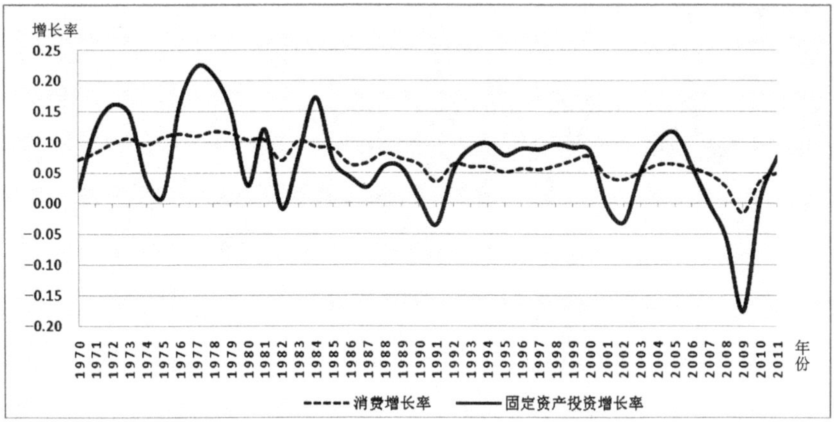

图 6.10　美国投资增长率与社会零售消费额增长率

资料来源：BEA。

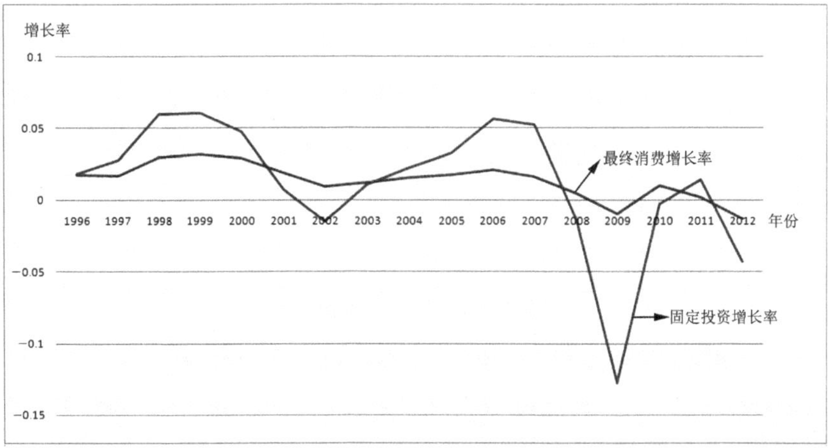

图 6.11　欧元区（17 国）最终消费率与固定资本投资率的变化率

资料来源：欧洲央行。

通常情况下，如果设备利用率低于 79%，说明可能存在产能过剩问题；若在 79%～83%之间，说明属于正常值；如果超过 90%，则说明产能不够，有超设备能力发挥的现象。图 6.12 与图 6.13 显示在经济危机期间，欧元区于 2009 年的产能利用率最低降至 71.18%，而美国的产能利用率于 2009 年则降至 68.65%。因此，美国与欧元区都有很严重的产能过剩。

图 6.12　美国的产能利用率与 GDP 增长率的变化

资料来源：美联储，BEA；美国产能利用率从左侧坐标轴读出（单位：%），美国 GDP 增长率从右侧坐标轴读出。

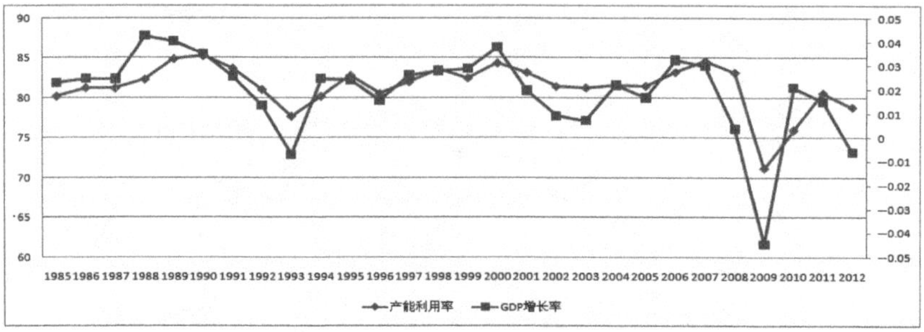

图 6.13　欧元区（17 国）产能利用率与 GDP 增长率的变化

资料来源：欧洲央行；欧元区的产能利用率从坐标轴左侧读出（单位：%），GDP 增长率从右侧读出。

（三）虚拟经济过剩

美国作为一个信用高度发达、消费较高的国家，信用的推动使得美国存在着产能严重过剩、虚拟经济过剩问题。表 6.4 显示，基于信用制度的不断扩张，全球虚拟经济的规模与发展速度远远快于世界实体经济的发展规模与速度。可以说，现在虚拟经济已经成了“脱缰的野马”，而实体经济的发展速度并没有跟上虚拟经济的发展速度，使整个经济体的稳定性大大降低，直接导致了美国金融危机的爆发，进而引起世界性经济危机的发生。

表 6.4　全球虚拟经济的规模　　　　（单位：十亿美元）

	2009	2010	2011	2012
股票交易总额	80264	64139	65543	49048
与 GDP 的比例（%）	139	102	94	72
增长率（%）	-25	-20	2	-25
股票市值	46685	53361	45876	52452
与 GDP 的比例（%）	81	85	66	77
增长率（%）	35	14	-14	14
金融衍生品市场	1624459	1907006	2032950	1621603
与 GDP 的比例（%）	2804	3018	2905	2365
增长率（%）	-20	17	7	-20
期货	1106550	1314917	1438607	1255016
与 GDP 的比例（%）	1910	2081	2056	1830
增长率（%）	-23	19	9	-13
期权	517909	592088	594343	366588
与 GDP 的比例（%）	894	937	849	535
增长率（%）	-13	14	0.38	-38
债券市场	282394	320186	580682	415370
与 GDP 的比例（%）	491	510	837	606
增长率（%）	153	104	164	72
国际债券	241361	270772	521479	362515
与 GDP 的比例（%）	419	431	751	529
增长率（%）	51	12	93	-30
国内债券	41033	49414	59203	52855
与 GDP 的比例（%）	71	79	85	77
增长率（%）	18	20	20	-11

资料来源：世界银行 WDI，国际清算银行（BIS），世界证券交易所联盟（WFE）。

三、美国家庭最重要的金融资产是股票和股权，显示了美国市场金融主导的特征

从表 6.5 与图 6.14 中可以看出，自始至终，股票和股权都是美国家庭最重要的金融资产，这充分显示了美国市场主导型金融系统的特点。在市场主导型的金融系统中，金融市场在资源配置上起着重要的作用，金融创新加强了金融系统的市场导向，市场比银行更重要。美国次贷危机发生后，股票和股权在美国家庭的金融资产的比例有所下降。由于经济危机期间，股票市场剧烈下挫，股票价格下跌，根据逆向财富效应，居民的收入减少，直接导致消费水平降低。

表 6.5　美国家庭金融资产的构成比例

年份	基金、股票和股权	人寿保险和养老基金储备	存款	信贷市场工具	证券	其他资产
1980	0.491	0.181	0.234	0.079	0.002	0.012
1981	0.471	0.186	0.250	0.079	0.002	0.013
1982	0.450	0.203	0.251	0.081	0.002	0.013
1983	0.434	0.215	0.251	0.085	0.002	0.014
1984	0.402	0.222	0.268	0.092	0.002	0.013
1985	0.395	0.237	0.253	0.097	0.004	0.015
1986	0.405	0.236	0.250	0.090	0.004	0.015
1987	0.391	0.240	0.248	0.100	0.003	0.017
1988	0.392	0.239	0.242	0.108	0.003	0.017
1989	0.396	0.249	0.230	0.104	0.004	0.016
1990	0.373	0.255	0.229	0.120	0.004	0.018
1991	0.393	0.265	0.207	0.114	0.005	0.016
1992	0.402	0.271	0.194	0.112	0.005	0.017
1993	0.417	0.281	0.177	0.104	0.006	0.016
1994	0.405	0.287	0.168	0.117	0.006	0.016
1995	0.425	0.293	0.156	0.104	0.006	0.015

续表

年份	基金、股票和股权	人寿保险和养老基金储备	存款	信贷市场工具	证券	其他资产
1996	0.426	0.300	0.150	0.103	0.007	0.015
1997	0.451	0.301	0.137	0.090	0.008	0.013
1998	0.468	0.300	0.129	0.081	0.009	0.012
1999	0.496	0.292	0.118	0.075	0.009	0.011
2000	0.471	0.300	0.131	0.074	0.012	0.011
2001	0.449	0.300	0.152	0.073	0.014	0.012
2002	0.416	0.302	0.171	0.082	0.014	0.015
2003	0.439	0.304	0.152	0.077	0.013	0.014
2004	0.449	0.299	0.146	0.077	0.015	0.014
2005	0.463	0.290	0.142	0.077	0.013	0.014
2006	0.470	0.290	0.141	0.072	0.014	0.013
2007	0.453	0.289	0.147	0.081	0.017	0.014
2008	0.391	0.281	0.195	0.096	0.018	0.019
2009	0.397	0.298	0.179	0.093	0.015	0.018
2010	0.409	0.301	0.166	0.091	0.015	0.018

资料来源：美联储。

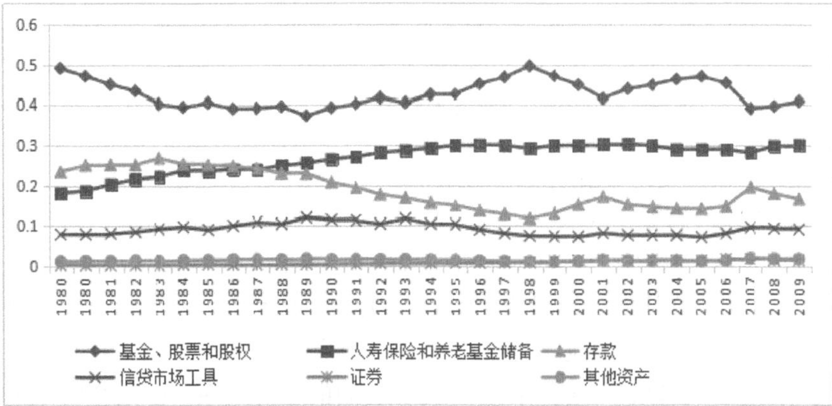

图 6.14　美国家庭金融资产构成

资料来源：美联储。

图 6.15 进一步显示，美国家庭的去杠杆化潮流已经重新走上了原来的轨迹。我们将会观察这种削减债务的速度以及过期还款比率的下降趋势是否将会持续下去。“杠杆化”指的就是借债进行投资运营，以较少的本金获取高收益。当经济高涨时，消费者对于将来的经济形势会趋于乐观，并对自己收入的增长也抱有乐观态度，因此此时借贷消费就会盛行。当经济趋于低迷时，消费者的借贷消费心理就会得到抑制，消费者要首先偿还贷款，导致消费需求不足。

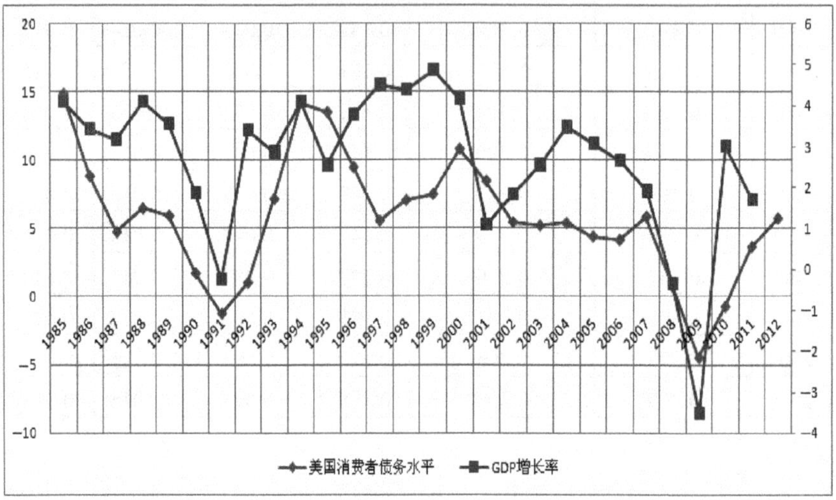

图 6.15　美国消费者债务水平以及 GDP 增长率

资料来源：美联储；从坐标轴左侧读出美国消费者债务水平（单位：%），从坐标轴右侧读出 GDP 增长率（单位：%）。

四、投资过度

虚拟经济的发展通过金融加速器渠道和托宾的 Q 效应来影响投资。托宾的 Q 效应是通过股票价格的变化导致资本成本的变化，进而影响投资，反映的是股票价格和投资之间的一种关系。Q 是企业的市场价值与资产重置成本的比值，其值的大小代表了企业的投资愿望。如果股票价格上涨，则 Q 值上升，企业则会为了再融资而再次发行股票，扩大企业的投资行为。与此相反，如果股票的价格下跌，最终会导致企业不会拿出资本进行投资，导致投资低迷，进而影响产出下降趋势，经济呈现萎靡的态势。

从图 6.16 中我们可以看出，股票价格指数、托宾 Q 和美国制造业回报率（税前）同步率非常高，则此时投资十分有利，将直接导致投资过度。而且如图 6.12 和图 6.13 所示，2003—2007 年的投资速度明显快于消费速度，这样同样可以显示出投资相对于消费来说是过度的。

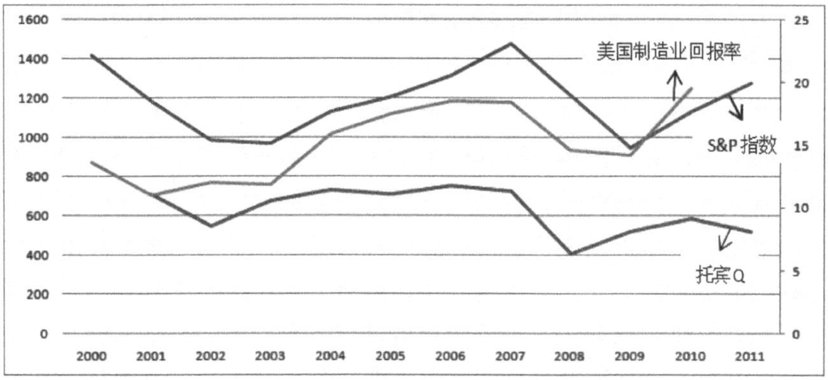

图 6.16　虚拟经济中影响投资的因素

资料来源：BEA，托宾 Q（美国股票市值/固定资产存量），S&P500 指数自己计算所得。S&P500 指数从左侧坐标轴读出，托宾 Q 和美国制造业回报率（税前）从坐标轴右侧读出来（单位：%）。

五、国际分工的不断深化促进虚拟经济的产生

在经济全球化背景下，国际分工逐渐深化。国际分工的不断深化为虚拟经济的发展奠定了基础。从表 6.6 可以看出，在第二次世界大战结束之前，处于经济全球化阶段的探索期，跨国交易的内容以初级产品和原材料为主。第二次世界大战结束至冷战结束，处于全球化阶段的加速期，这个阶段前期主要以产品、服务和对外生产性投资为主，即水平分工体系，形成美欧国家专业化分工，出口贸易急剧增长，占据世界份额比重越来越大；后期出现垂直分工体系。冷战结束之后，处于经济全球化阶段的成熟期，这个阶段实体经济竞争加剧，开始向

虚拟经济转型，以实体经济为主，从而为虚拟经济的发展奠定了基础。

表 6.6　各阶段国际分工的特征及跨国交易的内容

时间段	各阶段国际分工的特征	跨国交易的内容
第二次世界大战结束之前	帝国主义生产过剩，进行殖民倾销	原材料、初级产品
第二次世界大战结束至冷战结束	资本主义国家互助对抗苏联	产品、服务和对外生产性投资
冷战结束之后	全国实体经济竞争加剧，资本主义国家转向虚拟经济	实体、虚拟产品

资料来源：作者根据相关资料整理。

国际贸易的增长可直接导致贸易信贷、货币和存款等金融资产和负债的增加，并可间接促进其他类金融交易的发展。相反，金融开放也可通过降低交易费用、促进经济增长等多种渠道促进国际贸易的发展。长期以来，美国货物贸易产生的贸易逆差，也通过虚拟经济资本的输出以获得国际收支的平衡。在国际分工不断深化的背景下，各国生产的专业化程度升高，使得产品贸易与生产投资的竞争加剧，产业资本不能再单纯地靠发展物质生产来谋求利润。因此，各国开始寻求金融领域来发展经济，通过不断创新金融产品和输出金融资产来谋求利润，本国的物质产品需求则从其他国家进口。在实体经济竞争加剧的环境下，资本主义国家开始转型向虚拟经济发展。

从图 6.17 中我们可以看出，美国第一产业、第二产业在 GDP 中所占的比重持续走低，第三产业在 GDP 中所占的比重却持续走高，而第三产业中大多为金融服务业与高新技术行业，位于价值链的高端，显示出美国持续将制造业等产业转移到国外，而本国主要发展金融服务业和高端产业。从图 6.18 中可以看到，美国的货物贸易持续处于较大逆差，然而美国服务贸易中的金融服务贸易却处于顺差状态，说明美国的金融服务业相对于货物贸易来说处于优势地位。图 6.19 进一步反映了美国实体经济不断下降、虚拟经济不断上升的趋势。

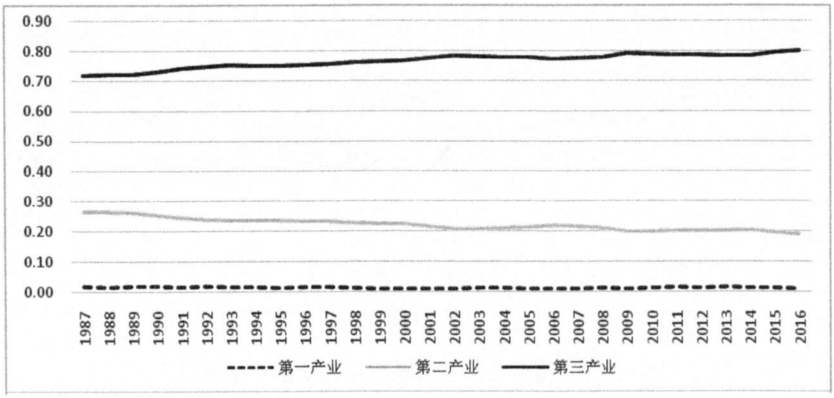

图 6.17　美国三大产业在 GDP 中所占比重

资料来源：BEA。

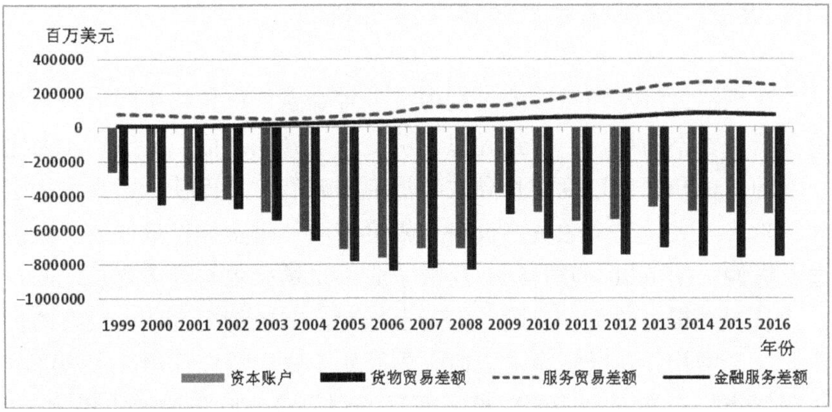

图 6.18　美国货物、服务贸易差额，资本额以及服务贸易中的金融服务额

资料来源：BEA，单位：百万美元。

注：每一年的柱状图从左到右位次为图示顺序。

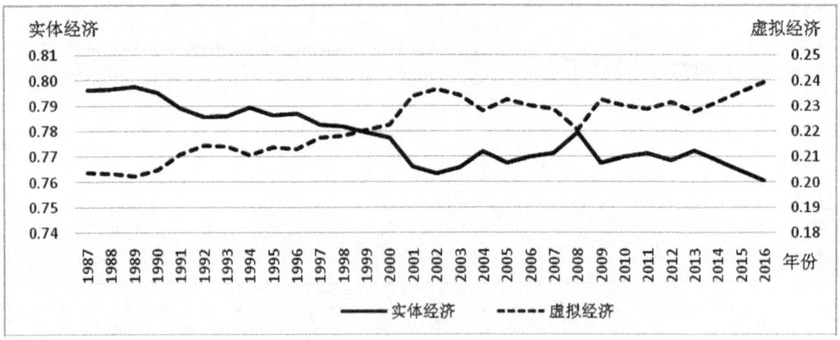

图 6.19　美国实体经济与虚拟经济的比例关系

资料来源：BEA，美国经济分析局。从右侧读出美国虚拟经济占私人部门 GDP 的比重，从坐标轴左侧读出美国实体经济占私人部门 GDP 的比重。虚拟经济包括金融业、保险业、房地产和租赁行业。

六、虚拟经济危机导致实体经济危机

在虚拟经济不断发展的过程中，各种金融资产价格不断上升，信用和货币也不断增长，导致虚拟经济处于上升期进而至高涨期。而进一步的信用和消费过度增长导致经济泡沫破裂，从而使金融市场处于动荡阶段，大量的金融资产价格大幅度波动使得实体经济低迷，经济增长缓慢。图 6.20 和图 6.21 反映了股票市场指数与经济增长之间日益增长的正相关关系。从股票市场上来看，在经济上升期，股票的价格一般会增长，在经济衰退之前，则开始下跌。研究证明，宏观经济与股票市场存在着相同的现象，而且宏观经济会晚于股票市场 6～8 个月发生变化。第二次世界大战之后，金融资产开始在发达国家经济中占据主导地位，发达国家国内经济发生了很大程度上的结构转变，虚拟经济开始超过并影响实体经济。当虚拟经济过度膨胀，出现与实体经济的过度背离时，易导致经济泡沫的累积，而泡沫的破裂即可导致金融危机和经济危机的发生。图 6.20 与图 6.21 也告诉我们，2000 年和 2007 年标准普尔 500 指数达到了高峰，然而在随后几年，该指数又急剧下降，说明此时美国经济的泡沫化已经相当严重。美联储提高联邦基金利率之后，泡沫刺破，直接导致金融危机的发生，进而引起世界性的经济危机。

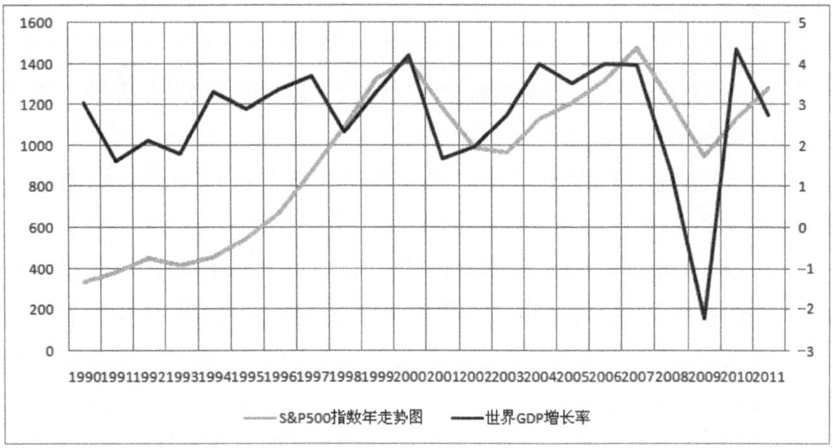

图 6.20　标准普尔 500 指数年度变化与世界 GDP 增长率变化（单位：%）

资料来源：作者根据相关资料计算绘制。

注：左侧坐标轴衡量 S&P500 指数年走势，坐标轴右侧衡量世界 GDP 增长率。

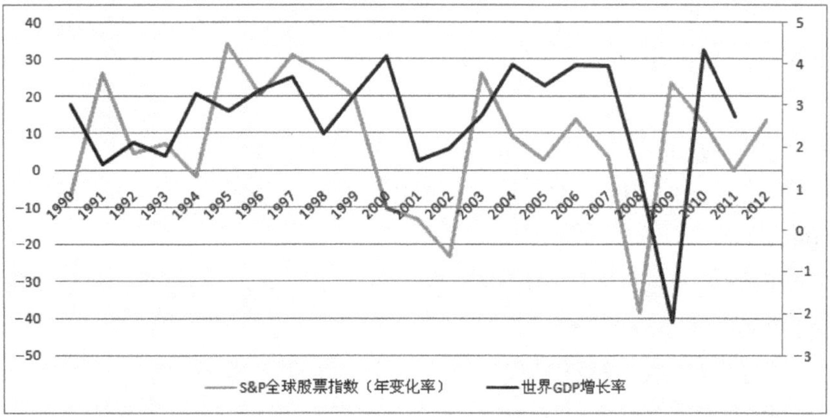

图 6.21　S&P 全球股票指数（年变化率）与世界 GDP 增长率（单位：%）

资料来源：世界银行。

注：右侧坐标轴衡量世界 GDP 增长率，左侧坐标轴衡量 S&P 全球股票指数。

主要参考文献

[1]崔健．银行、信用货币创造和经济周期波动[D]．天津：南开大学，2010.

[2]陈漓高，齐俊妍．技术进步与经济波动：以美国为例的分析[J]．世界经济研究，2004（4）：35-43.

[3]陈漓高，齐俊妍，韦军亮．第五轮世界经济长波进入衰退期的趋势、原因和特点分析[J]．世界经济研究，2009（5）：3-11.

[4]董有德，肖扬希．国际金融视角下美国两次金融危机的比较及对中国的启示[J]．国际金融研究，2009（8）.

[5]郭婧，肖文帅．美国经济周期波动与货币政策[J]．财经问题研究，2011（6）：111-115.

[6]金唯杰．中国和 G7 经济周期协动性研究[D]．杭州：浙江大学，2011。

[7]李天锋．开放条件下经济周期波动传导机制研究——中国经验分析[D]．上海：复旦大学，2011.

[8]刘金全，隋建利，闫超．金融危机下我国经济周期波动态势与经济政策取向[J]．中国工业经济，2009（8）：37-46.

[9]刘骏民．从虚拟资本到虚拟经济[M]．济南：山东人民出版社，1998.

[10]刘明远．现代信用资本主义与周期性金融危机[J]．教学与研究，2009（6）：69-74.

[11]刘晓欣．解析当代经济“倒金字塔”之谜——对 20 世纪 80 年代以来虚拟资产日益膨胀现象的思考[J]．经济理论与经济管理，2005（11）：27-33.

[12]马丽娜．美国利率政策对经济周期波动的影响研究——基于 1961—2010 年数据分析[D]．武汉：华中科技大学，2011.

[13]隋万伟．当前金融危机与大萧条的比较分析[J]．现代经济信息，2009（11）.

[14]王曦. 中国房地产经济周期波动影响因素分析[D]. 北京：成都：四川大学，2006.

[15]王悦.世界经济周期主导国变动研究[J].经济问题探索，2010（9）：4-6.

[16][美]熊彼特. 经济发展理论——对于利润、资本、信贷、利息和经济周期的考察[M]. 何畏，易家祥等，译. 商务印书馆，1990：296-300.

[17]徐明棋. 美国国际收支经常账户逆差不断扩大对世界经济的影响[J]. 国际金融研究，2006（4）：38-43.

[18]张兵.长波框架下美国经济走势分析[J].世界经济研究，2011（8）：76-80.

[19]张云，刘骏民. 经济虚拟化与金融危机、美元危机[J]. 世界经济研究，2009（3）.

[20]赵龙节，张辉，张吉法. 日本房地产业与国民经济周期波动对我国的启示[J]. 经济科学，2007（1）：116-125.

[21]赵涛. 经济长波论[M]. 北京：中国人民大学出版社，1988：101-246.

[22]周扬. 货币政策与中国经济周期波动——引入习惯形成的MIU模型分析[D]. 南京：南京大学，2012.

[23]Dale W. Jorgensen, Mun Ho, Jon Samuels. New Data on U.S. Productivity Growth by Industry. WORLD KLEMS Conference, August 2010.

[24]Gorden, Ian. Economic Forecaster & Interpreter of the Kondratieff Cycles. http://www.thelongwaveanalyst.ca/news.html2007-11.

[25]Mario Coccia. Possible Technological Determinants and Primary Energy Resources of Future long Waves, Working Paper Ceris- Cnr, No.5, 2009.

[26]Phillip Anthony O'Hara. Institutional Regimes, Long Wave Systemic Risk and Great International Crisis of 2008 — 2012, Panoeconomicus, No. 1, 2012, pp. 1-12.

第七章　资本主义经济周期虚拟化的趋势及影响

第一节　资本主义经济周期虚拟化的特征及表现

一、相关理论阐释

虚拟经济是与实体经济相对应的概念。在实体经济中，生产者和消费者通过产品市场的供求关系确定产品产量及价格，进行产品的买卖；与之对应，虚拟经济的循环与发展也是类似，只不过在虚拟经济中的产品更加特殊化，它并不是实体经济中的实物，而是与虚拟资本相关的一系列金融类产品，如银行信贷、股票、债券及各种金融衍生品等。目前，众多国家的经济发展动力都依靠虚拟经济来带动，特别是在发达国家，虚拟经济对 GDP 的贡献超出了实体经济。虚拟经济的高增长率一方面为世界经济的发展带来了强大的动力，另一方面也为世界经济的发展埋下了各种不稳定的因素，这些不稳定因素不断发展最终会导致经济危机，并且由于虚拟经济迅猛的发展，当今世界各国经济关联度日益密切，经济危机爆发后的传播速度更快、传播范围更广。正是由于虚拟经济存在上述两方面的作用，所以虚拟经济的发展不但没有使经济周期消失，却使经济周期波动更加剧烈。这是由于虚拟经济与实体经济存在着显著差别。所以，在分析研究虚拟经济周期时我们需要在传统经济周期理论的基础上考虑其特殊性。在对虚拟经济周期研究的相关理论中，比较著名的有伯南克（Bernanke）和格特勒（Gertler）的内生性金融顺周期效应以及费雪的债务—通货紧缩理论。

（一）内生性金融顺周期效应及金融加速器机制

该理论认为，在虚拟经济条件下，外部经济环境会影响到各个企业的经营状况，并反映到企业的相关财务报表中。当企业需要向外界进行融资活动的时候，银行会通过企业的财务报表了解企业的经营状况，并据此决定是否向企业提供贷款及提供多少贷款。所以当经济环境处于上行期，大多数企业的经营状况也会表现良好，这时银行愿意向企业提供大额度信贷，这些贷款被应用到企业投资与经营中，会使整个社会的经济发展更加繁荣；相反，当经济环境处于下行期的时候，各企业的经营也会进入困境，此时银行由于担心无法收回贷款，会减少对企业的借贷，甚至不会向企业进行贷款，各企业没有资金进行经营与投资，最终会导致社会整体的经济状况变得更加窘迫。所以金融活动具有顺应经济周期的效应，在经济繁荣时扩大信贷，在经济衰退时减少信贷，并且这种信贷的顺周期效应会使得整体经济状况（即繁荣与衰退）得到进一步的放大，这就是金融加速器机制。

根据上述分析，我们可以看出在当今虚拟经济条件下，与传统的实体经济相比，各类金融机构的经营活动会将经济周期波动效应放大，使经济周期效应表现得更为明显。

（二）债务—通货紧缩周期理论

该理论在熊彼特经济周期理论的基础上，分析了在虚拟经济条件下经济周期是如何循环的。在熊彼特经济周期理论中，新一轮的经济周期是由新技术的发现引起的，新的技术引发了社会的新投资，从而带动整体社会的经济发展。在虚拟经济条件下，当社会出现大量的新投资时，企业内部必然出现资金的短缺现象，这时一方面企业的产出及产品的价格都会上升，中间产品价格的上升会增加企业成本，造成企业资金紧张。另一方面，企业会通过各类渠道进行融资，这就加重了企业的负债，并且当银行等各类信贷机构对外贷款大量增加的时候，社会的货币供给量必然上升，导致商品的价格水平上升，从而对企业的生产成本造成影响，企业会进一步扩大融资活动，这就进入了企业负债与货币供给增长的恶性循环中。这个循环会一直进行，直到社会中大部分企业都过度负债，资金链断裂，甚至破产，此时该循环不再进行，经济危机爆发，经济由繁荣期进入衰退期。在该理论中，各类金融机构在负债与货币供给的恶性循环中处于重要位置，金融机构的信贷活动是货币供给不断增加的源头，并且由于金融机构存在的特殊性质与特征，在负债循环过程中会产生金融风险，为了规避这些风险，金融机构会进行金融创新，但这些金融创新产品会带来新的风险。这些不断累积的金融风险最终成为经济危机爆发的导火索。

二、资本主义经济周期虚拟化的特征

（一）国家 GDP 的结构中虚拟经济的比重不断上升

20 世纪 50 年代以后，美国实体经济迅速退化，虚拟经济不断膨胀（见第二章表 2.6）。实体经济中最具代表性的制造业产值占 GDP 的比重从 1950 年的 27%下降到 2007 年的 11.7%。同时，其他代表美国实体经济的农业、采矿业和交通运输业的产值比重也显著下降。而体现美国虚拟经济运行状况的金融、保险、房地产服务业及职业服务与商业服务业等占 GDP 的比重显著上升，金融、保险、房地产服务业占比从 11.4%上升到 20.66%，职业服务与商业服务业则从 3.91%上升到 12.16%，这充分表明金融、保险与房地产行业等虚拟经济部门代替汽车、钢铁和建筑业成为美国新的支柱产业，美国经济正在虚拟化。

（二）跨国金融交易量远远高于国际贸易和对外直接投资的增长速度

跨国金融交易量包含股票交易与国际债券发行总额。表 7.1 对比了 1996—2010 年跨国金融交易量占 GDP 的比重与代表实体经济的国际贸易和对外直接投资的比重。由表 7.1 可见，跨国金融交易量所占的比重在 1998 年达到最高，为 1315.93%，而国际贸易和对外直接投资占 GDP 的比重只有 41.62%。其他年份的跨国金融交易量占 GDP 的比重均在 1000%左右，同期国际贸易和对外直接投资的比重仅有 30%～40%。这充分说明了国际金融市场中虚拟经济在加速发展。

表 7.1　1996—2010 年跨国金融交易量与国际贸易和对外直接投资的对比

单位：十亿美元

年　份	1996	1997	1998	1999	2000	2007	2010
跨国金融交易量（1）	340714.39	378755.50	388088.90	355855.45	265796.84	376250.8	343872.5
国际贸易和对外直接投资（2）	11519	12094	12276	13057	12823	15592	16586
GDP 总量（3）	29816.50	29697.80	29491.70	30628.70	32109.70	55656.31	61963.43
（1）/（3）（%）	1142.70	1275.37	1315.93	1096.64	827.78	676.03	554.96
（2）/（3）（%）	38.63	40.72	41.62	42.63	39.93	28.01	26.77

资料来源：跨国金融交易量，世界银行 WDI，国际清算银行（BIS），世界证券交易所联盟（WFE）；国际贸易和直接投资，根据世贸组织、国际清算银行公布的统计资料整理而得。

（三）金融衍生品规模迅速膨胀

金融衍生品是指以货币、债券、股票等传统金融产品为基础，以杠杆性的信用交易为特征的金融产品，它创造的最初目的在于资产保值，规避风险，而与实际的生产过程没有任何联系①。但是金融衍生品的高收益性吸引了人们不断进行大规模金融创新。2007 年 12 月，全球衍生品名义价值为 596 万亿美元，是同年全球生产总值的十余倍。另外，房地产、石油期货和大宗商品期货价格在世界范围内的大幅上涨也说明了虚拟经济正在加速膨胀。2003—2007 年，仅房地产价格的上涨就为美国家庭财富的增长贡献了 6 万亿美元。图 7.1 显示了 1998—2009 年全球金融衍生品未清偿合约量和交易总市值。1998 年 6 月份交

① 许平祥．经济虚拟化与传统金融危机理论的困境——基于美国金融危机的启示[J]．东岳论丛，2011（7）．

易市值为 2.58 万亿美元，未清偿合约为 72 万亿美元，到了 2009 年 6 月份交易市值达到 25.4 万亿美元，未清偿合约为 605 万亿美元，增加了十倍。金融衍生品的不断膨胀大大加快了经济虚拟化的进程。

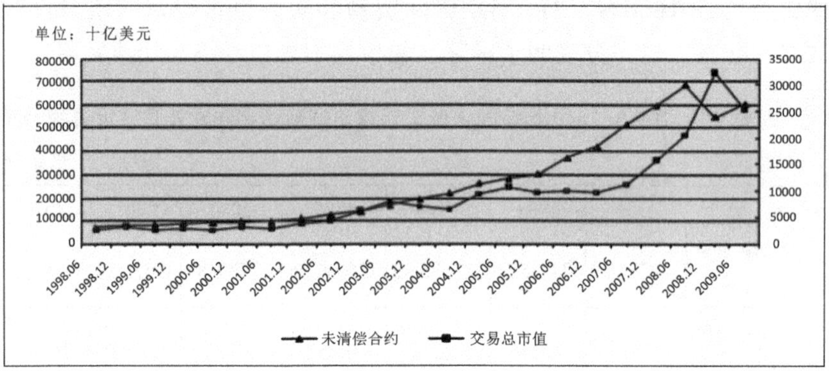

图 7.1　1998—2009 年全球金融衍生品未清偿合约量和交易总市值

资料来源：根据 BIS Quarterly Review 相关数据绘制。

（四）全球外汇交易量逐年增加

外汇交易是当今全球最大的资本交易品种，经济虚拟化的发展使得外汇汇率波动可以与实际商品贸易没有直接的联系。国际清算银行（BIS）2011 年发布的全球外汇和金融衍生品交易状况报告显示：截至 2010 年底，全球外汇交易额每日达到了 3.98 万亿美元，其中外汇现货交易达到 1.49 万亿，其余是远期交易和互换交易。表 7.2 也显示 1983 年全球外汇交易额是国际贸易和对外直接投资的 15.7 倍，到 1995 年达到了 73.4 倍，2010 年高达 87.6 倍。数额巨大的外汇市场变成了套利的投机场所，大大加快了经济虚拟化的进程。

表 7.2　全球外汇交易与国际贸易、对外直接投资的比较（单位：十亿美元）

年份	全球外汇交易	国际贸易	对外直接投资
1983	142	1868	31500
1986	246	2172	71500
1989	424	3150	155000
1992	372	3824	299300

续表

年份	全球外汇交易	国际贸易	对外直接投资
1995	699	5222	434350
1998	1394	5590	543850
2001	1569	6333	438000
2004	1378	9368	693500
2007	1538	14054	1171650
2010	1346	15240	1452956

资料来源：根据 WTO 、BIS 公布的统计资料整理而得。国际贸易为出口贸易和进口贸易的平均值，对外直接投资为全球国际直接投资流入量与流出量之和。

（五）对冲基金快速增长

在经济全球化和经济虚拟化条件下，金融市场上实力雄厚的投资基金如对冲基金等获得了更大的发展，加剧了国际金融市场上的投机行为。利用对冲基金的杠杆效应可以控制超过其自身几倍甚至几十倍的巨额资金，在国际金融市场上发挥举足轻重的作用。从图 7.2 中可以看出，1999—2008 年间，对冲基金的数量和规模都是持续增长的，在 2008 年的金融危机中，对冲基金的数量减少了大约 10%。对冲基金的快速增长进一步推动了虚拟经济的发展。

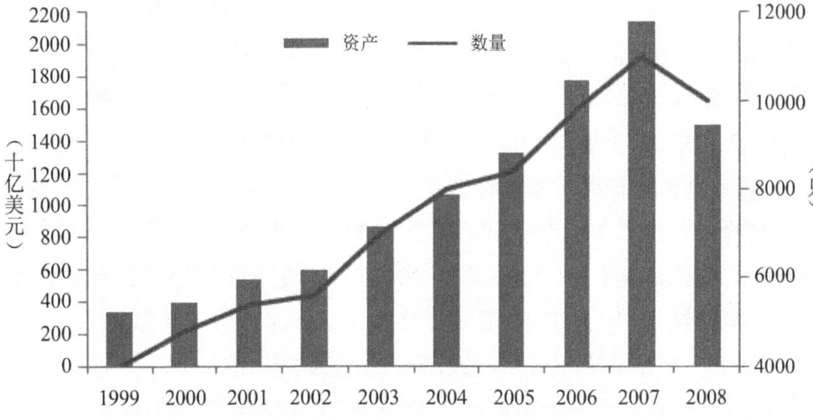

图 7.2　全球对冲基金的数量

资料来源：根据 HFR 相关数据整理。

三、资本主义经济周期虚拟化波动的具体表现

虚拟经济周期波动的主要特征是，实体商品市场和金融资本市场都会出现周期性的波动。例如，当发生经济危机的时候，实体商品市场会出现有效需求不足、产品过剩、商品价格出现剧烈波动等现象；同时在金融资本市场会出现信用危机、金融衍生品和有价证券价格暴跌、房地产价格大幅下滑等现象。虚拟经济周期波动进程的表现可以从房地产市场、信用市场、股票市场、利率市场、汇率市场和金融衍生品市场观察到。由于这些波动现象在虚拟经济周期的危机阶段波动最为明显，所以下文将主要围绕经济危机阶段进行说明。此外，由于美国是当今世界经济主导国，其对世界经济周期的波动起到了至关重要的作用，而且 2008 年爆发的全球金融危机是以美国为起点向全球传播的，所以下文将主要应用美国的相关数据进行说明。

（一）房地产市场

在虚拟经济条件下，房地产虽然属于实体经济的部分，但是由于房地产前期投入大、风险高的特殊性，不管是房地产供给方还是购买方在进行生产或购买活动时都会与金融机构的信贷活动相关联。供给方在房屋建设时需要金融机构的资金支持；消费者在购买房屋时也需要向金融机构进行贷款。所以当虚拟经济出现危机的时候必然会影响到房地产市场，而且当今的经济危机有许多都是由房地产市场危机引发的，例如 2008 年的全球金融危机就是由美国房地产市场中的债务危机引发的。从图 7.3 中我们可以看到 2001 年至 2009 年美国房地产价格指数的变化趋势，在 2001 年至 2007 年时美国处于经济繁荣期，房地产价格持续上升，2008 年爆发经济危机，房地产价格出现明显下降，所以房地产市场与经济周期性波动变化趋势相一致。

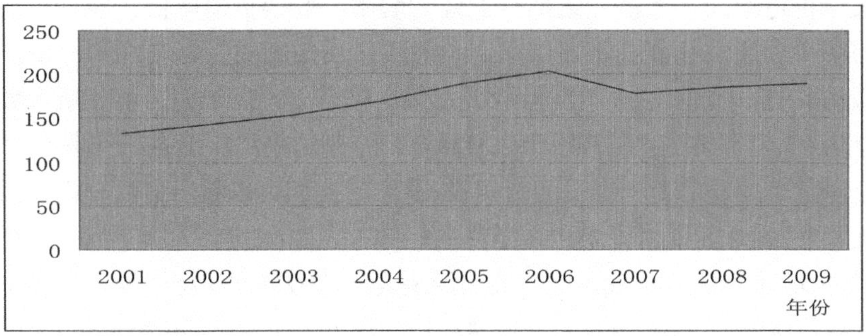

图 7.3　2001—2009 年美国房地产价格指数变化

（二）信用市场

信用市场的快速发展是虚拟经济条件下世界经济最为显著的一个特点，也是世界经济发展最强有力的动力之一。信用市场中金融机构从社会中吸收闲置资金并将这些资金借贷给有需要的企业或个人，在这一过程中，社会的资金得到了充分有效的利用，优化了资源的配置。其中对个人的贷款主要应用在购房、购车和信用卡购物等，拉动了居民的消费；对企业的贷款则应用在企业的扩张投资和经营发展方面，增加了社会的产出，推动了社会经济发展。本节前面的部分介绍了虚拟经济周期循环机制，从中我们可以看出金融机构的信贷功能起到了重要作用，一方面在经济繁荣期资金信贷加速了经济发展，另一方面在经济衰退期信贷加重了经济衰退。所以从总体上看，信用市场的波动与社会经济的波动具有一致性。

在虚拟经济条件下，经济危机的爆发多与信用危机相关。例如 2008 年的全球经济危机是信用市场长期累积的风险同时爆发，并迅速传播形成的。而且经济危机会加重信用危机，例如全球经济危机引起的欧债危机使多个欧盟国家的经济陷入困境。

（三）股票市场

股票市场主要反映了上市公司的经营状况，由于企业的经营状况是与社会经济发展的大环境相关联的，经济繁荣期各企业经营良好，股票价值增加；经济衰退期企业经营窘困，股票价值降低。所以股票市场可以反映社会经济发展状况，股票市场的相关指标与经济周期性波动具有一致性。图 7.4 显示了 2007 年至 2009 年美国道琼斯指数（DJIA）和纳斯达克指数（NASDAQ）的变化趋势。此期间正是全球金融危机爆发前期和爆发的时间段，从图中我们可以看出这两个股票指数都在 2008 年 4 月开始出现下降的趋势并在 2008 年 7 月剧烈下滑，在 2009 年 3 月跌入谷底，这与美国经济变化趋势基本保持一致，所以在虚拟经济条件下，经济危机在股票市场的具体表现为股票价格整体大跌。

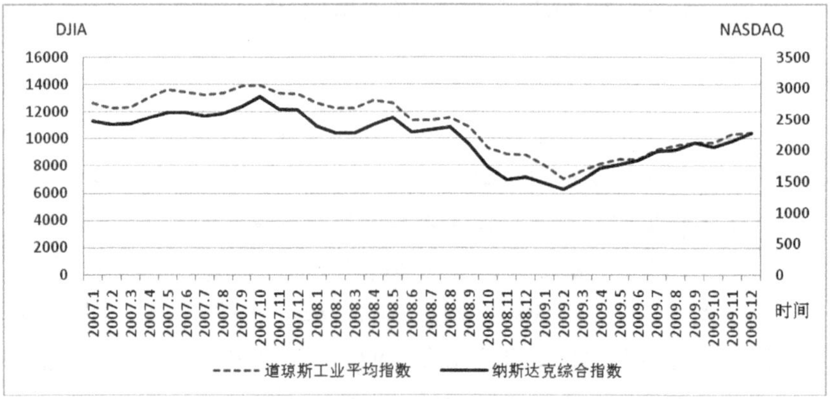

图 7.4 2007—2009 年美国道琼斯指数和纳斯达克指数的变化趋势

资料来源：刘珺，丁椳，马岩．从股票市场指数高波动性观察虚拟经济发展对新经济周期理论的悖离[J]．金融研究，2010（3）．

（四）利率市场

在虚拟经济条件下，世界经济危机在各国之间的传导主要分为贸易传导和金融传导。在金融传导中，利率和汇率是最为主要的传导媒介。利率的变化主要影响贷款活动和有价证券的买卖。当处于经济繁荣期时，企业经营状况良好，各企业为了加大投资赚取更多利润愿意为所贷款项付出较多的利息，因此此时金融机构的贷款利率及各种有价证券的利率都在较高水平。当处于经济衰退期时，企业经营陷入窘境，企业无力负担较高的贷款利息，减少贷款，此时社会的利率水平较低。此外在国际资本市场上，一国的利率下降会导致投资者从该国撤出资金，并将资金投入高利率国家，这在经济危机时期会导致该国的借贷资本减少，加重经济衰退。图 7.5 显示了美国 2006 年至 2012 年的利率变化趋势，图中可以看出美国利率在 2008 年底大幅降低，并在此后一直保持在较低水平。而在此阶段，美国经济正处于经济危机爆发和经济衰退时期，经济波动趋势与利率波动趋势相一致。图 7.6 从利率增长率的变化趋势反映了利率市场波动和经济周期波动的一致性，增长率能够更加真实地反映利率市场的变化趋势。2008 年 9 月之前，美国利率水平都十分稳定；经济危机爆发时利率增长率出现了剧烈的变化，并在之后的时期内都有震荡的波动，失去了在经济繁荣期所表现出来的稳定性。

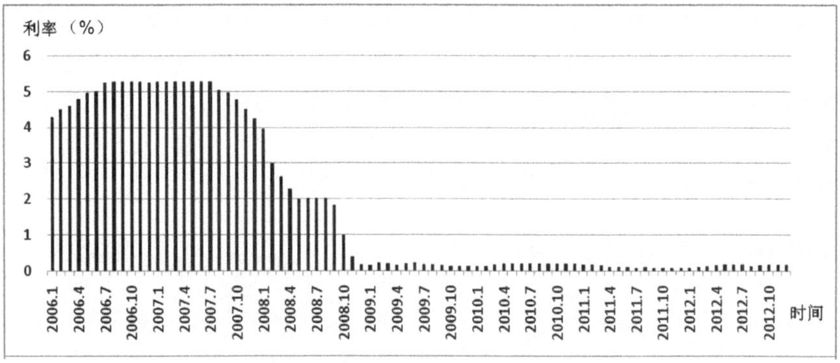

图 7.5　美国 2006—2012 年利率变化趋势

资料来源：根据美联储网站相关数据整理绘制。

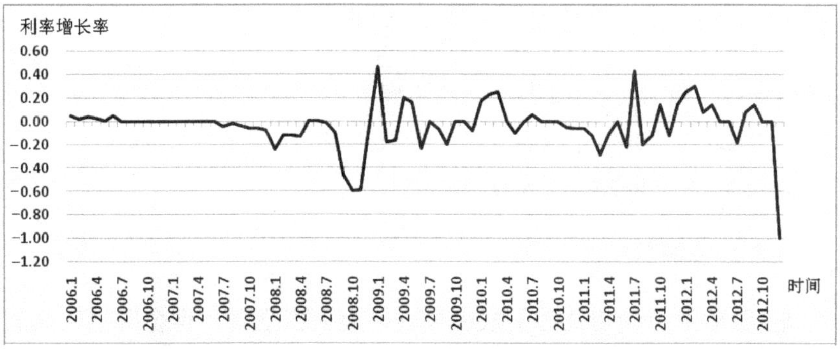

图 7.6　美国 2006—2012 年利率增长率变化趋势

资料来源：根据美联储网站相关数据整理绘制。

（五）汇率市场

汇率是世界经济发展在各国间传导的另一重要途径，而且汇率除了会影响国际金融资本市场，还会通过国际贸易的途径影响世界经济。当一国爆发经济危机的时候，该国的汇率市场表现出本币大幅贬值的现象。一方面本币贬值会促进本国出口，阻碍从别国进口，将经济危机传导至对该国出口的国家；另一方面，本币贬值会致使持有该国货币和债券的国家或个人的财富缩水，大量资本从该国撤出，加重了该国的经济危机。图 7.7 显示了 2006 年至 2013 年美元兑人民币的汇率变化，我们可以看出在 2008 年美国爆发次贷危机时美元有明显的贬值现象，并且这种贬值直到现在仍在持续。此外，在经济衰退期，某国本币汇率的变化还与国家的相关财政政策、货币政策有关。在经济衰退期为了带动本国经济增长、刺激消费需求，各国政府多采用积极的财政和货币政策，加大政府投资，这样就使得货币市场的供大于求，也会导致本币贬值的现象。

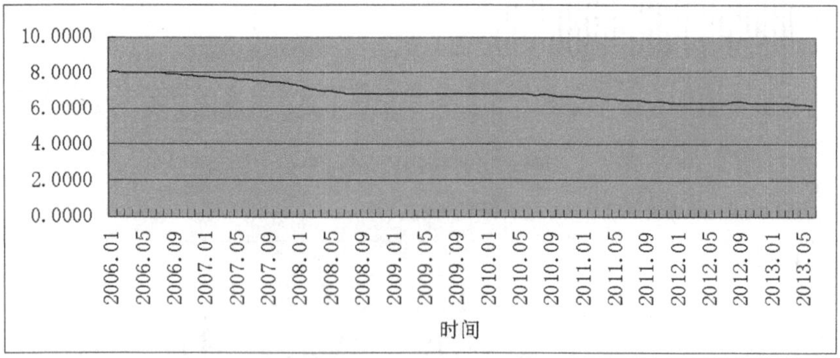

图 7.7　2006—2013 年美元兑人民币（月份平均值）汇率变化（单位：元）

资料来源：根据中国人民银行相关数据整理绘制。

（六）金融衍生品

金融衍生品最初是为了减小金融风险而出现的，但金融衍生品的创新在消除原有金融风险的同时又带来了新的风险，并且这些新的金融风险具有潜在性，随着时间的推移，不断积累的风险可能会瞬间爆发，引发一系列的经济危机。从图 7.8 中我们可以看出，在过去的二十多年中美国的金融衍生品存量大幅增加，2008 年美国的金融衍生品存量为 1987 年的将近 450 倍。而金融衍生品占 GDP 的比例也逐年增长，在拉动经济增长的同时也使得金融衍生品的价格与实际价值产生了严重的偏差，增加了经济发展的不稳定性。当经济危机爆发的时候，金融衍生品市场会出现金融衍生品价格大幅下跌、存量减少等现象。

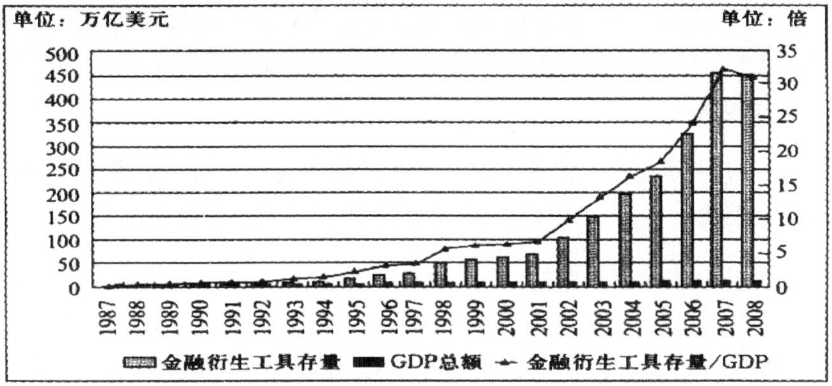

图 7.8　1987—2008 年美国金融衍生工具存量与 GDP 比值的变化趋势

资料来源：刘珺，丁梫，马岩．从股票市场指数高波动性观察虚拟经济发展对新经济周期理论的悖离[J]．金融研究，2010（3）．

第二节　资本主义经济周期虚拟化的动因及传导机制

一、资本主义经济周期虚拟化波动的动因

（一）宏观层面：虚拟经济与实体经济价值相背离

在虚拟经济条件下，经济周期的繁荣期是由新技术引发的，衰退期则是由与虚拟资本相关的金融风险引发的，究其根本原因是虚拟经济与实体经济价值相背离，虚拟资本供给严重超出有效需求，当这种虚拟资本的超额供给积累到一定程度的时候便引起虚拟经济相关市场

价格机制进行自发调整，虚拟资本价格迅速下降，最终引发经济危机。因此，各国政府在制定经济政策的时候要注意对各类虚拟经济市场的引导，控制过高的供给，避免严重经济危机的发生。

此外，政府的各类宏观经济政策的实施也会带动经济周期的循环。例如，政府对某个行业的政策支持会促进该行业的新投资，从而带动国家整体的经济增长。再如，政府不当的货币扩张政策可能会引起国家的通货膨胀，造成企业成本普遍上升，企业为经营运转向信贷机构进行大量贷款，社会整体负债增加，债务风险的不断积累最终导致经济危机的爆发。

（二）中观层面：金融行业产品创新带来潜在风险，监管及预防措施仍不完善

由于金融行业本身的特性，货币、股票、债券等传统金融产品具有内在的风险性与波动性，各类金融机构为了规避这些风险对传统金融产品进行以杠杆性信用交易为特征的金融产品创新。但在这一过程中，由于监管不力或者预防措施的不完善往往产生了其他潜在的金融风险，这些金融风险同样会对经济周期的循环造成影响。各国政府应该完善对金融行业的监管措施，规范金融机构的经营活动，特别是金融衍生品的创新活动，防止在规避旧风险的同时产生更为严重的金融风险。

（三）微观层面：消费者预期的影响及金融工具的不当使用

在金融行业中，消费者预期是影响金融市场的一个非常重要的因素，特别是在期货、期权等市场中，消费者预期可能会使产品价格完全脱离其本身的市场价格，从而造成市场价格紊乱的现象，当这种价格紊乱大范围发生的时候便会影响整体经济运行。另外，消费者或企业对于各类金融工具的不当使用也会引起金融产品价格的波动或资金链的断裂。这种金融工具不当使用的现象如果发生在少数企业中会造成个别企业的破产；但如果某个企业对金融工具的使用引起了其他企业的效仿，或者行业主导企业发生了金融工具使用不当的情况，当危机爆发的时候便会引发行业的经济衰退，从而影响到整体经济运行。

二、资本主义经济周期虚拟化波动的传导机制

在虚拟经济条件下，经济运行的过程中金融风险不断累积，最终导致经济危机的爆发，使经济从繁荣走向衰退。而金融风险的形成基础及形成机制包括以下几个方面：第一，在虚拟经济条件下，各类信用货币得到了迅猛的发展与应用，虚拟资本迅速膨胀而实体资本发展较慢，这就导致了虚拟资本市场和实体商品市场发展极其不平衡的现象，即虚拟经济发展大幅快于实体经济发展，这种不平衡的发展导致大量金融风险的形成。第二，金融市场是典型的不完全信息市场，当信贷双方掌握的信息不对称时，金融风险便产生了，并且目前世界各国的信贷监管部门仍存在很多的监管漏洞，这使得大部分的金融风险无法消除。第三，虚拟经济市场是包括利率、汇率、各种有价证券等在内的一个系统，随着信息技术的不断完善，其中任何一个市场发生波动都会迅速波及整个系统，所以虚拟经济系统有很强的波动性和脆弱性，这也是金融风险形成的原因之一。图 7.9 为我们展示了以上资本主义经济周期虚拟化波动的基础及传导机制。

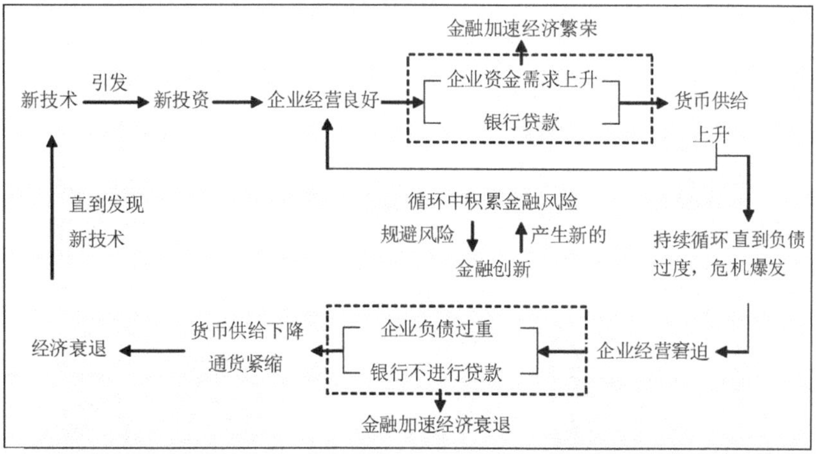

图 7.9　资本主义经济周期虚拟化的传导机制

资料来源：作者总结绘制。

三、虚拟经济系统内部联系及整体波动性

当经济危机爆发的时候，虚拟经济系统的各个市场波动并不是孤立的，而是相互联系、相互影响的（如图 7.10 所示）。例如，房地产市场出现供大于求、房价暴跌、大量贷款坏账的时候必然引起信用市场的债务危机；信用市场出现的债务危机也会影响房地产市场的正常发展，使得房屋建造者无资金建房，消费者无贷款买房。此外，信用市场、利率市场与汇率市场也是相互影响的。当信用市场出现债务危机的时候，会使信贷活动减少、信贷资金量下降，引起利率水平的整体下滑，国际市场的资本从本国向高利率国家转移，本国资本外流，造成对本币的需求减少、供给增加，本币贬值，波及汇率市场。所以从总体上说，房地产市场、信用市场、利率市场、汇率市场、金融衍生品市场及股票市场是一个虚拟经济系统，整个虚拟经济系统与经济周期波动之间具有协同性，该系统内部是相互联系、相互影响的关系。

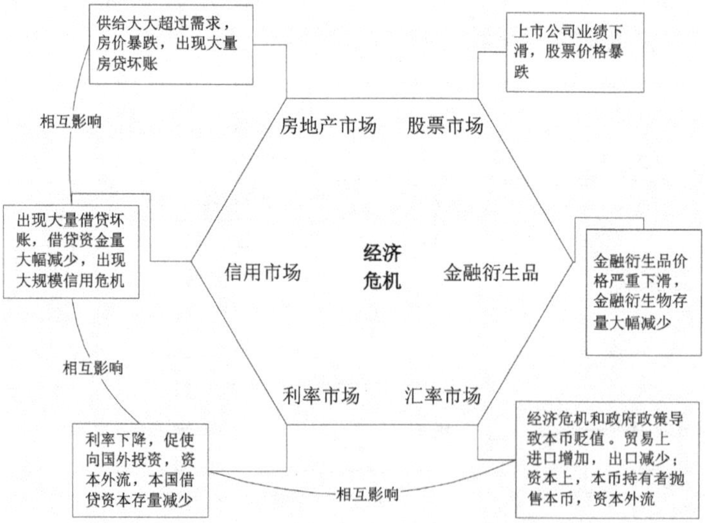

图 7.10　经济危机下虚拟经济系统内部波动

资料来源：作者根据相关资料绘制。

第三节　资本主义经济周期虚拟化的发展趋势

一、虚拟经济对资本主义经济周期影响的深度和广度更大

由于经济全球化进程的加快，虚拟经济的发展已经是当今世界经济的主要特点和大趋势，而且从前面的研究我们可以发现，虚拟经济条件下经济周期中的衰退越来越多地是虚拟经济因素所引发。由于虚拟经济的过度膨胀会引发金融泡沫，并已渗透到世界经济的方方面面，因此它的冲击对全球经济的威胁越来越大。从世界经济发展的实践来看，经济周期中的衰退越来越多地是由虚拟经济直接引发。例如，由2008 年美国次级贷款引发的国际金融危机便是本轮经济衰退的导火索。因而，虚拟经济对资本主义经济周期影响的深度和广度都更大。

二、虚拟化导致资本主义经济周期波动幅度增加

虚拟经济条件下，世界经济周期波动幅度增加，波动深度降低。结合图 7.11 可见，刚结束的这轮世界经济周期的波动深度为-0.6（2009 年），比上一轮世界经济周期的 2.30（2001 年）的波动深度有所降低，进一步我们可以看出，前几轮经济周期衰退期增长率波谷依次为 0.89、1.46 与 2.30，有逐步上升的趋势，但这种上升趋势并没有在第五轮经济长波中持续，反而有了大幅度的下降甚至出现了负增长（2009 年经济增长率为-0.6），反映了经济周期波动幅度的增加。

三、经济危机更多由虚拟经济的过度膨胀导致

经济虚拟化改变了传统经济危机的传导机制。经济危机在经济没有大规模虚拟化之前被马克思称为生产性过剩的危机。危机先发生在

实体经济部门，银行资产负债状况严重恶化，企业大量倒闭造成银行呆坏账。一家银行的倒闭会引起其他银行的连锁倒闭，即使是资产状况优良的银行也难逃厄运，这便是金融系统的脆弱性。银行的倒闭会造成经济中流动性减弱，威胁到实体经济，直至下一轮新的均衡重新出现。而虚拟经济和实体经济的非对称发展使得整个社会的财富结构依赖于虚拟资产，而虚拟资产的价格主要由人们的心理预期所决定，虚拟经济的微小波动就会引起人们的过度反应，进而引起整个经济系统的剧烈波动。此时，经济系统的问题是由虚拟经济部门的过度膨胀引起，再通过贸易、金融市场和投资渠道蔓延到实体经济部门，造成生产减少、失业率上升的恶果。虚拟经济系统的危机相对于传统的生产性过剩的经济危机，往往有更强的突发性、破坏性以及不确定性。在虚拟经济条件下突出的表现是国际金融市场呈现繁荣趋势，世界经济整体呈现上升趋势。而当发达国家虚拟经济过度膨胀导致金融危机时，又会通过贸易、金融市场和投资渠道对世界其他国家造成不利影响（如图 7.12）。

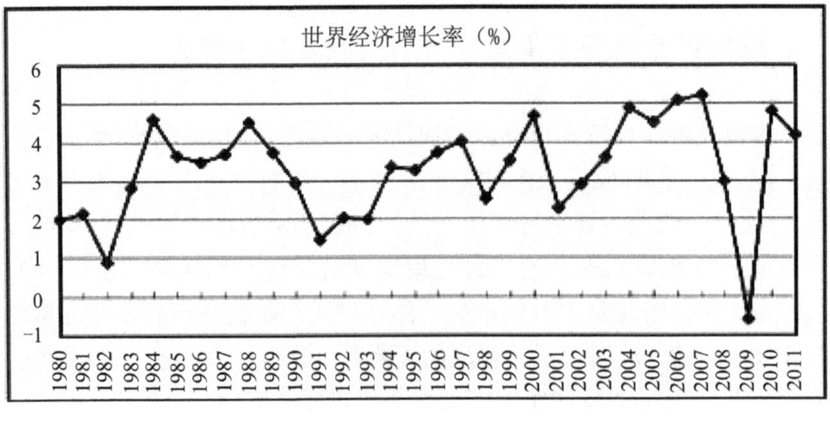

图 7.11　1980—2011 年世界经济增长率的变化趋势

资料来源：国际货币基金组织（IMF）数据库，2010 年和 2011 年数据为 IMF 预测值。

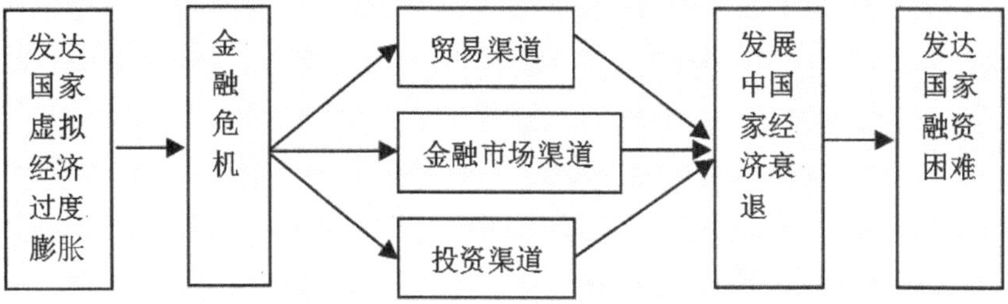

图 7.12　虚拟经济条件下国家间经济危机的传导机制

资料来源：作者根据相关资料整理。

四、经济危机的挽救方式亟待完善

在历次经济周期的衰退期，世界主要经济体都会通过积极的干预、刺激政策避免危机的持续恶化，力争使金融危机不在更大范围内蔓延和扩散。2008 年次贷危机发生后，以美国为首的世界主要经济体迅速实施了宽松的货币政策和财政政策，这些政策对防止世界经济进一步衰退、拉动经济的复苏起到了一定程度的积极作用，但是与之前几次经济衰退相比，这些政策的效果并不十分明显，甚至对未来经济发展构成了潜在威胁。这显示了虚拟经济条件下，传统挽救危机方式的作用有限。

五、虚拟化使经济周期的协同性增强

随着金融市场和全球资本流动的日益开放以及国际贸易的增加，世界主要国家的经济周期越来越同步，形成了具有高度协同性的世界经济周期①。如图 7.13 和图 7.14 所示，世界范围内的国家与世界总体经济都有不同程度的同期性，都经历了发展、繁荣、衰退和复苏几个阶段，而且经济周期的转折点常由股票、大宗商品、房地产等虚拟经济领域的危机表现出来。

① 王悦．当前世界经济周期波动特点与趋势分析[J]．亚太经济，2010（11）．

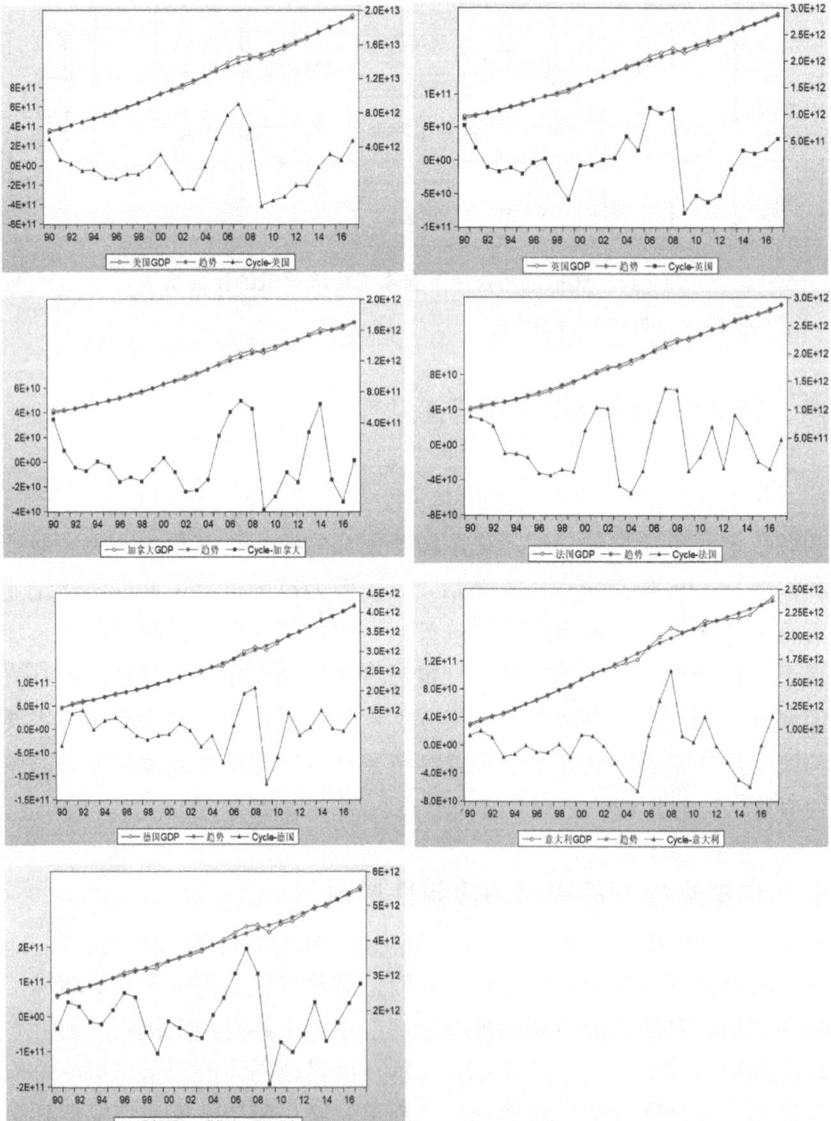

图 7.13　1944—2011 年 G7 国家 GDP 波动成分（按购买力平价计算）

资料来源：沈子荣.世界经济周期变迁及同步性分析[J].国际经济合作，2011（2）。按购买力平价（PPP）计算的 G7 国家的 GDP 数据来自世界银行（World Bank, WB）World Development Indicators，用 HP 滤波方法处理得到 G7 国家 GDP 波动项。

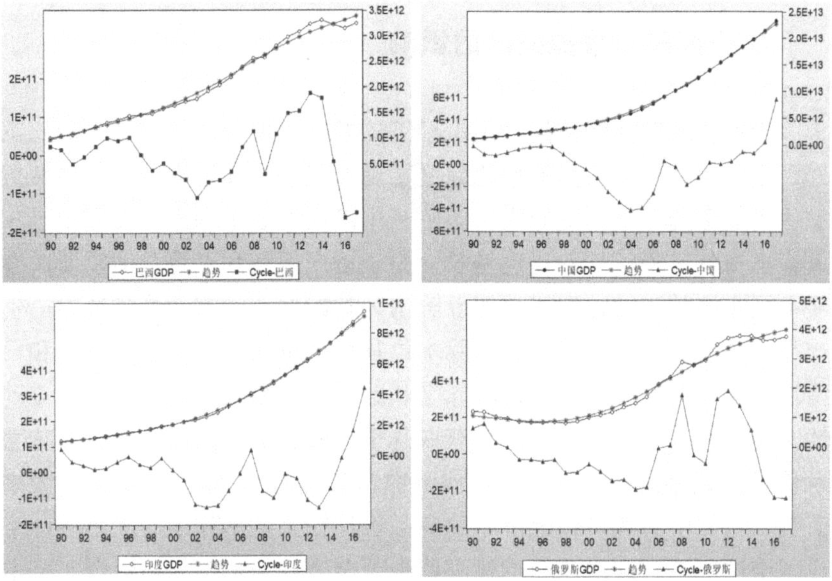

图 7.14 1980—2009 年 G7 国家及金砖四国的 GDP 波动成分（按购买力平价计算）

资料来源：沈子荣. 世界经济周期变迁及同步性分析[J]. 国际经济合作，2011（2）。按购买力平价（PPP）计算的金砖四国（BRIC）的 GDP 数据来自世界银行（World Bank, WB）World Development Indicators，用 HP 滤波方法处理得到金砖四国的 GDP 波动项。

第四节 资本主义经济周期中实体经济与虚拟经济的相互影响

在经济全球化背景下，实际资产和贸易流动不再严格制约虚拟资产的国际运动，虚拟经济脱离实体经济快速发展，逐渐在社会经济生活中占据了一定的地位。而实体经济与虚拟经济的背离正是全球货币、金融不稳定的根源。①

① 张云，刘骏民. 从次贷危机到美元危机：根源及趋势[J]. 上海经济研究，2009（3）.

一、实体经济对虚拟经济的影响

当前全球实体经济推动虚拟经济的发展主要表现在两个方面：第一，当今国际分工格局的变化促进了虚拟经济的加速膨胀。发展中国家凭借低廉的劳动力资源吸引国际资本流向发展中国家，发展中国家大量出口使其外汇储备迅速增长，由于资产保值和汇兑等的需要，发展中国家的外汇被迫用来购买以美国为首的发达国家的各类金融衍生产品。同时美国凭借美元的国际本位货币地位从全世界获取资源和日常消费品，并通过巨额的财政赤字和经常性贸易赤字向世界输出流动性。美国可以从世界其他国家获取几乎无限制的美元信贷，这意味着对美贸易顺差国在向美国转移实际财富和资源①。第二，能源、大宗商品、自然资源等实体经济中的商品价格在金融炒作中居高不下，形成了泡沫经济。在经济全球化进程中，金融创新表现为国际金融资本的运作。实体经济的快速发展，对自然资源的需求日益增强，在自然资源价格飙升所带来的巨大利益的引诱下，各种资本开始逐渐从实业中强势进入资源领域，与资源相关的期权、期货等金融衍生品的价格和交易规模不断飙升，推动了全球虚拟经济进一步膨胀。

二、虚拟经济对实体经济的反作用

第一，虚拟经济的发展带来了经济增长方式的变革。货币虚拟化和货币价值增值虚拟化程度的提高使得经济增长不再过度依赖有形资源，而更多地依赖知识、技术等无形资源，而无形资源的创造与获取都更大程度上依赖金融领域的支持，因而，财富的创造更加依赖于虚拟经济活动而不是实体经济活动。相应的，有更多虚拟资产流入的国家和地区会得到快速发展，而当虚拟资产大量流出时，这些国家和地区就会衰落或面临经济危机。

① 张国庆．经济虚拟化——动力、机制及其影响[J]．湖北经济学院学报，2010（1）．

第二，全球虚拟经济的发展形成了当前的国际分工格局。发达国家凭借其掌控的金融资本在期货期权市场控制原材料价格，并利用品牌、技术标准等垄断优势对产业链进行控制。所以，发达国家的产业结构逐渐高级化，重视金融创新作为现代服务业的主要内容，而发展中国家主要依靠低廉的劳动力成本来维持竞争优势。从分工的价值链增值环节看，发达国家占据着技术开发、产品设计、关键核心零部件生产、品牌和销售渠道等虚拟资本的高附加值环节。而发展中国家受制于金融领域的发展而只能被长期锁定在低端环节。

三、虚拟经济与实体经济相互影响的渠道

在经济全球化条件下，实体经济发展的基本趋势是国际分工日益体现为基于全球价值链的分工，这种发展模式也要求虚拟经济适应实体经济的发展而不断创新。实体经济中全球贸易的不平衡导致大量的顺差国家支撑了逆差国家的信用创造，而发达国家金融创新工具的滥用和监管缺失，加速了泡沫经济的形成，并最终重创实体经济。虚拟经济与实体经济相互影响主要通过如下渠道。

（一）虚拟经济通过直接或间接的贸易渠道对实体经济产生影响

一国发生的虚拟经济危机可以通过直接或间接的贸易渠道，通过贸易挤出效应，导致与其存在贸易关联的国家或地区面临经济恶化的可能。其中贸易挤出效应是通过价格效应和收入效应实现的，即一国的金融危机会造成本币贬值和国内经济衰退，从而导致出口需求增大，提高了贸易伙伴国的出口价格竞争力，从而对与其有直接或间接贸易关联的国家或地区产生影响。

（二）金融市场的金融加速机制使虚拟经济领域的危机快速传导至实体经济部门

金融市场存在着金融加速机制的特点，所以当受到经济危机刺激时会加重经济的衰退。而且随着全球经济一体化进程的不断深入，整

个世界的经济都被越来越紧密地联系在一起，尤其是金融市场的联动传导更为突出和迅速，一国的经济衰退能够通过金融市场快速地传导至别国，该国参与全球经济活动越频繁，其经济传导或接受经济传导的速度就越快、程度就越深。例如，2008 年美国的次贷危机能够迅速波及全球各个国家，造成全球经济衰退，就是因为美国是全球经济的主导，其是参与国际经济活动最为深入的国家，美国的金融市场也是全球最为成熟与活跃的。金融市场具体的传导途径有资本市场和货币市场。其具体的传导机制如图 7.15 所示。

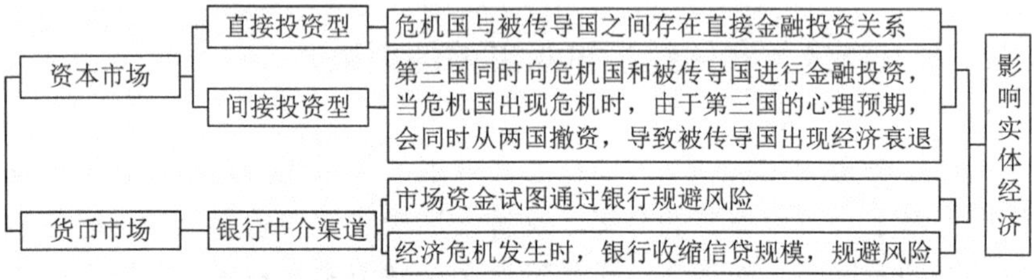

图 7.15　虚拟经济通过金融市场影响实体经济的传导机制

（三）外商直接投资（FDI）是各国实体经济与虚拟经济连接的主要纽带

对东道国而言，出口促进和吸引外资均属于外向型政策，二者存在互补性，采取出口导向型发展策略的国家也会积极吸引外资，东道国通过 FDI 带来的技术外溢和竞争效应等促进本国的经济增长。另外，跨国公司是 FDI 的主要来源，它的投资动机之一是在全球范围内对资源进行最优配置，获得更多利润，从东道国获取的利润会增加投资母国（通常是发达国家）的资本积累，增强扩大再生产规模的能力，以及在金融市场上的融资能力和创新能力。而当发达国家危机时，对外投资减弱，东道国来自 FDI 的收益也减少，实体经济遭受重创，国民收入减少，无力再去购买发达国家的债券，造成发达国家对发展中国家融资难度的加大，反过来又会造成发达国家外需的减弱，加剧发达国家的经济困难。

通过上文的分析，我们可以知道，在虚拟经济条件下，世界经济周期的循环将呈现周期时间缩短、振幅减弱、危机爆发突发性强及传播迅速的特点。虚拟经济的发展一方面会缩短经济衰退期的时间，帮助经济从衰退期转向回升、繁荣期，另一方面也会为经济运行带来更多的金融风险。实体经济的发展是虚拟经济发展的基础，同时也需要虚拟经济的支持。所以虚拟经济的发展是经济发展到一定程度必然出现的，也是必须出现的。随着信息技术的进一步发展，虚拟经济也会得到更迅速的发展，各国的经济联系会变得越来越紧密。各国政府要把握好机遇，慎重选择宏观经济政策，完善对金融机构的监管与预防机制，正确引导行业发展方向与消费者行为，协调实体经济与虚拟经济的发展，避免出现两者严重背离的情况。

主要参考文献

[1][美]本·S. 伯南克．大萧条[M]. 大连：东北财经大学出版社，2009.

[2]陈黎．金融危机下的中美实体经济与虚拟经济发展研究[D]. 上海：复旦大学，2010.

[3]陈漓高，齐俊妍．信息技术的外溢与第五轮经济长波的发展趋势[J]．世界经济研究，2007（7）：26-33.

[4][美]登特·S. 哈里．2005—2009：下一个大泡泡[M]. 阮一峰，译. 北京：中国社会科学出版社，2005：232-299.

[5]董正信，董捷，范泳．金融危机引发的经济理论思考[J]．河北大学学报（哲学社会科学版），2011（1）：33-38.

[6]郝丁．我国房地产经济波动与金融风险防范研究[D]. 成都：西南财经大学，2006.

[7]季小立．美国次贷危机的虚拟经济理论解读[J]．经济纵横，2012（1）：14-18.

[8]李泽祥，曹永琴．金融经济周期理论及启示[J]．西北农林科技大学学报（社会科学版），2007（4）：99-103.

[9]刘珺，丁棖，马岩．从股票市场指数高波动性观察虚拟经济发展对新经济周期理论的悖离[J]．金融研究，2010（3）：144-154.

[10]刘骏民，宛敏华．依赖虚拟经济还是实体经济——中美核心经济与核心需求的比较[J]．开放导报，2009（1）.

[11]刘兴赛．虚拟经济、制度嬗变与政府规制——关于次贷危机的经济学解读及其对中国的启示[D]．天津：南开大学，2010.

[12]娄振发．国际经济周期理论综述[D]．济南：山东大学，2009.

[13]任建兰，田磊磊．虚拟经济时代世界经济格局的新变化[J]．地理科学，2011（3）：229-336.

[14]王璐，李梦洁．基于熊彼特经济周期理论的当前经济危机重新解读[J]．河北经贸大学学报，2013（3）：11-14.

[15]王星懿．国际经济周期的协动性及其传导因素[D]．杭州：浙江工商大学，2011.

[16]伍超明．虚拟经济与实体经济背离关系研究[D]．天津：天津师范大学，2003.

[17]许晶．我国股票市场波动性与经济周期波动性之间交互作用的经验研究[D]．吉林：吉林大学，2008.

[18]余新静．基于经济周期波动的我国银行业并购重组的研究[D]．武汉：武汉理工大学，2004.

[19]张国庆，刘骏民．经济虚拟化，金融危机与政府规制[J]．当代财经，2009（10）：16-20.

[20]张丽，陈漓高．虚拟经济全球化与世界经济周期研究[J]．天津学术文库（下），970-979.

[21]赵清．金融不稳定与航管审慎监管研究[D]．辽宁：辽宁大学，2012.

[22]郑勇．信用市场不完全性及其经济效应的理论研究[D]．成都：西南财经大学，2012.

[23]朱安东，尹哲．长波理论视野中的美国金融危机[J]．马克思主义与现实，2008（4）：95-101.

[24]Bainbridge W.S, Roco M.C.(Eds.). Managing Nano-bio-info-cogno Innovations- Converging Technologies in society, Springer, 2006: 26.

[25]Dong Congcong. An Introduction to World Economic Long Wave-Crises and Depressions: From Study to Anticipation, MPRA Paper, No. 2106, posted 07. November 2007: 4-5.

[26]Linstone H.A. From Information Age to Molecular Age, Technological Forecasting and Social Change, vol. 71, No.1-2, 2004: 187-196.

[27]M. Kabir Hassana，Benito Sanchezb, Ung-Suk Yuc. Financial Development and Economic Growth: New Evidence from Panel Data, The Quarterly Review of Economics and Finance，2010，（51）：88-104.

后 记

本书是国家社会科学基金项目“经济全球化和经济虚拟化背景下的资本主义经济周期理论研究”课题组的集体研究成果。

全书由南开大学国际经济研究所博士生导师陈漓高教授构思、设计总体框架和结构，以及对全书进行总纂、修改和定稿。本书各章作者如下（排名不分先后）：中共天津市委党校邹玉娟副教授写作第一、二章；天津财经大学经济学院赵晓晨教授写作第三、五章；天津财经大学经济学院博士生导师齐俊妍教授写作第六、七章；天津财经大学经济学院张丽讲师写作第四章。

由于国内外对虚拟经济的研究尚处于初创时期，加上作者水平有限，本书的研究还有许多不尽人意之处，书中不足或谬误在所难免，敬请读者不吝赐教。

南开大学出版社对本书的出版给予了大力支持，该社为本书出版付出了大量心血和劳动，在此表示衷心感谢！

作　者

2018 年 6 月 9 日于南开园